Wolfgang Pauly
Abschied vom Kinderglauben
Ein Kursbuch für aufgeklärtes Christsein

Dr. Wolfgang Pauly, geboren 1954 in Sulzbach/ Saar, Studium der katholischen Theologie, Philosophie und Germanistik an den Universitäten in Saarbrücken, Tübingen und Trier. Lehramt für das Gymnasium, Diplom-Theologe, Akademischer Direktor am Institut für katholische Theologie der Universität Koblenz-Landau, Campus Landau. Arbeitsschwerpunkte: Dogmatik, Fundamentaltheologie, Religionswissenschaft. Zahlreiche Veröffentlichungen (in Auswahl): »Wahrheit und Konsens. Die Erkenntnistheorie von Jürgen Habermas und ihre theologische Relevanz« (1989); »Glauben lernen heute. Der Katechismus der katholischen Kirche auf dem Prüfstand« (1994); »Gelebter Glaube – verantworteter Glaube« (1997, erw. Auflage 2001); »Befreite Liebe – verantwortete Liebe. Eine sexualethische Handreichung« (1999).·

Impressum

Wolfgang Pauly
Abschied vom Kinderglauben
Ein Kursbuch für aufgeklärtes Christsein

Layout: Andreas Klinkert
Satz: Sabine Felbinger
Titelfoto: photocase/frau.lueders
Druck und Bindung: Westermann Druck Zwickau GmbH
Auflage: 2/2008
© November 2008 by Publik-Forum
Verlagsgesellschaft mbH
Postfach 2010
61410 Oberursel

ISBN 978-3-88095-173-0

Wolfgang Pauly

Abschied vom Kinderglauben

Ein Kursbuch für aufgeklärtes Christensein

Inhaltsverzeichnis

Vorwort des Autors

Dieses Buch möchte eine Hilfestellung leisten, den christlichen Glauben verantwortungsvoll und aufgeklärt in der Moderne zu leben und seine zentralen Inhalte kritisch zu reflektieren. Dabei setzt es die moderne theologische Forschung voraus, ohne diese – um der Lesefreundlichkeit willen – im Einzelnen immer zu erwähnen. Die Ausführungen basieren auf der Grundlage der jüdisch-christlichen Bibel und auf der theologischen Tradition. Anhand von zehn zentralen theologischen Begriffen wird in zehn entsprechenden Kapiteln die offizielle Position des römisch-katholischen Lehramtes referiert. Gefragt wird dabei auch nach Verengungen und Verobjektivierungen in deren jeweiligen geschichtlichen Deutungen. Gesucht werden kreative neue Möglichkeiten der Interpretation, die sowohl den existenziellen Fragen der Menschen als auch dem differenzierten Weltbild der Moderne gerecht werden sollen. Diese Arbeit ist ökumenisch ausgerichtet und schaut über den europäischen Horizont hinaus, indem sie zum Beispiel auf theologische Ansätze in Lateinamerika verweist.

Mein Dank gilt Harald Pawlowski, der mein Manuskript in der Reihe der *Publik-Forum*-Bücher sehr konstruktiv und freundlich lektoriert hat.

WOLFGANG PAULY, HAINFELD/ PFALZ, IM JUNI 2008

Glauben

Glauben

Die Tiefendimension unserer verzweckten Welt freisetzen

Der um 565 v. Chr. geborene griechische Philosoph Xenophanes war
ein weit gereister Mann. Auf seinen Reisen durch Süditalien, Sizilien,
Malta und wahrscheinlich sogar durch Ägypten und Äthiopien lernte
er nicht nur Land und Leute kennen, sondern insbesondere auch die
vielen unterschiedlichen Formen des Glaubens und der Religionen.
Diese überall anzutreffende Vielfalt kultischer Praxis und deren theologische Ausdeutung führte allerdings nicht dazu, dass er selbst gläubig wurde. Im Gegenteil. Bereits in den von Kindheit an gehörten Mythen und Sagen seiner Heimat vermutete er reines Menschenwerk:
»Alles haben Homer und Hesiod den Göttern angedichtet, was nur
immer bei Menschen Schimpf und Schande hat: Stehlen, Ehebrechen
und sich gegenseitig Betrügen« (Capelle 1968, S. 121, fr. 11). Er weiß:
»Die Äthiopier stellen sich ihre Götter schwarz und stumpfnasig vor,
die Thraker dagegen blauäugig und rothaarig« (Capelle 1968, S. 121,
fr. 16). Götter in all ihrer Unterschiedlichkeit sind für ihn somit Eben-
bilder der Menschen, denn: »Wenn Kühe, Pferde oder Löwen Hände
hätten und damit malen und Werke wie die Menschen schaffen könnten, dann würden die Pferde pferde-, die Kühe kuhähnliche Götter-
bilder malen und solche Gestalten schaffen, wie sie selber haben«
(Capelle 1968, S. 121, fr. 5).

   Der Vorwurf, dass der Glaube der Menschen an einen Gott oder
mehrere Götter nur eine Projektion sei, die sich der Mensch aus seiner materiellen oder existenziellen Notsituation heraus gleichsam
vergegenständlicht vorstellt, um in dieser Mangelsituation überhaupt
überleben zu können, dieser Vorwurf ist immer wieder neu auf-

getaucht und diskutiert worden. »Nur im Elend des Menschen hat Gott seine Geburtsstätte«, sagte fast 2500 Jahren nach Xenophanes der deutsche Philosoph Ludwig Feuerbach (Feuerbach 1960, Bd. 2, S. 318). Die Unterschiedlichkeit der Gottesbilder wäre demnach der durch verschiedene Kulturen geprägte Ausdruck des eigenen Selbstverständnisses. Die kriegerischen Germanen konnten beispielsweise nur im Kriegsgott Odin ihr eigenes Selbstbild veranschaulichen. Ähnlich der Aussage des Xenophanes kann Feuerbach zusammenfassen: »Das göttliche Wesen ist nichts anderes als das menschliche Wesen (...) d. h. angeschaut und verehrt als ein anderes, von ihm unterschiedenes, eigenes Wesen – alle Bestimmungen des göttlichen Wesens sind darum Bestimmungen des menschlichen Wesens« (Feuerbach 1960, Bd. 7, S. 50).

Die Religionsgeschichte weiß selbst um die kulturelle Bedingtheit der unterschiedlichen Ausprägung der Gottesbilder. Und allein schon der auch gegenwärtig immer wieder gehörte Satz »Not lehrt beten« könnte ein Indiz dafür sein, dass der Mensch gerade dort, wo er selbst nicht mehr weiter weiß, Zuflucht zu Göttern nimmt, deren Projektionscharakter er in seiner Not nicht durchschaut. Religion und Glaube somit als Not-Lösung? Auch die gut gemeinte Äußerung eines modernen Theologen bestätigt eher diese Kritik, als dass sie sie relativiert: »Nach theologischem Verständnis ist Glaube ein Geschehen, das dem Menschen von außen Verlässlichkeit zuspielt, die er in sich selbst nicht findet« (Ritter 1999, S. 95).

Religion wäre dann also überflüssig, wenn nur die Not beseitigt wäre? Der Mensch bräuchte keine Zuflucht mehr bei jenseitigen Instanzen zu suchen, da er bereits im Diesseits Erfüllung und Frieden gefunden hat? Der große französische Philosoph August Comte (1798-1857) hätte somit recht gehabt, als er im revolutionären Aufschwung seiner Zeit ein »Drei-Stadien-Gesetz« formulierte? Nach diesem herrschte in der gesamten Weltgeschichte zuerst eine metaphysische Weltdeutung vor, die dann von einer religiösen abgelöst wurde. Die religiöse Interpretation der Welt ist aber für Comte auch nur eine vorübergehende. Sie wird wiederum abgelöst durch das Zeitalter der Wissenschaft, die auf berechenbaren und benennbaren Fakten beruht. In seinem eigenen Zeitalter sah er diese Epoche der Wissenschaft anbrechen: Es zählt Wissen statt metaphysischer Spekulation und religiösem Glauben.

Solch fundamentale Fragen an den Glauben und an die Religion sind auch gegenwärtig ernst zu nehmen. Sie stellen den eigenen Glauben infrage und prägen zugleich das Gespräch der Religionen untereinander wie auch die Diskussion über den Glauben und die Religionen mit denjenigen, die sich selbst in religiösen Fragen als »unmusikalisch« bezeichnen.

Glauben – ein missverständliches Wort

Wie so viele Probleme des menschlichen Lebens ist auch die Frage nach dem Glauben zunächst ein Sprachproblem. Das Verb »glauben« ist nämlich alles andere als eindeutig. Und gerade in der Verwechslung der unterschiedlichen Gebrauchsarten dieses Wortes liegt die Ursache für so manches grundsätzliche Missverständnis.

Das Wort »glauben« verwenden wir zunächst einmal, wenn wir unserer Sache nicht sicher sind: »Ich glaube, das Wetter wird schön.« »Ich glaube, dass mein Fußballverein den Klassenerhalt schaffen wird.« »Glauben« steht hier für Unsicherheit, als Ersatz für exaktes Wissen: »Ich habe zwar den Wetterbericht gelesen, und der sagt schönes Wetter an – nur sicher ist man sich bei solchen Prognosen nie.« »Zwar bringt mein Verein im Fußball augenblicklich gute Leistungen, letztlich weiß man aber erst am Saisonende, was er geleistet hat.« »Glauben« steht hier als Ausdruck für mangelhaftes Wissen, als Bezeichnung für letztlich Unbekanntes.

Ganz anders verwenden wir dieses Wort, wenn wir etwa sagen: »Ich glaube dir« oder sogar: »Ich glaube an dich«. Hier ist »glauben« nicht ein Mangel an Wissen, sondern gerade dessen Hochform: »Gerade weil ich um dich weiß, weil ich dich kenne, glaube ich dir und vertraue dir.« Zudem ist dieser Glaube personal. Ist es im ersten Beispiel sowohl für das Wetter als auch für die Situation eines Fußballvereins unerheblich, wer was glaubt, so sind im zweiten Beispiel die betroffenen Personen unaustauschbar: »So wie ich an dich glaube, glaubt keiner an dich, und gerade dadurch, dass ich an dich glaube, bekommst du Kraft in deiner scheinbar ausweglosen Situation.« Glaube ist hier ein personales Geschehen und nicht der Hinweis auf die Löchrigkeit einer Kette von sachlichen Beweisen. In der englischen Sprache kann man den entsprechenden Unterschied (»faith« – »belief«) besser kenntlich machen als im Deutschen.

Sind somit bereits in der Alltagssprache zwei sehr unterschiedliche Formen der Verwendung des Wortes »glauben« anzutreffen, so finden sich diese Unterschiede auch im religiösen Sprachgebrauch. Nur zu häufig verwenden wir auch hier das Wort »glauben« als Ersatzlösung, als Wort für das große Unbekannte: »Ich weiß wirklich nicht, wie dieser Kosmos und unsere Welt entstanden ist. Bevor die Naturwissenschaften hier keine eindeutigen Antworten bieten, glaube ich lieber, dass Gott die Welt erschaffen hat« (vgl. Kapitel »Schöpfung«). Oder: »Ich war damals nicht dabei, als Jesus mit seinen Freunden umherzog und Wunder wirkte. Deshalb glaube ich, weil es in der Bibel steht, er hätte Kranke geheilt oder Wasser in Wein verwandelt« (vgl. Kapitel »Wunder«). Kann sein – kann nicht sein. Als Ausdruck dieses Nichtwissens verwenden wir häufig das Wort »glauben«. Nicht selten berufen wir uns dabei auf eine äußere Autorität zur inneren Vergewisserung: Zwar weiß ich dies nicht selbst, aber andere, klügere, ältere oder mit mehr Macht ausgestattete Menschen oder auch Institutionen haben dazu eine Aussage gemacht, die ich dann übernehme.

Verdeutlichen wir uns die Parallelen: Nicht nur als Wissensersatz wird hier im religiösen Sprachgebrauch unser Wort gebraucht. Es hat auch die gleiche Note der Unpersönlichkeit wie die Beispiele des Wetters und des Sports. Mit dem Alltag hat es nicht viel zu tun, wie die Erde entstanden ist, und auch das damalige Handeln Jesu beeinflusst kaum die Alltagspraxis. Es bleibt ein unpersönlicher Glaube.

Gott sei Dank aber gibt es im religiösen Bereich bei der Verwendung des Wortes »glauben« ebenso eine zweite Ebene wie im Bereich der Alltagssprache. Wenn die Freundinnen und Freunde Jesu an ihn glaubten, dann nicht in dem Sinn, als wüssten sie es nicht besser. Ihr Glaube war eben gerade umgekehrt eine Hochform von Wissen. Nur so konnten sie sagen: »Ich glaube dir, du hast Worte des ewigen Lebens« (vgl. Joh. 6, 68). Ihr Glaube drückt die intensive Erfahrung aus, die sie mit Jesus gemacht hatten. In seiner Nähe ist gut sein. Er versteht sie jenseits aller Schranken, die Religion, Volkszugehörigkeit und Standesunterschiede errichtet haben. Gerade deswegen waren es besonders die Ausgegrenzten, die diese Erfahrung machen durften und als Antwort auf diese tiefe Erfahrung an ihn glaubten. Aus der persönlichen Begegnung wurde personaler Glaube.

Bei jedem Nachdenken über das Wort »glauben« ist somit zu fragen, auf welcher Ebene es verwendet wird. Beide Ebenen sind bereits in den neutestamentlichen Texten zu finden und oft kaum zu unterscheiden. Beides prägt auch die Äußerungen der offiziellen Kirche von deren Beginn bis zur Gegenwart.

»Glauben« nach der biblischen Schrift

»Glauben« ist ein zentrales Wort in den biblischen Schriften. Nur das Wort »Gott« und seine Umschreibungen als Inhalt des Glaubens finden sich ebenso häufig und so stark exponiert.

Allerdings zeigt bereits das Beispiel des biblischen Ahnvaters Abraham die oben beschriebene Mehrdeutigkeit dieses so scheinbar einfachen Wortes. Abraham gilt im Judentum wie im Christentum als das Urmodell und Vorbild des Glaubens. Zur Begründung und Veranschaulichung dieser Vorbildfunktion werden aber zwei sehr unterschiedliche Geschichten herangezogen.

Die erste Geschichte findet sich gleich zu Beginn der Abrahamerzählung. Dieser fühlt sich von Gott angesprochen. Er – hier noch Abram genannt – soll seine Heimat in Ur in Kaldäa verlassen. Nichts als die Verheißung einer neuen Heimat, die Vision eines besseren Lebens und vieler Nachkommen im Herzen, folgt er dem inneren Ruf. Er setzt alles aufs Spiel, lässt alle äußeren Sicherheiten fahren (vgl. Gen. 12 ff.). Glaube ist für ihn im wahrsten Sinn des Wortes Erfahrung: Er macht sich auf die Fahrt, lässt Gewohntes und scheinbar Verlässliches zurück. Er ist bereit für Neues. So wird er zum Beispiel für Paulus im Neuen Testament nicht nur zum Stammvater eines jüdischen Volkes, sondern auch zum Stammvater des christlichen Glaubens (vgl. Röm. 4).

Daneben steht die andere bis heute häufig erzählte Geschichte. Hier stellt – wie die Schrift wortwörtlich sagt – Gott den Abraham und seinen Glauben auf die Probe: »Gott sprach: Nimm deinen Sohn, deinen einzigen, den du liebst, Isaak, geh in das Land Morija und bring ihn dort auf einem der Berge, den ich dir nenne, als Brandopfer dar« (Gen. 22, 2). Über diesen Gottesbefehl und über den darauf folgenden Gehorsam des Abraham ist viel gerätselt und diskutiert worden. Möglich ist, dass durch die Sendung eines Engels, der die Schlachtung des Isaak letztlich verhindert, kulturgeschichtlich auf den Übergang von Menschenopfer zum Tieropfer hingewiesen wird. Die spätere Geschichte Israels und des Judentums erkannte in dieser Erzählung immer wieder ihr eigenes Schicksal: Um des Glaubens willen verfolgt und getötet zu werden ist ein Kennzeichen jüdischen Lebens und Leidens über Jahrtausende. Diese »Bindung Isaaks« (»Akedah«) wird so zum Symbol für die »Bindung Israels«.

Es bleiben aber Fragen an diesen Text und seine Interpretation. Was ist das für ein Gottesbild, das dem Menschen letztlich Unmenschliches abverlangt? Ähnlich dem Buch Hiob zeigt sich hier das Bild eines Gottes, der zumindest zu Beginn der Erzählung bereit ist, über Leichen zu gehen. Von dem an diesen Gott Glaubenden wird im wahrsten Sinn des Wortes »Kadavergehorsam« verlangt. Auch das Ende der Geschichte mit der Abwendung des Todesurteils rechtfertigt nicht deren Anfang. Einen Menschen durch eine solche Anforderung auf die Probe zu stellen ist an sich unmoralisch und nicht zu rechtfertigen. Nur zu schnell bedienen sich Schriftdeuter und auch Politiker damals wie heute des oben kritisierten Modells von Glauben: Wenn auch die Situation undurchschaubar und absurd ist, glaubt man, dass selbst die Tötung von Menschen noch einen Sinn haben könnte, und verlangt die Unterwerfung unter den Befehl. Glaube wäre dann Ersatz für Einsichtigkeit und letztlich Fremdbestimmung. Es ehrt den Apostel Paulus, dass er sich – obwohl er in Abraham wie beschrieben den Ahnvater des Glaubens sieht – nie auf diese Geschichte bezieht. Ihm gelten grundsätzlich »Werke« nicht als Bedingung der Möglichkeit der Rettung – und schon gar nicht die Instrumentalisierung eines Menschenlebens zum eigenen Vorteil und Heil: »Dem, der Werke tut, werden diese nicht aus Gnade angerechnet, sondern er bekommt den Lohn, der ihm zusteht. Dem aber, der keine Werke tut, sondern an den glaubt, der den Gottlosen gerecht macht, dem wird sein Glaube als Gerechtigkeit angerechnet« (Röm. 4, 4 f.).

Glauben (griechisch: »pistis«) ist somit für Paulus der Zentralbegriff seines theologischen Denkens. Er bezeichnet damit nicht irgendein nebensächliches Für-wahr-Halten bisher unbekannter Fakten. Glauben ist vielmehr ein persönlicher Vollzug, ein ganzheitliches Geschehen. Paulus spricht in diesem Zusammenhang vom »Stehen im Glauben« (vgl. 1 Kor. 16, 13 und Röm. 11, 20). Der gläubige Mensch ist gleichsam durch die Taufe seinem bisherigen Leben und dessen Koordinatensystem abgestorben. Vieles, was ihm bisher unendlich wichtig war, ist jetzt relativiert (vgl. Kapitel »Reich Gottes«). Durch die Übernahme des Lebensmodells Jesu Christi ist er existenziell erfahrbar in ein neues Leben eingetreten (vgl. Gal. 6, 15 und Röm. 12). Paulus spricht sogar die Erfahrung aus, dass mit dem gläubigen Nachvollzug dieses Lebensmodells die Erkenntnis wächst, dass das bisherige Leben mehr Tod als Leben war. Es war vieles im Menschen abgestorben, das nun erst zum eigentlichen Leben auferweckt wird (vgl. Gal. 3, 6 ff. und Röm. 4, 17). Ein solcher Glaube ist allerdings nicht durch die Übernahme fixierter, festgeschriebener Glaubenswahrheiten ein für alle Mal abgeschlossen und durch vorgegebene Autorität abgesichert. Das »Stehen im Glauben« ist vielmehr ein lebenslanger dynamischer Prozess, unabschließbar und stets offen für Neues. Es ist ein schöpferisch- kreatives »Wachsen im Glauben« (vgl. 2 Kor. 10, 15).

Genau diesen unabschließbaren Prozess des Glaubens meint auch das Johannesevangelium, wenn es meist nicht das feststehende Substantiv »Glaube« (griechisch: »pistis«) verwendet, sondern das Handlungs- und Tätigkeitswort »glauben« (griechisch: »pisteuein«). Das Verb »glauben« meint dabei ein ganz praktisches Beziehungsgeschehen. »Glauben« wird so zum »glauben an«. Die Praxis des Glaubens hat eine Richtung, sie ist ausgerichtet auf den, an den geglaubt wird (griechisch: »pisteuein eis«).

Von den Freundinnen und Freunden Jesu wird im Johannesevangelium gesagt, dass sie in dieser Beziehung zu Jesus so sehr himmlisch Gutes, Göttliches erfahren haben, dass jede gedanklich-analytische Unterscheidung zwischen Gott und dem hier und jetzt Erfahrenen das Geschehen verfehlen würde. Als Philippus von Jesus eine theologisch-theoretische Hinführung zu dessen Gottesvorstellung erbittet, antwortet Jesus fast ungehalten: »Schon so lange bin ich bei euch, und du hast mich nicht erkannt, Philippus? Wer mich gesehen hat, hat den Vater gesehen. Wie kannst du sagen: Zeig uns den Vater? Glaubst du nicht, dass ich im Vater bin und dass der Vater in mir ist?« (Joh. 14, 8-10). Die Erfahrung neuen Lebens ist eindeutig gut. Sie überwindet die Zweideutigkeit und Gebrochenheit des menschlichen Lebens (vgl. Kapitel »Teufel«). Sie ist auch insofern ewig, als sie keiner Zeit unterliegt. Wer auch nur ein einziges Mal zutiefst glücklich war, dem erscheint jede Frage nach der empirischen Dauer des Glücks absurd. Selbst der Tod am Ende des biologischen Lebens macht diese Erfahrung nicht zunichte: »Wer an mich glaubt, wird leben, auch wenn er stirbt, und jeder, der lebt und an mich glaubt, wird auf ewig nicht sterben« (Joh. 11, 25 f.).

Es sollte fast selbstverständlich sein, dass bezüglich dieses ureigenen Existenzvollzugs des Glaubens nicht von außen Gehorsam eingefordert werden kann. Das Wort »Gehorsam«, mit dem in der Frömmigkeitsgeschichte und der christlichen Pädagogik so oft gearbeitet wurde, kommt bereits in den Evangelien nie als Aufforderung an die Menschen vor. Höchstens unreine Geister sollen gehorchen (vgl. Mk. 1, 27) oder der Sturm auf dem See (vgl. Mk. 4, 41) oder gar ein Maulbeerbaum (vgl. Lk. 17, 6). Und selbst dort, wo zum Beispiel Paulus das Wort »gehorchen« (griechisch: »hypakouo«) gebraucht, hat es eine völlig andere Bedeutung. Es meint keine fremdbestimmte Außenlenkung. Im Wort steckt vielmehr der Bestandteil »akouo«, hören. Das Fremdwort »Akustik« ist von diesem abgeleitet. »Hyp-akouo« bedeutet somit: sich unter das Gehörte, unter das als sinnvoll und gut Erfahrene stellen. Gerade weil die Christen in den Gemeinden des Paulus Jesu Wort und Werk als heilsam »gehört« und erfahren hatten, stellten sie sich unter dieses Lebensmodell. Sie vollzogen ihr Leben nach den Maximen, die dieser vorgelebt hatte. Statt »Gehorsam« könnte man diesen Vorgang somit besser als »Gehörsam« umschreiben, als ein Aufeinander-Hören in gegenseitiger Achtung und Liebe.

Jesus lehnte »Gottesbeweise« ab

Die Menschen, die Jesus von Nazareth begegnet sind, brauchten keine »Beweise« dafür, dass in der Begegnung mit ihm Gott nahe war. Sie hatten dies selbst erfahren und mit den Hoheitstiteln »Messias«, »Sohn Gottes« oder »Herr« umschrieben und dadurch gedeutet. »Beweise« seiner eigenen Göttlichkeit verlangt in der Versuchungsgeschichte, die das Matthäusevangelium erzählt, nur der Teufel von Jesus (vgl. Mt. 4, 1 ff.). Und dieser lehnt bekanntlich solche Beweise grundsätzlich ab (vgl. Kapitel »Teufel«).

Das Christentum sah sich allerdings schon in der Frühphase seiner Entstehung herausgefordert, nicht nur in der praktischen Nachfolge die Wahrheit der jesuanischen Botschaft Tag für Tag im Alltag aufzuzeigen. Bereits im 1. Petrusbrief wird gefordert: »Seid stets bereit, jedem Rede und Antwort zu stehen, der nach der Hoffnung fragt, die euch erfüllt« (1 Petr. 3, 15). Dass Christen hoffnungsfrohe Menschen sind, wird dabei vorausgesetzt. Aber gerade die »Schriftgelehrten« aller Zeiten haben ein Recht zu erfahren, dass diese Hoffnung nicht sinn- und vernunftwidrig sei. Man kann also auch – so der Anspruch des Petrusbriefes – argumentativ nachdenken über diese praktische Nachfolge. Dies haben die frühen Kirchenväter schon zu Beginn des 2. Jahrhunderts getan, indem sie sich mit den Argumenten der herrschenden philosophischen Schulen auseinandersetzten. Dabei war nicht immer nur »Apologie«, Verteidigung des christlichen Glaubens und Abwehr von Kritik, im Spiel. Sehr oft bedienten sich die frühchristlichen Theologen gerade der argumentativen Mittel ihrer Zeit, um das Eigene besser und für die jeweilige geistige Umwelt verständlich auszudrücken.

Bis zur Gegenwart bedeutsam geblieben sind allerdings die »Gottesbeweise« des Mittelalters. Für viele haben diese auch heute noch große Plausibilität und Beweiskraft. Erst wer sie versteht, kann sie auch infrage stellen.

Mittelalterliche Gottesbeweise

Das theologische Lebenswerk des Anselm von Canterbury (1033-1109) steht unter dem Motto »fides quaerens intellectum« – der Glaube sucht die ihm eigene Vernünftigkeit aufzuzeigen. »Fides quaerens intellectum« war auch der Titel einer seiner wichtigsten Schriften, die er 1077/78 verfasste, die aber später wegen vieler gleichlautender Schriften seiner Zeitgenossen in »Proslogion«, das heißt »Gebet« oder »Anrede an Gott«, umbenannt wurde. Im zweiten Kapitel findet sich Anselms bis heute bekannter sogenannter »ontologische Gottesbeweis« (zur heutigen Bedeutung vgl. Verweyen 2000). Dessen Ausgangsthese lautet: »Wir glauben, dass du etwas bist, über dem nichts Größeres gedacht werden kann« (»et quidem credimus, te esse aliquid quo nihil maius cogitari possit«). Eine scheinbar einleuchtende Aussage: Gott ist als so groß und mächtig gedacht, dass man sich nichts Größeres darüber vorstellen kann. Dann folgt die eigentliche Leistung Anselms: Diesem als größten gedachten Gott muss auch tatsächlich das Sein zukommen, es muss ihn wirklich geben. Denn gäbe es ihn nicht wirklich und wäre er nur ein gedachter Gott, dann wäre dieser gedachte Gott nicht der größte. Man könnte sich darüber hinaus immer noch einen größeren vorstellen, der über den Gedanken hinaus auch tatsächlich existiert.

Ein Gedankensystem von großer innerer Geschlossenheit. Könnte es aber sein, dass diese bis heute bewunderte Geschlossenheit begründet ist auf einer inneren Zirkularität, auf einem Kreisen um sich selbst? Ist eine solche Letztbegründungsphilosophie heute noch nachzuvollziehen?

Das größte Problem besteht sicher darin, dass Anselm von einer logischen Dimension direkt auf die Seinsdimension schließt: Was im Gedanken logisch ist, muss es in Wirklichkeit auch geben. Die Paradoxie der Argumentation lässt sich vielleicht mit einer sicherlich demonstrativ vereinfachenden Beweisführung verdeutlichen: Ich stelle mir das grünste aller grünen Marsmännchen vor. Dieses Marsmännchen ist so grün, dass es kein grüneres gibt. Dieses grünste aller Männchen muss es dann auch geben. Denn gäbe es dieses nicht wirklich, dann wäre es nur in meinen Gedanken das grünste und demjenigen unterlegen, das sowohl in meinen Gedanken als auch in Wirklichkeit das grünste ist.

Beide Argumentationsreihen sind sehr problematisch. Sie springen beide vom Bereich der Logik in den Bereich des Seins. Auch wenn gesagt würde, der argumentative Vergleich zwischen »Gott« und »Marsmännchen« hinkte, da im Begriff »Gott« die unendliche Überlegenheit und Größe bereits mit ausgesprochen ist, in dem anderen Fall jedoch nicht, so sagt dies nichts weiter, als dass auch diese Argumentation in einem Zirkel verläuft: Es soll bewiesen werden, was eigentlich im Begriff schon vorausgesetzt wird. Sollte es nicht auch nachdenklich machen, dass Anselm für Gott in seiner Beweisführung das Wort »quid« – das heißt »etwas« – gebraucht: »etwas«, das nicht größer gedacht werden kann. Ist aber mit »Gott« wirklich ein »Etwas«, eine »Sache« gemeint oder nicht vielmehr eine tiefe existenzielle Begegnung und persönliche Erfahrung? Kann wirklich von einem als Sache verstandenen Gott Sinn und Hoffnung ausgehen?

Als ähnlich einleuchtend erweisen sich die Gottesbeweise des Thomas von Aquin (1225-1274). Wie kein anderer Theologe des Hochmittelalters prägt er die theologiegeschichtliche Epoche der Scholastik. In seinen »Summen« sucht er die Fülle der christlichen Lehre als der Vernunft zugänglich zu erweisen. Vollständig im Inhalt und logisch in Form und Argumentation, sollten seine Schriften die Theologie als wissenschaftlich nachprüfbare Wissenschaft an den während seiner Lebenszeit immer zahlreicher entstehenden Universitäten begründen. Dabei ist Thomas – wie früher Anselm – auf der geistigen Höhe seiner Zeit. Er bedient sich bei seinem Vorgehen der Werke des griechischen Philosophen Aristoteles (384-322 v. Chr.), die durch Vermittlung islamischer Gelehrter erst zur Zeit des Thomas wieder im Abendland bekannt wurden. Gemeinsam ist beiden der Ausgang von der Empirie, von der Alltagserfahrung: Nichts ist im Kopf, was nicht vorher durch die Sinne erfasst wurde. Insofern ist dies ein Ansatz, der auch der heutigen theologischen Forschung ein wertvoller Gesprächspartner sein kann.

Der Gottesbeweis aus dem Bereich der Bewegung stellt in seiner Klarheit vielleicht das Modell eines klassischen Gottesbeweises dar. Er bietet dabei allerdings auch gleichzeitig die anschauliche Vorlage für eine kritische Beurteilung: »Es ist nämlich gewiß und steht für die Sinneswahrnehmung fest, daß einige Dinge in dieser Welt bewegt werden. Alles aber, was bewegt wird, wird von etwas anderem bewegt« (Thomas 1982, S. 53). Alles sinnlich Wahrnehmbare unterliegt dem Gesetz von Ursache und Wirkung. Die Alltagsweisheit »Von nichts kommt nichts« scheint voll bestätigt. Eine konkrete Bewegung erweist sich nach Thomas' guter Beobachtung oft erst als das Ergebnis einer ganzen Kette von Wirkursachen: »Wenn also das, was bewegt, seinerseits bewegt wird, dann muss dieses Bewegende auch selbst von einem anderen bewegt werden und jenes wiederum von einem anderen« (Thomas 1982, S. 55). Die Domino-Bausteine erhalten ihre Bewegung von anderen und werden selbst zur Ursache der nachfolgenden Bewegung. Auch die Argumentationskette scheint ebenso ins Unendliche zu laufen wie der konkret beobachtbare Ablauf einer Bewegungskette. Allerdings – und hier folgt Thomas seinem Gewährsmann Aristoteles – endet die Logik des Beweises mit der Suche nach dem Anfang aller Bewegung, mit deren Initialursache. Der erste Beweger kann nicht selbst in Bewegung sein – ein anderer hätte ihn dann in Bewegung versetzt, und er wäre nicht selbst dieser erste Beweger. Die daraus folgende These vom unbewegten ersten Beweger scheint in sich schlüssig: »Also ist es notwendig, zu etwas erstem Bewegenden zu kommen, das von nichts bewegt wird« (Thomas 1982, S. 55). Und über Aristoteles hinausgehend fügt Thomas den entscheidenden Zusatz an: »Und dies verstehen wir alle als Gott« (Thomas 1982, S. 55). Der lateinische Originaltext macht die Aussage noch deutlicher: »et hoc omnes intelligunt Deum« (Thomas 1982, S. 54): Alle intelligenten Menschen nennen dies Gott. Dieser Beweis konnte Anspruch auf die Zustimmung der Wissenschaftler seiner Zeit erheben.

Eine Beurteilung der Argumentation aus heutiger Sicht wird zunächst die Leistung dieses Beweises und vieler anderer Beweise anerkennen. Nicht nur im Mittelalter, sondern in vielen späteren Jahrhunderten überzeugte diese in sich logische Vorgehensweise und schuf dadurch eine gemeinsame Basis für das theologische Gespräch innerhalb und außerhalb des Christentums. Nicht nur in der sogenannten »neuscholastischen Theologie« des 19. Jahrhunderts findet sich diese Beweisführung ungebrochen. Sie prägt auch die Schöpfungslehre des Weltkatechismus von 1993 (vgl. Katechismus der katholischen Kirche 1993, Nr. 296 ff.; vgl. auch das Kapitel »Schöpfung«).

Gott ist keine Sache

Eine Grunderkenntnis des modernen Menschen besteht nun allerdings in der Einsicht in die Geschichtlichkeit und Kontextabhängigkeit aller seiner Aussagen. Haben aber auch theologische Aussagen wie auch kirchliche Lehraussagen und Dogmen eine Entstehungsgeschichte, dann werden sie in Formulierung und Deutung auch noch eine geschichtliche Weiterentwicklung vor sich haben.

Für den Gottesbeweis aus der Bewegung und deren Ursache und Wirkung bedeutet dies: Er ist abhängig vom damaligen statischen und mechanischen Weltbild. Danach steht am Anfang die Ruhe, aus der ein Gegenstand erst durch äußere Wirkung in eine Bewegung versetzt werden muss. Diese Reihenfolge von Ruhe zur Bewegung ist im Zeitalter der Atomphysik und Biochemie geradezu auf den Kopf gestellt worden. Ausgangspunkt ist jetzt nicht mehr die Statik, sondern die Bewegung und die damit verbundene Energie. Selbst die scheinbar ruhigen Gegenstände unseres Alltags wie Tisch, Stuhl und Bett erweisen sich bei näherer – mikroskopischer – Beobachtung als äußerst bewegt. Ihre Statik ist nicht Voraussetzung der molekularen Bewegung, sondern gerade umgekehrt: Die scheinbare Ruhe der Gegenstände entsteht erst durch gegenseitige Verbindung dieser molekularen Elementarteilchen. Und selbst diese sind bei größtmöglicher Vergrößerung nicht mehr eindeutig als ruhige »Teilchen« zu beschreiben. Masse und Energie gehen ineinander über. Als was sie sich letztlich zeigen und wie sie letztlich beschrieben werden, liegt immer weniger an festen Eigenschaften ihrer selbst, sondern immer mehr an der Untersuchungsmethode und den Instrumenten des Forschers.

Wenn aber der Grundzustand die Bewegung ist, die erst danach zur Ruhe gebracht werden muss, dann bedarf es keines ersten Bewegers, der seinerseits als unbewegt zu denken sei. Der scholastische Gottesbeweis leistet heute nicht mehr, was er jahrhundertelang schaffte: Er bietet nicht mehr eine Basis für ein interdisziplinäres Gespräch intelligenter Wissenschaftler: »et hoc *non* omnes intelligunt Deum« – denn diesen ersten Beweger bezeichnen *nicht* mehr alle intelligenten Menschen als Gott.

Sollte nicht auch bei Thomas nachdenklich machen, was schon kritisch gegenüber Anselm angemerkt wurde: Auch hier wurde als Gott eine neutrale Erst-Ursache bezeichnet. Widerspricht es aber nicht den biblischen Texten des Alten und Neuen Testaments, von Gott im Neutrum, im Sinne einer Sache zu reden? Müsste sich also nicht auch hier die Rede über Gott grundsätzlich verändern?

Verallgemeinernd gesagt: Die Suche nach verobjektivierbaren Gründen, nach Ursachen und Wirkungen ist zwar durchaus im Alltagsleben und in der empirischen Wissenschaft von großer Bedeutung. Verliert aber nicht gerade dann diese Argumentation ihre Plausibilität, wo es um Letztes, um Sinn und Erfüllung menschlichen Lebens geht? Sind es nicht gerade die letztlich unbegründbaren Momente unserer Existenz, die uns glücklich und zutiefst zufrieden machen? Gibt es eine kausale Begründung dafür, warum ich geliebt werde? Kannst du argumentativ begründen, warum du dich jenem anvertraust? Gründe aus der Entwicklungspsychologie können zwar bei solchen Fragen zahlreiche nachzuvollziehende Einzelbeobachtungen beitragen: Der zukünftige Lebenspartner wird nur zu oft nach den Kriterien der Ähnlichkeit oder Unähnlichkeit gegenüber den eigenen Eltern ausgesucht. Dass aber im konkreten Einzelfall geliebt, vertraut oder auch geweint wird, ist einer empirischen Analyse nicht zugänglich. Es bleibt somit der Spruch des französischen Mathematikers und Philosophen Blaise Pascal (1623-1662) wahr, dass das menschliche Herz seine Gründe hat, welche die Vernunft gerade nicht kennt.

Sind aber dann Religion und Glauben überhaupt nicht mehr kognitiv zu verantworten? Kann sich also heute nicht mehr wie bei Anselm der Glaube mit der Intelligenz verbinden? Ist somit auch wissenschaftliche Theologie in letzter Konsequenz aus den Universitäten zu verbannen? Ist Glaube somit nur etwas für Schwärmer oder evangelikale Gefühlsausbrüche? Oder muss vielmehr gerade heute über die

Art des intelligenten Umgangs mit Glauben und Religion neu nach-
gedacht werden?

Bevor man sich dieser Frage stellt, gilt es, den Glauben selbst noch
deutlicher zu beleuchten.

Glauben als Erfahrung der Transzendenz

Lange hatten Glauben und Religion für viele die Funktion, bisher Unbekanntes und scheinbar Unerklärbares in Bekanntes und Erklärba-
res zu übersetzen. Viele Bereiche der Natur, ihre Komplexität und
Funktionalität schienen nur erklärbar durch die Annahme eines allmächtigen Schöpfergottes, der seinen Bauplan in der Natur verwirk-
lichte. Im heiligen Buch der Maya, dem »Popol Vuh«, heißt es: »Einzig
und allein der Schöpfer, der Former, der Mächtige und die grüne Federschlange Kukumatz, die erzeugen und hervorbringen, waren über
dem unendlichen Wasser, eingehüllt in grüne und blaue Federn; darum sagt man ›grüne Federschlange‹. Große Weisheit, große Kunde ist
ihr Wesen« (Eliade 1981, S. 82). Auch innerweltliche Phänomene erfuhren so eine Deutung. Die alten Germanen erkannten im ihnen un-
erklärlichen Donner das Wirken des Donnergottes Donar (vgl. Golther 1985, S. 242 ff.).

Aber nicht nur äußere Phänomene wurden so gedeutet und damit
auch beherrschbar gemacht. Auch die existenzielle Gebrochenheit
des Menschen, seine Suche nach dem Sinn seines Daseins erhielten
hier Antworten. Eine wichtige und für viele einleuchtende Erklärung von Religion und Glaube besagt, dass dem Menschen durch die
Religion eine Hilfestellung an die Hand gegeben wird, damit er in
seiner oft unübersichtlichen Lebenswelt Halt und Orientierung bekommt. So sagte etwa der bekannte Soziologe und Systemtheoreti-
ker Niklas Luhmann: »Für frühe Gesellschaftsformationen ist die
Funktion der Religion erfüllt, wenn es gelingt, Unsicherheit in
mehrdeutigen Lagen zu absorbieren und Unbestimmtes in Be-
stimmtes zu übersetzen. Mythen (...) erzählen, wie Himmel und Er-

de, Lebendes und Nichtlebendes, Götter und Menschen, Gutes und Böses« entstehen (Luhmann 1982, S. 37). Die Komplexität der Welt und des Menschen wird demnach von der Religion vereinfacht auf wenige Grundstrukturen und Gegebenheiten. Die Transzendenz, Überweltliches, Jenseitiges werden zur Erklärung des Innerweltlichen und Diesseitigen.

Wie kaum ein anderer warnte der protestantische Theologe Dietrich Bonhoeffer (1906-1945) vor einem solchen Denken. Im Angesicht von Gefangenschaft und baldigem Tod sieht er in dieser Erklärung der Funktion der Religion letztlich eine Gotteslästerung. Glaube und Religion sind ihm zu wichtig, als dass sie als Erklärungsmuster für bisher Unerklärtes herhalten sollen: »In wissenschaftlichen, künstlerischen, auch ethischen Fragen ist das eine Selbstverständlichkeit geworden, an der man kaum mehr zu rütteln wagt; seit etwa 100 Jahren gilt das aber in zunehmendem Maße auch für die religiösen Fragen; es zeigt sich, daß alles auch ohne ›Gott‹ geht, und zwar ebensogut wie vorher. Ebenso wie auf wissenschaftlichem Gebiet wird im allgemeinen menschlichen Bereich ›Gott‹ immer weiter aus dem Leben zurückgedrängt, er verliert an Boden« (Bonhoeffer 1976, S. 159). Bonhoeffer bedauert diese Entwicklung keineswegs. Gerade in der Weigerung, Gott als einen »Lückenbüßer« für bisher Unbekanntes zu missbrauchen, sieht er einen wichtigen Schritt, auch heute verantwortungsvoll von Glauben und Religion zu reden. Das Verständnis der Transzendenz als »Hinterwelt« wäre nur eine Verdopplung der vorhandenen Wirklichkeit. Diese zu leugnen wäre ein leichtes Spiel für die Kritiker der Religion von Xenophanes bis Feuerbach.

Die biblischen Schriften wie die Schriften, Bilder und Bräuche aller Religionen bieten keine Welterklärungsformel. Sie sind kein Ersatzwissen. Sie beschreiben und deuten vielmehr auf sehr unterschiedliche Weise das Leben der Menschen in der Welt und das Leben der Menschen miteinander. Da Menschen geschichtliche Wesen sind, sind auch Religionen und Glaubenserfahrungen geschichtlich und insofern abhängig von ihrem jeweiligen Kontext. Insbesondere das Judentum und das Christentum liefern dafür anschauliche Beispiele.

Eine Grunderfahrung der Menschen zu allen Zeiten ist die von Bedrohung und Rettung. Eine kleine Gruppe um die Gestalt des biblischen Moses hat dies exemplarisch erfahren, als sie der Bedrohung durch den ägyptischen Pharao entfloh. Scheinbar Unmögliches geschah. Menschen konnten einer hochgerüsteten politischen Macht entkommen und wurden gerettet. Mit menschlichen Kräften sind weder nachrückende Armee noch die Gefahren von Wüste und Meer zu bewältigen. Aber die Rettung war real erfahrbar. Die Menschen erfuhren Jenseitiges im Diesseitigen. Diese im biblischen Buch Exodus beschriebene Erfahrung von Gefahr und Rettung einer kleinen Gruppe ist so archetypisch und grundsätzlich, dass sie zu einer Erzählung ausformuliert wurde, in der sich Menschen zu allen Zeiten und weit über das Volk Israel hinaus wiedergefunden haben. Gerade in Zeiten der Not erzählte man sich diese Geschichte nicht nur immer neu, sondern man formulierte sie neu auf dem Fundament der jeweiligen Zeit und der konkreten Notlage. Insbesondere zur Zeit des Exils in Babylon erfuhr dieser Text wohl seine bis heute gültige Gestalt. Die Israeliten erlebten hier im sechsten vorchristlichen Jahrhundert Ähnliches wie das, was einst aus der Moses-Zeit berichtet wurde. Die Erzählung von einer wunderbaren Rettung gab jetzt Kraft und Mut, an die eigene Rettung zu glauben und konkret auf sie hinzuarbeiten.

Viele Psalmen greifen dieses Thema auf. Sie erinnern gleichsam Gott an seine damalige Rettungstat und verbinden damit die Bitte, sein Volk auch gegenwärtig nicht im Stich zu lassen.

Doch bei aller Erinnerung und Dankbarkeit beschreiten die Israeliten nicht den Weg, den viele andere Religionen gegangen sind. Sie verobjektivieren ihren Gott nicht dadurch, dass sie ihn als Gottesbild oder Gottesstatue – gleichsam als Objekt – verehren. Der Ort der Verehrung ist vielmehr der weitere Lebensvollzug. Mit den Bildern von Rauch und Feuersäule beschreiben sie die Erfahrung, dass sie sich von Gott beschützt fühlen, gerade ohne ihn gleichsam handgreiflich

und dingfest zu besitzen. Und selbst dann, wenn nach ihrer Sesshaftwerdung und Staatenbildung ein Tempel für diesen Gott gebaut werden soll, geschieht dies nicht ohne kritische Nebentöne.

Der Gott des Lebens

Den ehrenwerten Plänen Davids zum Bau eines Gotteshauses steht in
der biblischen Erzählung der Spruch Gottes an den Propheten Na-
than entgegen: »Geh und sag zu meinem Knecht: So spricht der Herr:
Du willst mir ein Haus bauen, damit ich darin wohne? Seit dem Tag,
als ich die Israeliten aus Ägypten herausführte, habe ich bis heute nie
in einem festen Haus gewohnt, sondern ich bin in einem Zelt mit ihnen gewandert« (2 Sam. 7, 6 f.). Es ist nicht die moralische Qualität des
Königs David, seine Frauengeschichten oder seine blutigen Kriegsta-
ten, die ihn für den Tempelbau als ungeeignet erscheinen lassen. Es
stehen sich vielmehr zwei sehr unterschiedliche Glaubensvorstellun-
gen in dieser Geschichte gegenüber: einerseits der Glaube, der im Alltag die Erfahrung der Rettung und des Heils macht und somit durch
ein dieser Erfahrung gemäßes Leben Gott dankt. Und andererseits
ein Glaube, bei dem der geschichtliche Gott gleichsam sesshaft wird.
Seine Verehrung findet dann vorzugsweise im Tempel mit Liturgie
und Opfer statt. Es ehrt allerdings die Israeliten, dass sie sich immer
der Nichtverobjektivierung Gottes bewusst waren. Selbst nach dem
Tempelbau findet sich dort kein »Objekt« der Anbetung, weder Kult-
bild noch Kultstatue. Rein »objektiv« gesehen war somit das Allerhei-
ligste leer. Ort der Gotteserfahrung ist und bleibt somit letztlich auch
hier die als gut erfahrene und als heilsam gedeutete Erinnerung. Eine Geschichte, die sich nicht auf die Abfolge von Zahlen und Fakten
reduzieren lässt, sondern gerade in dieser Erfahrung »jenseits« des
Vordergründigen ihre Tiefendimension aufweist.

Ähnlich im Neuen Testament. Auch hier wird die vordergründige
Sicht des Menschen aufgebrochen hin zu einer reichen Vieldimensio-
nalität. Wer aufgrund seines Berufes – zum Beispiel desjenigen des ge-

sellschaftlich verachteten Zöllners – oder wegen seiner Krankheit ausgeschlossen wurde, wird jetzt in seiner Heilungsbedürftigkeit, aber auch in seiner Heilswürdigkeit vorgestellt. Einzelne vorschnelle Be- und Verurteilungen oder das ganze scheinbar unhinterfragbare Deute- und Bewertungssystem der Menschen werden von Grund auf infrage gestellt. Dem Ansinnen der Söhne des Zebedäus auf privilegierte Behandlung im Himmel antwortet Jesus: »Ihr wisst nicht, worum ihr bittet« (Mt. 20, 22). Die Umwertung aller tradierten Werte ist dann plastisch zusammengefasst in den Sprüchen der Bergpredigt. Arme werden beschenkt, Weinende getröstet und Verfolgte gerettet. Überall, wo dies geschieht, ist nach Auffassung des Matthäusevangeliums das wahre Israel. Hier geschieht die Erfahrung der Transzendenz: das Überschreiten bisheriger Grenzen und Normen. Dies wird auch Ausstrahlung haben für andere. Eine solche Erfahrungs- und Lebensgemeinschaft wird zum Salz der Erde, zum Licht der Welt, zur Stadt auf dem Berg und zur Lampe auf dem Leuchter (vgl. Mt. 5, 13 ff.).

Der Glaube zeigt damit den »Mehrwert« der Wirklichkeit. Religion und Glaube sind dadurch im wahrsten Sinne des Wortes »überflüssig«, im Sinne von überfließend. Sie legen Zeugnis ab von wahrem und erfülltem, sinnvollem Leben jenseits von Berechnung und Begründung. Die Religionswissenschaft spricht in diesem Zusammenhang allgemein von einer »rupture de niveau«, von einer grundsätzlichen Unterscheidung zwischen kausal und empirisch sinnvollen Tätigkeiten auf der einen Seite und der diesen Tätigkeiten jenseitigen religiösen Erfahrung: »Diese rupture de niveau scheint im Hinblick auf die Zwecke der Evolution überflüssig zu sein, sie verhilft weder zu besserer Anpassung an die Situation noch zu einem Gewinn an Energie und somit auch nicht zum Erfolg ums Dasein. Auch die durch Religion vermittelte Orientierung verstärkt keineswegs automatisch ein zweckgerichtetes Handeln. Der vorgeschichtliche Jäger, der sich durch die Tötung des Tieres schuldig fühlt und im Ritus Reinigung sucht, der frühe Ackerbauer, der die Kräfte der Vegetation beschwört, der Mensch, der von einem Sonnenaufgang überwältigt wird, betet, lyrische Worte stammelt, singt oder tanzt – sie alle erzielen damit keineswegs Effizienz. Aber erst dadurch werden sie zu Menschen, dass sie dieses situativ nicht Notwendige tun und aus einem Überschuss an Sinnfrage und -erfahrung handeln. Religion ist evolutiv überflüssig und zugleich dadurch zutiefst human« (Ohlig 2002, S. 19 f.).

In diesem Sinn ist Glaube und Religion immer auch ausgerichtet auf Neues. Weder im klassischen Gottesbeweis noch beim kausalen Denken ist dies der Fall. Dort wird nur eine Begründung und Bestätigung des jeweils schon Vorhandenen gesucht. Neues, bisher so noch nicht Erfahrenes und so noch nie Gedeutetes bringt aber traditionelle Ordnungen in Bewegung und ist somit der Feind aller Statik und auch der Feind aller scheinbar unhinterfragbaren Institutionen. Glaube ist damit unkonventionell wie die Kunst – und gerade deswegen oft bei etablierten Kräften umstritten und bekämpft.

Ein solcher Glaube aber verlangt den mündigen Gläubigen. Im Bewusstsein, dass alle Erfahrung des Einzelnen immer zugleich geprägt ist von der Gemeinschaft der anderen Gläubigen, bringt dieser umgekehrt seine je eigene Erfahrung in diese Gemeinschaft ein (vgl. Kapitel »Kirche«). Nicht aus einem vorhandenen Depot scheinbar wahrer Glaubenssätze bezieht er seine Glaubens- und Lebenskraft. Der Ort der Bewahrheitung von Glaubensaussagen ist vielmehr sein praktischer Lebensvollzug. Der einzelne Gläubige muss diese »rupture de niveau« vollziehen, er muss selbst den Sprung in diese je neue Lebenswirklichkeit wagen. Die christliche Tradition gebraucht dafür das Wort von der Nachfolge.

Wie die Menschen um Jesus die Erfahrung machten, dass in der konkreten Begegnung nicht mehr analytisch und scharfsinnig zwischen Gott und Jesus unterschieden werden kann, so kann auch der Gläubige im konkreten Vollzug der Nachfolge Jesu nicht unterscheiden zwischen dem im Glaubensvollzug Erfahrenen und dem in der Tradition mit dem Wort »Gott« Bezeichneten. Gott ist in dieser Erfahrung voll und ganz anwesend, wie das Beispiel der Erfahrung menschlicher Begegnung und Liebe zeigen kann. Die Schrift sagt:

»Gott ist die Liebe« und nicht: » Er ist wie die Liebe« (vgl. 1 Joh. 4, 8). Jede Reflexion darüber, ob Gott hier ganz oder nur teilweise, bildhaft oder wirklich erfahren wird, würde gerade diese Erfahrung der Anwesenheit Gottes zerstören. Zu lieben ist den Liebenden einfach himmlisch gut. Die Mystiker deuteten deshalb mit gutem Grund diese Erfahrung als »unio mystica«, als mystische Einswerdung von Gott und Mensch.

Über den Glauben nachdenken

Wenn also Glauben einen Weg beschreibt, den der Einzelne zusammen mit der Gemeinschaft geht, wieso bedarf es dann noch über die Handlungsebene hinaus der Reflexion und des Nachdenkens? Reicht es nicht, in der Nachfolge Jesu sich und den Nächsten von ganzem Herzen anzunehmen und zu lieben? Geht nicht jede nachträgliche Reflexion ins Leere? Sind nicht viele Menschen fast angewidert von immer neuen theologischen Diskussionen?

Die Texte der Bibel erzählen Erfahrungen, die Menschen in den Grund- und Grenzsituationen ihres Lebens machten. Die Autoren der heiligen Schriften haben diese Erfahrungen verschriftet und dadurch weitergegeben. Allerdings ist jede Verschriftung zugleich auch eine Deutung. Welche Quellen nimmt der Autor in seine Sammlung auf? Was lässt er weg? Wie soll der Stoff angeordnet werden, und wie sollen die aramäischen Worte Jesu in dazu passende griechische Wörter übersetzt werden? Ähnlich kompliziert waren die Aufgaben der späteren Redakteure: Welche der inzwischen zahlreichen Texte sollen in den Kanon des Alten und Neuen Testamentes aufgenommen werden? Was sind die Kriterien einer Aufnahme oder einer Ablehnung? Das Nachdenken über die Erfahrung anderer und deren sprachliche Gestaltung gehört somit schon an den Anfang der biblischen Geschichte.

Ebenso gehört auch das Nachdenken über die eigene Erfahrung elementar zur menschlichen Praxis. Erfahrung selbst kann allerdings nicht so verstanden werden, als würden durch sie gleichsam feste Daten neutral auf ein weißes Papier im menschlichen Gehirn aufgetragen. Erfahrung strukturiert vielmehr die wahrgenommenen Daten, sie verarbeitet diese und bildet neue Strukturgitter, in die später wiederum neue Erfahrungen eingearbeitet werden können.

Praxis verlangt somit von sich heraus nach Reflexion, wenn sie nicht blind werden will. Nur durch Nachdenken kann die Praxis zur Basis einer breiten Erfahrung werden, die dann wiederum neues Handeln leitet. Eine Mutter, die scheinbar selbstlos alles für ihren Mann und die Kinder tut, kann die böse Überraschung erleben, dass sie, die es doch so gut gemeint hat, nun mit Ehebruch, Schulversagen oder Drogenkonsum in ihrer Familie konfrontiert wird. Ein Familientherapeut wird diese Mutter darauf hinweisen, dass sie zwar unendlich viel für ihre Familie getan hat. Was aber fehlte, war das Nachdenken über dieses Tun. Vielleicht hätte ein Weniger an Praxis ein Mehr an Erfolg bewirkt: mehr Freiheit statt Kontrolle, mehr Gespräch statt Aufräumen und Putzen, mehr Selbstbewusstsein statt Selbstlosigkeit. Um der gelingenden Praxis willen bedarf es also der Reflexion und des Nachdenkens.

Ein Nachdenken über den Glauben und dessen Praxis muss allerdings konkrete Kriterien beachten. Zentral wäre dabei zunächst die Frage, in welcher Art das Wort »glauben« verwendet wird – wie oben beschrieben. Zudem wäre gleich zu Anfang auf das Theorie-Praxis-Problem einzugehen. Geht es hier konkret wirklich um gelebten Glauben oder um einen rein theoretisch »geglaubten Glauben«? Entsprechen somit die einzelnen Glaubensaussagen wirklich meiner Erfahrung und Überzeugung, oder glaube ich, weil andere dies von mir verlangen? Komme ich als mündiges Glaubenssubjekt in meinem Glaubensvollzug wirklich vor, oder bin ich mir darin selbst zum Fremden geworden? Geht es um ein Nach-Denken einer vorausgegangenen Praxis, um ein »Zurück-Beugen«, eine »Re-Flexion«, oder laufen die Gedanken ohne eine Verknüpfung an eine Basis ins Leere und werden dadurch zur Ideologie?

Durch ein kritisches Nachdenken kann auch das vermieden werden, was viele mit Recht eine »Verobjektivierung« des Glaubens nennen (vgl. Hasenhüttl 2001). Jeder tiefe menschliche Lebensvollzug sucht nach einem angemessenen Ausdruck. Menschliche Liebe drückt sich zum Beispiel dadurch aus, dass sich die Liebenden beschenken. Das Geschenk selbst erhält durch den Akt des Schenkens eine völlig neue Dimension (vgl. Kapitel »Gnade). Fast alles, was wir uns schenken, hätten wir uns auch selbst kaufen können. Im Geschenk aber teilt sich der Schenkende dem Beschenkten mit. Durch das Geschenk gibt er sich selbst. Deshalb ist uns jedes echte Geschenk so wichtig; es unterscheidet sich von allem anderen, was wir selbst erworben und bezahlt haben. Dieses Wertvolle des Geschenks liegt »jenseits« seines materiellen Wertes, es ist diesem transzendent.

Problematisch allerdings wird es, wenn das Objekt des Geschenks vom Vollzug des Schenkens losgelöst wird und gleichsam zu einem Objekt um seiner selbst willen wird. So wichtig beispielsweise der Ehering ist, da in ihm der geschlossene Ehebund seinen Ausdruck findet, so wäre es allerdings ein Rückfall in ein magisch-mythisches Denken, wenn beim Zerbrechen eines Eherings auf das baldige Zerbrechen der Ehe geschlossen würde. Wirklichkeit und ihr Ausdruck im Symbol wären hier vertauscht. Ihre gegenseitige Verwiesenheit aufeinander wäre aufgelöst. Ein weiteres Beispiel: Das Bild eines mit dem Pfeil schießenden Gottes Amor vermag die Plötzlichkeit und auch die Verletzlichkeit menschlicher Liebe im wahrsten Sinn des Wortes »treffend« darzustellen. Es wäre allerdings sehr problematisch, die Figur einer diesen Gott darstellenden Putte nicht als Bild zu erkennen, sondern sie mit der Liebe gleichzusetzen.

Die Freude über die wieder länger werdenden Tage nach der längsten Nacht bei der Wintersonnenwende am 21. Dezember auf der Nordhalbkugel führte im Römischen Reich dazu, an diesen Tagen den »unbesiegbaren Sonnengott« (»sol invictus«) zu feiern. Die Erfahrung einer lauen und hellen Sommernacht verdichtete sich in Versen an »Frau Luna«. Die Angst und das Grauen vor einem plötzlichen Tod wurden über Kulturgrenzen hinweg in der Gestalt des eine Sense tragenden Gerippes symbolisch dargestellt.

Alle diese Ausgestaltungen haben einen tiefen Sinn. Sie drücken das sonst Unaussprechliche in einprägsamen Bildern und Worten aus. Problematisch wäre aber auch hier eine Verobjektivierung, die das Bild und das Wort für die Erfahrung selbst nehmen würde. Dabei würde sich gleichsam die Ausdrucksgestalt vom Lebensvollzug trennen und in ein selbstständiges Objekt verwandeln. Auch auf diese Gefahr hinzuweisen ist bleibende Aufgabe jeder Theologie. Jeder Ritus, aber auch jede dogmatische Äußerung ist so viel wert, wie sie die in ihr beschriebene Erfahrung auszudrücken vermag und wiederum einer neuen Erfahrung zugänglich macht. Auch hier ist das Göttliche immer größer als die jeweilige Form seines Ausdrucks.

Wenn nun die Erfahrung eines mündigen Gläubigen so wichtig ist und wenn diese sich zu den Erfahrungen, die in der Bibel erzählt werden, in Beziehung setzen lässt, dann ist jeder Gläubige zusammen mit den Mitgläubigen ein echter Glaubensexperte. Wenn es dann darum geht, die Wesensmerkmale dieser christlichen Glaubenserfahrung in allgemeinen Sätzen oder Dogmen als gemeinsamen Glaubensschatz zu formulieren, dann müsste auf diesen Reichtum der Experten zurückgegriffen werden. Ein alter römischer Rechtssatz lautet: »Quod omnes tangit, ab omnibus approbari debet« – was alle angeht, dem müssen auch alle zustimmen können. Liegt nicht ein wesentlicher Grund für die Entfremdung zwischen kirchlichem Dogma und gläubigen Christen darin, dass Letztere sich in der kirchlichen Lehre nicht mit ihren Hoffnungen, Nöten, Freuden und Sorgen wiederfinden?

Das Verhältnis zwischen der Glaubensvorgabe in biblischen Texten und dem Dogma einerseits und dem gläubigen Menschen andererseits müsste so sein wie bei einem guten Gespräch. Keiner darf den anderen bevormunden oder gar entmündigen, beide sind ernst zu nehmen, und in ihrem Aufeinandertreffen dürfen nicht nur die jeweiligen Positionen bestärkt werden. Der Dialog bietet dann die Chance, dass etwas völlig Neues entstehen kann. So könnte auch bei der Begegnung der christlichen Botschaft mit den Menschen der Moderne etwas völlig Neues entstehen. Eine Lebenskraft und Dynamik, wie sie in dieser Art noch nie erfahren wurde. Ein Grund für dieses Neue liegt bereits darin, dass es ebendiese konkreten Menschen der Moderne in all ihrer Unterschiedenheit und Abhängigkeit von sozialen, politischen und kulturellen Kontexten früher so noch nie gegeben hat. Wenn wirklich jeder Mensch ein unverwechselbares Individuum ist und nicht einfach der stereotype und austauschbare Vertreter einer Gattung, dann müsste auch seine Glaubenserfahrung je originell und unaustauschbar sein. Weil dazu noch der Glaube eine unabdingbare kommunikative Dimension hat und nie individualistisch verengt werden darf, entstehen durch den Dialog über die jeweiligen Glaubenserfahrungen ein kreativer und fruchtbarer Prozess und eine wirklich lebendige Glaubensgemeinschaft (vgl. Kapitel »Kirche«). Das Zweite Vatikanische Konzil (1962-1965) der katholischen Kirche hat dies im Gegensatz zur Unfehlbarkeitserklärung des Papstes auf dem Ersten Vatikanischen Konzil (1869-1870) eindringlich bekräftigt: »Die Gesamtheit der Gläubigen, welche die Salbung von dem Heiligen haben, kann im Glauben nicht irren« (Rahner/Vorgrimler, Hg., 1969, S. 136). Grundvoraussetzung dafür ist allerdings, dass die einzelnen Glaubenssubjekte die Freiheit haben, ihre je eigene Glaubenserfahrung machen zu können, ohne dafür mit Sanktionen bestraft zu werden.

Können aber Menschen inmitten einer verzweckten Welt und in einer an den Maßstäben des Profits und der Leistung orientierten Gesellschaft herrschaftsfrei und kreativ im Dialog mit der Bibel und der christlichen Botschaft ihr Leben und ihre Welt entdecken und deuten, dann eröffnet sich die Tiefendimension dieser oft so eindimensionalen Wirklichkeit. Es zeigt sich deren wahrer »Mehrwert«. Dann wird das »Jenseits« nicht zu einem Objekt der Spekulation oder des scheinbaren (Geheim-)Wissens von nur wenigen Experten. Glauben wird vielmehr zu einer Lebenskraft, die sinnvolles menschliches Leben ermöglicht und die inmitten von Orientierungslosigkeit und Relativismus wesentlich zur Menschwerdung des Menschen beitragen kann. Dies wäre eine echte Form der Wiederkehr des Religiösen.

Literatur:

Bonhoeffer, Dietrich: Widerstand und Ergebung, Gütersloh, 9. Aufl. 1976

Capelle, Wilhelm (Hg.): Die Vorsokratiker, Stuttgart 1968

Eliade, Mircea: Geschichte der religiösen Ideen. Quellentexte, Freiburg 1981

Feuerbach, Ludwig: Sämtliche Schriften, hg. von W. Bolin, Stuttgart 1960 ff.

Golther, Wolfgang: Handbuch der germanischen Mythologie, Stuttgart, 2. Aufl. 1985

Hasenhüttl, Gotthold: Glaube ohne Mythos, 2 Bde., Mainz 2001

Katechismus der katholischen Kirche, München u. a. 1993

Luhmann, Niklas: Funktion der Religion, Frankfurt am Main 1982

Ohlig, Karl-Heinz: Religion in der Geschichte der Menschheit. Die Entwicklung des religiösen Bewusstseins, Darmstadt 2002

Rahner, Karl/Vorgrimmler, Herbert (Hg.): Kleines Konzilskompendium, Freiburg 1969

Ritter, Werner: Art. »glauben«, in: Rainer Lachmann, Gottfried Adam, Werner Ritter (Hg.): Theologische Schlüsselbegriffe. Biblisch – systematisch – didaktisch, Göttingen 1999, S. 93-100

Thomas von Aquin: Die Gottesbeweise, Hamburg 1982

Verweyen, Hansjürgen: Gottes letztes Wort. Grundriss einer Fundamentaltheologie, Regensburg 2000

Schöpfung

Schöpfung

Die ältere Schöpfungserzählung der Bibel

Versetzen wir uns in eine lang vergangene Zeit und folgen dem Wortlaut der biblischen Erzählungen. Wir sind im Jerusalem etwa des Jahres 1000 v. Chr. Nach langen Jahren der Knechtschaft, die ein Teil der Vorfahren des Volkes Israel in Ägypten durchlitt, nach mühsamer Wanderung der Gruppe des Befreiers Moses durch den Sinai ins Land Kanaan, nach kriegerischen Auseinandersetzungen mit den dort bereits seit Generationen Wohnenden, nach der konfliktreichen Einigung von einzelnen semitischen Gruppen und Stämmen zu einem mehr oder weniger lockeren Volksgruppenverband jetzt der ersehnte Höhepunkt: Mit König David leben die Israeliten nach innen und außen einigermaßen befriedet in einem einheitlichen Staat. Eine Söldnertruppe schützt die Bewohner vor militärischen Angriffen, der Aufbau eines Verwaltungsapparates sichert Ordnung und Wohlstand. Nur noch einer von Davids zahlreichen Nachkommen vermag diese Leistung zu steigern: Sein Sohn Salomo sichert das Reich weiter nach innen und außen. Dieser erweitert und verschönert Davids Residenz: »An seinem Palast baute Salomo dreizehn Jahre, bis er ihn ganz vollendet hatte. Er baute das Libanonwaldhaus, hundert Ellen lang, fünfzig Ellen breit und dreißig Ellen hoch, mit drei Reihen von Zedernsäulen und mit Zedernbalken über den Säulen. Eine Decke aus Zedernholz war über den Kammern, die über den Säulen lagen; es waren fünfundvierzig Säulen, fünfzehn in jeder Reihe« (1 Kön. 7, 1-3).

Die architektonische Schönheit des salomonischen Königspalastes wird nur noch überboten vom Bau des Tempels: Vom Fußboden bis zur Decke eine Vertäfelung aus kostbaren Hölzern, geschnitzte Blu-

41

mengewinde und Blütenranken zeigen Reichtum und Kunsthand-
werk. »Das Innere des Hauses ließ Salomo mit bestem Gold ausklei-
den, und vor der Gotteswohnung ließ er goldene Ketten anbringen. So
überzog er das ganze Haus vollständig mit Gold; auch den Altar vor
der Gotteswohnung überzog er ganz mit Gold« (1 Kön. 6, 21 f.).

So beschreiben die viel später entstandenen Königsbücher verklä-
rend und idealisierend die Leistungen der großen Könige der Staats-
gründung David und Salomon. Die Sesshaftwerdung nach langer
Wüstenwanderung und die Errichtung des Königtums gelten späteren Generationen als Höhepunkte der bisherigen Geschichte Israels
und gleichzeitig als Höhepunkt der gesamten Menschheitsgeschichte. Insofern greifen diese Erzählungen über die frühe Königszeit Israels über den nationalen Horizont hinaus. Auch die biblischen Schöpfungsgeschichten erzählen in mythischer Sprache von der Entstehung des ganzen Kosmos und von der Erschaffung aller Menschen.

Lange Zeit vermutete die theologische Forschung, dass der im zweiten Kapitel des Buches Genesis überlieferte Text bereits in dieser frühen Königszeit entstanden ist. Man meinte, dass sich am Königshof
auch Wissenschaftler und Schriftsteller ansiedeln konnten, um diesen Glanzpunkt der Geschichte, aber auch seine Vorgeschichte bis zurück zur Entstehung der Erde lebensnah zu beschreiben. Man nannte diese vermeintliche Autorengruppe die »Jahwisten«, da sie im Unterschied zu einer anderen Gruppe (»Elohisten«) ihren Gott »Jahwe«
nannte und nicht nach der altmesopotamischen Gottheit »El« oder in
der Mehrzahl »Elohim«.

Die »Jahwisten«-Autorengruppe erzählt in Genesis Kapitel 2, 4 b bis
2, 24, dass Jahwe die Welt aus »Adama«, aus dem fruchtbaren Ackerboden, erschuf. Jeder Leser dieser Texte, der die Geschichte der Mo-
ses-Gruppe im staubigen Wüstensand des Sinai kennt, vermag diesen
Baustoff zu schätzen. Ein Wüstenvolk weiß ebenfalls, was es bedeutet,
wenn Jahwe einen fruchtbaren Garten anlegt: »Gott der Herr ließ aus
dem Ackerboden allerlei Bäume wachsen, verlockend anzusehen und
mit köstlichen Früchten« (Gen. 2, 9 a). Und was ist nach den Erfah-

rungen der Vergangenheit kostbarer als das Leben spendende Wasser? Dieses Wasser gibt es in solcher Fülle, dass auch das ganze umliegende Land davon befruchtet wird und zu Wohlstand kommt: »Ein Strom entspringt in Eden, der den Garten bewässert; dort teilt er sich und wird zu vier Hauptflüssen. Der eine heißt Pischon; er ist es, der das ganze Land Hawila umfließt, wo es Gold gibt. Das Gold jenes Landes ist gut; dort gibt es auch Bdelliumharz und Karneolsteine. Der zweite Strom heißt Gihon, er ist es, der das ganze Land Kusch umfließt. Der dritte Strom heißt Tigris; er ist es, der östlich an Assur vorbeifließt. Der vierte Strom ist der Eufrat« (Gen. 2, 10-14). Paradiesische Zustände werden hier geschildert, wenn auch das uns geläufige Wort »Paradies« hier im Text nicht vorkommt. Erst später dient es, durch persischen Einfluss vermittelt, als Bezeichnung solch fruchtbarer Oasen.

In diesen idealen Garten setzt Jahwe nun den Menschen: Adam, aus fruchtbarer Adama gestaltet. Zum lebendigen Menschen aber wird dieser erst durch die Einhauchung des Lebensatems, durch Gottes »esprit«.

Adam ist der »Erdling«, nicht der Mann. Er lebt in diesem »Himmel auf Erden« – doch das Entscheidende fehlt. Es ist eben ein irdisch gebrochener, unvollendeter Himmel. Zwar steht dem Menschen die ganze Schöpfung zur Verfügung, er darf sie benennen, das heißt auch über sie herrschen. Dem Menschen aber, zwischen Tier und Gott stehend, fehlt zum wahren Paradies der Mensch. Weder Gott noch Tier können ihm ein menschliches Gegenüber ersetzen. Erst im menschlichen Du kann er zum Ich werden. In der Frau, der »Ischah«, wird der Mann zum Mann »Isch«. In der geschlechtlichen Differenzierung wird der Erdling Adam zum individuellen und unverwechselbaren Menschen, jetzt versehen mit den abgeleiteten Eigennamen Adam und Eva.

Über Generationen wurde die mythologische Erschaffung Evas aus der Rippe des Adam als Abwertung der Frau verstanden. Aber im Text selbst ist anderes ausgesagt. Nicht ein »Anhängsel« des Mannes ist die Frau, gleichsam wie aus einem überflüssigen Ersatzteil geschaffen. Sie entsteht vielmehr aus »höherem« Material: Ist Adam aus dem an sich schon wertvollen Ackerboden entstanden, so Eva aus »Menschenmaterial«. Und weil sie vom Menschen genommen wurde, kann sie auch »Mutter aller Lebendigen«, das heißt: Eva, genannt werden (Gen. 3, 20).

Warum aber gerade die Erschaffung aus einer Rippe des Mannes? Bis heute findet sich in der Forschung keine eindeutige Antwort. Mag sein, dass es dem archaischen Menschen ein Rätsel war, warum beim menschlichen Skelett die unteren Rippen nicht zu einem Bogen geschlossen sind wie im oberen Bereich, dass somit »Rippen« fehlten. Ebenso könnte der auch im Deutschen gebrauchte Ausdruck, dass Mann und Frau aus »einem Gebein« stammen, hier seine bildliche Umsetzung finden – wenn nicht umgekehrt der Ausdruck selbst sich dem biblischen Mythos verdankt. Vielleicht klingt aber auch ein altsumerisches Wortspiel an, in dem das Wort Rippe ähnlich klingt wie der Ausdruck für eine Frau, die Leben schenkt (vgl. Westermann 1974, S. 314).

Dass Adam und Eva in dieser Erzählung nicht als Ureltern aller Menschen im empirisch-biologischen Sinn verstanden werden dürfen, haben alle großen Maler dieser Geschichte gezeigt: Adam und Eva haben beide einen Nabel. Dieser bezeichnet sie selbst als Kinder der Menschheitsfamilie.

Diese ältere Schöpfungsgeschichte, deren Verschriftlichung eine lange mündliche Tradition vorausgegangen ist, spiegelt somit die Lebenswelt und das Lebensgefühl ihrer Autoren, die man sich als am salomonischen Königshof arbeitend vorstellte: das Bewusstsein, in einer Hochkultur zu leben, die Erfahrung, jetzt endlich in dem Land zu leben, von dem alle geträumt und das sie erhofft hatten, in dem Land, in dem wörtlich und im übertragenen ganzheitlichen Sinn »Milch und Honig« fließen.

In diesem Kontext steht auch die Beschreibung des »Jahwe« genannten Gottes. Wie die Schriftsteller am Königshof direkten Kontakt zum König haben, so steht der paradiesische Mensch mit Gott in

Anthropomorph

einem Ich-Du-Verhältnis. Jahwe trägt die Züge eines Menschen, sein Handeln entspricht dem der Menschen. So macht er sich beispielsweise gleichsam nach Menschenart die Finger schmutzig, als er Adam aus Ackerboden formt. Und wie ein älterer Herr einen Abendspaziergang unternimmt, so erleben die Menschen ihren Gott im paradiesischen Garten: »Als sie Gott, den Herrn, im Garten gegen den Westwind einherschreiten hörten, versteckten sich der Mensch und seine Frau vor Gott, dem Herrn, unter den Bäumen des Gartens« (Gen. 3, 8).

Bei allem Stolz und großen Selbstwertgefühl, bei aller Zufriedenheit über das durch eigene Leistung Erreichte – es entsteht eine »Schöpfungsgeschichte«. In ihrer mythologisch-erzählenden Sprache zeigt sich die tiefe Erkenntnis: Bei aller Leistung, trotz großer Mühe und durchaus gelungener Arbeit – letztlich verdanken sich der Mensch und seine Umwelt nicht sich selbst. Die tagtäglich mögliche Erfahrung sagt, dass Leben und dessen Erfüllung, dass Glück und Geborgenheit, dass letztlich das Paradies nicht instrumentell-technisch herstellbar sind, sondern immer wieder neu als Geschenk, als Schöpfung dankbar angenommen und mitgestaltet werden können. Diese anthropologische Grunderfahrung zeigt sich dem israelitischen Autorenkollektiv auch und gerade in Zeiten kultureller und wirtschaftspolitischer Blüte. In der Jahwe-Darstellung spiegelt sich auch hier konkret das Verständnis der eigenen menschlichen Existenz.

Ist das Paradies somit Gabe, so ist es zugleich auch Aufgabe. Der Mensch als geschichtliches Wesen kann selbst in einem Garten Eden nicht bedürfnislos ruhiggestellt werden. Wie etwa in der ganz anderen Kultur Indiens Buddha im Drang des Menschen zur Grenzüberschreitung, in seinem »Durst« nach mehr und anderem das Grundübel menschlicher Existenz erkennt, so sehen die biblischen Schriftsteller den Menschen zur Entscheidung herausgefordert. Sich finden oder sich verfehlen, ein paradiesisches Leben in göttlicher Nähe oder ein Vegetieren »jenseits von Eden«. Leben ist auch hier Dynamik und

Bewegung – verbunden gerade in glücklichen Zeiten mit der Freiheit des Menschen. Nicht die Geschichtlichkeit des Menschen an sich ist hier – vielleicht im Gegensatz zu Buddha – das Problem, sondern die Handlungen des Menschen innerhalb seiner Geschichte.

Bei allem Hochgefühl sind die Autoren Realisten. Im Bild des mythischen Gartens beschreiben sie tiefe existenzielle Sehnsüchte des Menschen, in Sündenfall und Vertreibung verdichtet sich die Erfahrung von der Gebrochenheit aller menschlichen Paradiese. Die kindliche Unschuld, das vorkritische Annehmen von Aussagen und Lebensentwürfen, das Vertrauen auf die Gesundheit des Körpers, auf Geborgenheit und Versorgtheit – beim Essen vom »Baum der Erkenntnis« und durch das sowohl notwendige wie zerstörende Infragestellen anscheinend so sicherer und selbstverständlicher Lebenszusammenhänge, nicht zuletzt aber auch durch die Erfahrung eigenen und fremden Leidens schließen sich die Paradiesespforten. Ein Weg zurück ist nicht mehr möglich. Das zurückgelassene Paradies aber leuchtet den Ausgeschlossenen auf dem Lebensweg; es lässt am Horizont einen neuen Garten Eden als Orientierungshilfe erscheinen: Der Himmel der Zukunft glänzt in paradiesischen Farben.

So spricht die alte Schöpfungsgeschichte eine tiefe Wahrheit aus, eine Wahrheit nicht über die Entstehungsgeschichte der Welt und der Menschheit, sondern eine existenzielle Wahrheit über das Leben des Menschen in Raum und Zeit.

Die neuere Erforschung des Pentateuch, der fünf »Bücher Mose«, kann heute zwar verdeutlichen, dass die beschriebene ältere Schöpfungsgeschichte sehr viele spätere Überarbeitungen erfahren hat. Es ist sogar möglich, dass erst die späten Könige Hiskia im Nordreich Israel (725-696 v. Chr.) und Josia im Südreich Juda (639-608 v. Chr.) eine Infrastruktur geschaffen haben, in der unser Text nach langer Erzähltradition erst entstehen konnte. Es mag auch sein, dass die Schriftsteller zur Zeit dieser Könige die Hoffnungen und Erwartungen ihrer eigenen Zeit zurückprojizierten in die Zeit von David und Salomon und so in diesen alten Königen gleichsam den Idealtypus aller späteren

Könige in der israelitischen Geschichte sahen. An der inhaltlich-theologischen Aussagekraft dieser älteren Schöpfungsgeschichte ändert aber auch eine spätere Datierung ihrer Entstehung nichts Entscheidendes.

Die priesterliche Neukonzeption

Nach David und Salomo war die weitere in der Bibel erzählte Geschichte wahrhaft kein Ruhmesblatt für Israel. Der im dritten Kapitel der Genesis geschilderte Sündenfall charakterisiert sowohl den Ablauf der Geschichte des Lebens eines einzelnen Menschen wie auch den des gesamten Volkes mit seinen Höhen und Tiefen. Kaum war das Reich Israel mühsam geeint, können sich die vielen Kinder Salomos nicht über die Erbschaft einigen. Im Jahr 926 v. Chr. bricht das Reich auseinander. Das entstandene Nordreich Israel und das Südreich Juda sind nun geschwächt und den Beutezügen neuer Großmächte noch leichter ausgeliefert. So wird Israel 722 v. Chr. vom neuassyrischen Expansionsdrang überrannt und zerstört. Dann besiegt König Nebukadnezar aus Babylon 586 v. Chr. auch das Südreich Juda. Die Elite des Volkes muss ins babylonische Exil. Der Psalm 137, einfühlsam vertont im sogenannten »Gefangenenchor« von Giuseppe Verdis Oper »Nabucco« (1842), bietet ein Stimmungsbild der Exilierten: »An den Strömen von Babel, da saßen wir und weinten, wenn wir an Zion dachten. Wir hängten unsere Harfen an die Weiden in jenem Land. Dort verlangten von uns die Zwingherren Lieder, unsere Peiniger forderten Jubel: Singt uns Lieder vom Zion! Wie könnten wir singen die Lieder des Herrn, fern, auf fremder Erde? Wenn ich dich je vergesse, Jerusalem, dann soll mir die rechte Hand verdorren« (Ps. 137, 1-5).

Die Katastrophe des Exils ist ein so großer Einschnitt in der Geschichte der Israeliten, dass die dort entstandenen Klagen, aber auch die dort gefundenen Zeichen der Hoffnung auf Befreiung bis heute über die Welt des Judentums hinaus als Metaphern für Unheil und Rettung dienen.

Selbst nach der Rückkehr der meisten Exilierten nach ihrer Befreiung durch den Perserkönig Cyros im Jahr 538 v. Chr. sind die Probleme riesig: Jerusalem ist zerstört, das Land verwüstet, der Tempel in Trümmern, jede politische, wirtschaftliche oder kulturelle Infrastruktur am Boden. Auch in der Bevölkerung herrschen große Spannungen. Während die Oberschicht im Exil war, haben sich Menschen der unteren sozialen Schichten, all jene, mit denen selbst die babylonischen Herrscher nichts anfangen konnten, in der Stadt und in den Häusern der Vertriebenen niedergelassen. Wem soll nun Haus, Hof und Land bei der Rückkehr aus Babylon gehören? Den Altbesitzern mit verbrieften Rechten oder den Bewohnern, die hier seit über 50 Jahren leben und arbeiten? Ein Grundproblem so vieler Flüchtlinge in allen Gebieten der Erde!

Noch tiefere Fragen beschäftigen die Menschen: Was wird aus unserer Kultur, aus unserer Religion? Wie lässt sich trotz der beschriebenen sozialen Verwerfungen eine neue ethnische und politische Identität herstellen? Eine Gruppe aus dem priesterlichen Umfeld sah hier ihre Aufgabe. Bereits während des Exils begannen diese Priester, verbliebene Texte, Erzählungen, liturgische Gesänge zu sammeln und neu zu ordnen. Daneben verfassten sie – nicht ganz ohne Einfluss ihrer babylonischen Umwelt – eigene neue Texte. Trotz Exils und Zerstörung suchten sie die Würde des Menschen zu beschreiben und dadurch Hoffnung zu geben. Exemplarisch entsteht ihre eigene neue Schöpfungsgeschichte, bekannt als das Sieben-Tage-Werk (Gen. 1, 1-2, 4a).

Bereits die äußere Form macht ihre priesterlichen Verfasser erkennbar: sieben Strophen wie ein liturgisches Lied, ihr jeweiliges Ende mit einem Refrain wie bei einer Litanei: »Gott sah, dass es gut war: der erste, zweite, dritte … Tag«. Im Angesicht der Katastrophe beschreiben sie den Menschen in seiner Größe und prinzipiellen Unzerstörbarkeit – er ist ein Abbild Gottes: »Dann sprach Gott: Lasst uns die Menschen machen als unser Abbild nach unserer Gestalt. Sie sollen herrschen über die Fische des Meeres, über die Vögel des Himmels, über das Vieh, über die ganze Erde und über alle Kriechtiere auf dem

Land. Gott schuf also die Menschen als sein Abbild, als Abbild Gottes schuf er sie. Als Mann und Weib schuf er sie« (Gen. 1, 26 f.).

Die Unterschiede zur alten Schöpfungserzählung sind überdeutlich: Keine Geschichte wird hier anschaulich vorgetragen, sondern es findet sich ein durchkomponierter Text mit strengem Aufbau. Gott macht sich hier bei seiner Schöpfung auch nicht mehr die Hände schmutzig wie bei der Erschaffung der Menschen aus Lehm im alten Text. Nach Priesterart ist sein Werkzeug das kultische Wort: »Er sprach ... und es ward.« Mitten im Chaos schaffen die Priester in ihrem Text Überschaubarkeit und somit Kosmos, was »Ordnung« heißt. Ihr Werk nimmt durch Nachahmung teil am ordnenden Handeln des Schöpfergottes. Insofern spiegelt der Mensch Gottes Sein und Tun – er ist sein Ebenbild. Hier wird Gott nicht mehr gezeichnet nach Menschenart, sondern der Mensch beschrieben nach Gottesart. Dies alles nicht ohne einen spöttischen Seitenblick auf die Religion der babylonischen Besatzer: Nicht deren Sterne, Sonne, Mond sind Götter – sondern den eigenen Gott lässt man sagen: »Lichter (Lampen!) sollen am Himmelsgewölbe sein, um Tag und Nacht zu scheiden. Sie sollen Zeichen sein und zur Bestimmung von festen Zeiten, von Tagen und Jahren dienen« (Gen. 1, 14). Nicht die Vergöttlichung von Dingen ist insofern das Ziel religiöser Praxis in Israel – obwohl seit den Zeiten des Moses manches »Goldene Kalb« verehrt wurde. Aber in den Dingen und durch die Dinge, seien es Sterne, Sonne, Mond oder anderes, kann die Erfahrung göttlichen Beschenktwerdens gemacht werden.

Die Stilisierung des Schöpfungsgeschehens in ein Sieben-Tage-Werk folgt einem Pyramiden-Aufbau: Nach grundlegenden Elementen wie Licht und Finsternis, nach der Unterscheidung des »Wassers unterhalb des Himmelsgewölbes vom Wasser oberhalb der Wölbung« (Gen. 1, 7) folgen differenziertere und höherqualifizierte Geschöpfe: Pflanzen, Tiere und der Mensch. Fragt man nach dem Gipfel dieser Pyramide oder, anders ausgedrückt, nach der »Krone der Schöpfung«, so antworten viele mit dem Hinweis auf den Menschen. Der priesterliche Text zeigt aber anderes: Das Vorhandensein des Menschen am sechsten Tag ist so wenig die Erfüllung wie dies die rein organische Erschaffung des Menschen ohne Einhauchung des Geistes in dem älteren Text war. Der Gipfel der Schöpfung ist erst am siebten Tag erreicht – ein unerklärlicher Befund, wenn man diesen als reinen »Ruhetag Gottes« verstehen würde. Ein durch sein Werk erschlaffter und rekreationsbedürftiger Gott – eine solch anthropomorphe Vorstellung hätten die Priester weit von sich gewiesen. Der siebte Tag ist gerade nicht ein Nichts-Tun-Tag, sondern ein Feier-Tag. Nur eine an rein wirtschaftlichen Belangen ausgerichtete Gesellschaft vermag in einem Tag ohne Arbeit und Leistung vorwiegend die Funktion der Wiederherstellung der Arbeitskraft für die restlichen Wochentage zu erkennen. Der siebte Tag der Bibel aber, der Sabbat, zeigt eine tiefe menschliche Erkenntnis: Trotz aller möglichen Erfüllung in Beruf und Arbeit – erst wenn der Mensch frei ist von der Last und Hektik des Alltags, ist er auch frei, um zu feiern. Ohne Verzweckung darf er einfach da sein. Sein Leben hat einen Wert auch ohne Leistung und Berechnung. Die Feier des Lebens – gerade in Tanz, Spiel und Gesang vermag sie sich auszudrücken.

Genau dies ist die Intention der priesterlichen Autoren: In ihrem heiligen Spiel – so könnte man ›Liturgie‹ übersetzen – kommt der Mensch zu sich selbst. Der Sabbat wird mit seinen Gottesdiensten zur erfüllten, zur heiligen Zeit. Der Sabbat wird zur Hoch-Zeit der Woche. Er ist Vorspiel des ewigen göttlichen Sabbats, der eschatologisch vom Ende der Zeit mitten in diese hineinleuchtet.

Als die priesterlichen Autoren ihre Schöpfungsgeschichte fertiggestellt hatten, entstand für die biblischen Redakteure ein Problem. Bei ihrer Suche nach alten Texten und Traditionen, die kultische und ethnische Identität in Zeiten der Zerstreuung sichern sollten, fanden sie auch die bereits lange vor ihrer Zeit entstandene Schöpfungsgeschichte der Jahwisten. Wie sollte man damit umgehen? Sollte man diese etwa wegwerfen und durch den eigenen, literarisch durchkomponierten Text ersetzen?

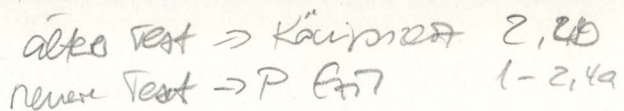

Es ehrt die Autoren und Redakteure, dass sie die alte Schöpfungs- und Paradieserzählung als Stück der Tradition und Kultur ihres Volkes, als ein Stück ihres gemeinsamen Glaubens sehen. Man kann sich zwar vorstellen, dass deren archaische Gottesdarstellung mit ihren stark menschlichen Zügen die priesterliche Kritik provoziert. Die Distanz zwischen Gott und Mensch ist in ihren Augen so groß, dass diese nur im Kult, in ihrem priesterlichen Dienst überbrückt werden kann. Sie machen einen redaktionellen Kompromiss: weder Eliminierung noch Verbannung in ein Archiv, sondern Aufnahme des alten Textes in den Kontext der heiligen Bücher – wenn sie auch ihren eigenen Text im Bewusstsein von dessen hoher Qualität dem älteren Text voranstellen. So beginnt bis heute die heilige Schrift der Juden, Christen und Muslime mit dem jüngeren Text aus der Exilzeit, gefolgt vom älteren, dessen Wurzeln vielleicht wirklich bis in die Zeit der ersten Könige zurückreichen.

Das aber hat zur Konsequenz, dass dieses wichtige literarische Dokument der Menschheit zweimal beginnt. Nachdem es am Ende des Priestertextes abschließend hieß: »Das ist die Entstehungsgeschichte von Himmel und Erde, als sie geschaffen wurden« (Gen. 2, 4 a), fährt der Text mitten im Halbvers fort: »Zur Zeit, als Gott, der Herr, Erde und Himmel machte, gab es auf der Erde« noch all das nicht, von dem im vorangegangenen Text bereits die Rede war. Würde nun heute ein Mensch im Sinne von Ursachenforschung und Tatsachenbehauptung fragen, wie es sich nun wirklich mit der Schöpfung verhielt – die biblischen Texte gäben ihm in ihrer großen Verschiedenheit keine Antwort. Dass gerade die beschriebenen unüberbrückbaren Differenzen nicht als anstößig empfunden wurden, zeigt, dass deren Aussageabsicht eine andere ist. Die Texte möchten nicht sagen, wie Welt und Mensch entstanden sind, sondern wie sich der Mensch mit seiner Existenz in Welt und Menschheit erfährt und deutet. Insofern könnte man mit einem lateinischen Sprachspiel sagen: Schöpfungsgeschichten sagen nichts aus über die Frage »in principio«, über die Frage des Anfangs. Sie sagen vielmehr viel Wichtigeres aus über die »prinzipiellen« Grundfragen des Menschen. Und hier sagen – in aller Unterschiedenheit – beide Schöpfungsgeschichten: Der Mensch lebt letztlich dadurch und von dem, was ihm zukommt, was ihm geschenkt wird. Er gestaltet zwar einerseits sein Leben und seine Welt, er benennt die Schöpfung und stellt so eine sinnvolle, ihn erfüllende Beziehung zwischen ihr und sich selbst dar. Er wird dadurch zum Mitschöpfer. Andererseits aber macht er die Erfahrung, dass er durch Leistung und Arbeit das Gelingen des Lebens nicht schaffen und produzieren, sondern nur als Geschenk annehmen kann. Auch als Mitschöpfer erfährt er sich als Geschöpf.

Geschichte der Textdeutung

Über zweieinhalbtausend Jahre lang wurden beide Texte der Schöpfungsgeschichte verehrt und geschätzt, vielen Menschen boten sie Orientierung und Lebenshilfe. Aber die Interpretationsgeschichte dieser klassischen biblischen Texte war auch – und ist es oftmals bis heute – eine Geschichte der Missverständnisse. Menschen wurden von Menschen verurteilt, missachtet, ja sogar getötet, weil sie diese Texte anders auslegten als die jeweils offizielle Lehrmeinung.

Das erste allgemeine Konzil der Christenheit im Jahre 325 n. Chr. in Nizäa sagt in dem dort verfassten und bis heute in der Liturgie gebeteten Glaubensbekenntnis recht kurz: »Wir glauben an den einen Gott, den Vater, den Allmächtigen, der alles gemacht hat, was sichtbar ist und unsichtbar« (vgl. Staats 1996, S. 161). Wie die Autorengruppen der Schöpfungsgeschichten die guten Erfahrungen der Errettung aus der ägyptischen Gefangenschaft gleichsam nach vorne in den Anfang der gesamten Welt ausweiteten und so dem Rettergott auch allumfassende Schöpfermacht zuschrieben, so wird hier in Nizäa das Glaubensbekenntnis zu Gott gleichsam universalisiert: Nichts im »Himmel und auf Erden« steht außerhalb dieser Gottesbeziehung. Seine Macht umfasst die gesamte Welt des Menschen, er ist allmächtig, »omnipotent« – alles kann potenziell, möglicherweise, zum Ort und Anlass dieser Gottesbegegnung werden. Trotz der nicht zu überbietenden Macht des Schöpfers wird allerdings das Wie, Wann und Warum der Schöpfung in diesem Text nicht angesprochen. Es bleibt ungeklärt, es hat die Konzilsteilnehmer offensichtlich gar nicht interessiert.

Ein erster kirchenamtlicher Versuch, über den Text des Glaubensbekenntnisses hinauszugehen, unternimmt das Konzil zu Braga, im heutigen Portugal, im Jahre 561 n. Chr. Hier heißt es: »Wer sagt, der Teufel sei anfangs nicht als guter Engel von Gott erschaffen worden und sei seiner Natur nach nicht ein Werk Gottes, sondern behauptet, er sei aus der Finsternis aufgetaucht und habe keinen Schöpfer ... der sei ausgeschlossen« (Denzinger/Hünermann 1991, Nr. 457). Positiv setzt sich der Text ab von allen Versuchen, Gott und Teufel, das Gute und das Böse als gleichursprünglich und insofern als gleich mächtig und bedeutend zu verstehen. Die Kirchenversammlung betont vielmehr, dass die gute Erfahrung des Menschen primär ist. Die jederzeit mögliche und nicht zu leugnende »teuflische« Erfahrung aber ist die abgeleitete, sekundäre. Gut und Böse sind demnach nach christlicher Überzeugung nicht gleichwertig. Trotz Zweifeln in konkreten Einzelfällen – nur die gute Vorgabe, »Gott von Anfang an«, lässt menschliches Leben gelingen, und der Konzilstext von Braga betont dies zu Recht.

Allerdings ist diese Aussage gewonnen durch eine Abkehr von den biblischen Schöpfungsgeschichten. Von Engeln und Teufel war dort nicht die Rede – wenn auch diese die Möglichkeit und Existenz des Bösen, den Abfall vom primär Guten nicht leugneten, sondern in der Sündenfallgeschichte mythologisch beschrieben (vgl. Kapitel »Teufel«).

Kommt alles aus nichts?

Die weitere theologische Reflexion über die Schöpfung wurde maßgeblich von den Beschlüssen des vierten Konzils im römischen Lateranpalast des Jahres 1215 n. Chr. geprägt. Bis in den »Katechismus der katholischen Kirche« aus dem Jahre 1993 wird die im Lateran formulierte Aussage wiederholt: »Er schuf in seiner allmächtigen Kraft von

Anfang der Zeit an aus nichts zugleich beide Schöpfungen, die geistige und die körperliche« (Denzinger/Hünermann 1991, Nr. 800; vgl. Fox/Pauly 1994, S. 75 ff.): »Creatio ex nihilo« – die Schöpfung aus dem Nichts. Kaum ein anderer Begriff hat das Alltagsverständnis, aber auch das theologische Nachdenken über die Schöpfung so geprägt wie diese Formel.

Trotz der großen Wirkung bedarf diese Aussage einer kritischen Betrachtung. Wenn alle Glaubensaussagen des christlichen Bekenntnisses zu Recht nach ihrem biblischen Ursprung befragt werden müssen, so muss auch hier dieser Maßstab angelegt werden. Allerdings lässt sich aus der in über tausend Jahren entstandenen Bibel nur eine einzige Belegstelle für die genannte Konzilsaussage angeben. Das im ersten vorchristlichen Jahrhundert als Spätschrift des sogenannten Alten Testamentes entstandene zweite Buch der Makkabäer berichtet von einer Mutter, die ihren sieben Söhnen in einer Zeit der Verfolgung Mut zusprechen möchte. Nachdem sechs Söhne grausam hingerichtet wurden, stärkt sie die Todesbereitschaft ihres Jüngsten mit dem Hinweis auf die Allmacht ihres Gottes und der Hoffnung auf eine Rettung jenseits der Todesgrenze: »Ich bitte dich, mein Kind, schau dir den Himmel und die Erde an; sieh alles, was es da gibt, und erkenne: Gott hat das aus dem Nichts erschaffen, und so entstehen auch die Menschen. Hab keine Angst vor diesem Henker, sei deiner Brüder würdig und nimm den Tod an! Dann werde ich dich zur Zeit der Gnade mit deinen Brüder wiederbekommen« (2 Makk. 7, 28 f.). Trost und Hoffnung spricht diese Mutter aus: Die Brutalität des Lebens wird nicht das letzte Wort haben. Erfahrung und Lebensweisheit sagen ihr: Gott schafft aus dem Nichts Heil. Erlösung, Sinnhaftigkeit sind nicht an äußere Bedingungen und Voraussetzungen gebunden. Trotz machtpolitischer Ansprüche und gegen die so oft menschenfeindlichen Umstände kann ein Mensch die Erfahrung machen, die später auf Jesus von Nazareth bezogen zu der Grundaussage des Christentums wird: Selbst Kreuz und Tod als so augenfällige Formen der Vernichtung können nicht verhindern, dass aus dem Nichts paradoxerweise

54

und im Widerspruch zu jeder Verrechnung Sinn erfahren wird. Dies nimmt dem Nichts, der Sinnlosigkeit nicht ihren Stachel. Un-Sinn bleibt Un-Sinn, und nur eine den betreffenden leidenden und sterbenden Menschen verachtende Rationalisierung spricht von Schmerz und Tod als Bedingung, als Mittel und Zweck zur Erlangung neuen Sinns. Die beiden biblischen Schriften sagen anderes: Bedingungslos, »aus nichts« schafft Gott; es entsteht Sinnhaftigkeit inmitten der Sinnlosigkeit.

Das Motiv des Trostes in einer menschlichen Extremsituation wird nun aber beim genannten Laterankonzil zur Welterklärungsformel. Gott schuf aus dem Nichts, er ist alleiniger Anfang von Himmel und Erde. Wie jede menschliche Äußerung ihren »Sitz im Leben«, ihre äußeren Rahmen- und Verstehensbedingungen hat, so auch hier. Die Konzilsväter fühlten sich zu ihrer Aussage veranlasst durch die zeitgenössischen Reformbewegungen der Albigenser und Katharer. Diese wiederum sprachen eine allgemeine Grunderfahrung deutlich aus: Der Mensch lebt in einer gebrochenen Welt. Freud und Leid, Sinn und Sinnlosigkeit liegen oft unmittelbar nebeneinander. Diese Ambivalenz menschlichen Lebens führen sie auf zwei Grundprinzipien oder Götter zurück, die von Anfang an Welt und Mensch bestimmen: guter Gott und böser Satan. Diese werden im Denken der Katharer nicht selten personifiziert mit dem Gott des Neuen bzw. dem des Alten Testaments. Der Mensch zwischen Himmel und Hölle muss Position beziehen. Er muss sich entscheiden, soll um des Himmels willen »katharos«, das heißt rein, sauber, klar werden gegenüber den Versuchungen der Unterwelt. Abgeschiedenheit, ein durchaus elitäres Bewusstsein und ein die gesamte Wirklichkeit prägender Dualismus charakterisieren diese Bewegung der Katharer. Eine besonders ausgeprägte Form erlangte sie im französischen Languedoc und der Stadt Albi, weshalb man den dort ansässigen Teil der Katharer auch Albigenser nannte.

Gegenüber dieser prinzipiellen Aufspaltung der Wirklichkeit in Gut und Böse, in ein Werk Gottes und ein Werk des Teufels bezieht das Laterankonzil Stellung: Es ist nur ein einziger Anfang, ein Grundprinzip allen Lebens, und dieses ist gut: »Der Teufel nämlich und die anderen Dämonen wurden zwar von Gott ihrer Natur nach gut geschaffen, sie wurden aber selbst durch sich böse. Der Mensch aber sündigte aufgrund der Eingebung des Teufels« (Denzinger/Hünermann 1991, Nr. 800).

Auch hier steht hinter der Schöpfungsaussage letztlich eine Existenzaussage. Das real erfahrbare und insofern nicht zu leugnende Phänomen des Bösen ist eine Erfahrung des Abfalls und der Verfehlung. Es ist insofern nicht ein gleichberechtigtes Prinzip neben dem Guten.

Diese existenziell nachvollziehbare Aussage des Konzils erhält allerdings einen äußerst bitteren Nachgeschmack. Weil Katharer wie Albigenser eine andere Deutung menschlichen Lebens bevorzugten, wurden sie tausendfach von Vertretern des amtskirchlichen Deutungsmodells verfolgt und brutal getötet. Im Juli 1209 ließ der päpstliche Gesandte Simon de Montfort in der südfranzösischen Stadt Béziers 15 000 von ihnen niedermetzeln. So wurden aus den »Katharern« die »Ketzer«.

Eine Verwechslung aber von Aussagen, die menschliche Existenz beschreiben und zu deuten versuchen, mit Aussagen über die Entstehungsbedingungen von Kosmos und Mensch stößt aber bereits im biblischen Befund an ihre Grenzen. Beide Schöpfungserzählungen sprechen weder bildlich noch dem Sinne nach von einer »Schöpfung aus dem Nichts«. Wenn es in dem Priestertext heißt: »Am Anfang schuf Gott Himmel und Erde, die Erde war wüst und leer« (Gen. 1, 1), so folgt dem sogleich der Satz: »Und Finsternis lag über der Urflut« (Gen. 1, 2). Auf die analytisch an heutigen Problemen der Kosmogenie orientierte Frage, wo denn diese Finsternis und die Urflut ihrerseits herkommen, gibt die Schrift keine Antwort. Und auch die Autoren der Paradieserzählung interessiert nicht die Frage, woraus Jahwe Himmel und Erde machte. Sie kennen noch nicht einmal ein Wort für das »Nichts«; es wäre ihnen als erfahrungslose Abstraktion und Floskel erschienen.

Die Deutung der Schöpfung als »creatio ex nihilo«, als »Schöpfung aus dem Nichts« aber blieb geltende Lehrmeinung. Sie blieb jenseits ihrer existenziellen Bedeutung auch Erklärungsmodell für das Entstehen von Welt und Mensch. Als der Dominikanerpater Giordano Bruno (geboren 1548) die wörtliche Interpretation der biblischen Schöpfungsgeschichte hinterfragte und in ihr letztlich keine Argumente gegen die Zeitlosigkeit der materiellen Voraussetzungen des Lebens sah, folgte keine inhaltliche Auseinandersetzung mit seinen Fragen, kein Ringen um ein neues Verständnis der altehrwürdigen Texte im Kontext der nun entstehenden Naturwissenschaften. Mit Giordano Bruno versuchte die kirchliche Behörde am 17. Februar des Jahres 1600 auf dem römischen Blumenmarkt (»Campo di Fiori«) auch die Fragen der heraufziehenden Neuzeit und Moderne zu verbrennen.

Und auch der immer wieder als klassisches Beispiel genannte Fall des Galileo Galilei ist kein Ruhmesblatt im Ringen um eine die menschliche Existenz erhellende Deutung biblischer Texte. Galilei (geboren 1564) eröffnet mit neuen Medien (zum Beispiel Fernglas und experimenteller Naturbetrachtung) neue Zugänge zu Kosmos und Erde. Stimmen dann empirische Forschungsergebnisse mit der traditionell-wörtlichen Schriftauslegung nicht überein, kann der Fehler in den Augen der kirchlichen Kritiker scheinbar nur aufseiten des Forschers liegen. Galilei wird nach einem Prozess im Jahre 1616 verurteilt und zur Aussage gezwungen, die Sonne drehte sich um die Erde und nicht umgekehrt.

Galilei ist auch als Mensch ein Realist. Er weiß, dass es in seinem Prozess nicht nur um das kosmologische Problem des Weltmittelpunkts geht. Die Frage: »Wer steht im Zentrum und wer an der Peripherie?« betrifft vielmehr auch die zeitgenössischen Herrschaftsstrukturen und Deutungsmonopole. Daraus ist die große Aggression und Emotionalität bei der Erörterung dieser naturwissenschaftlichen Frage zu verstehen. Galilei weiß also auch, dass es sich nicht lohnt, für seine Erkenntnisse das Martyrium einzugehen. Die Erde dreht ihre

Kreise, ob das gewisse Menschen wahrhaben wollen oder nicht. So unterwarf er sich formal dem Urteil der Inquisition und lebte friedlich am Hof der Medici in Florenz, wo er 1642 starb.

Das Beispiel Teilhard de Chardin

Das vielleicht beste und zugleich traurigste Beispiel der Begegnung und »Vergegnung« zwischen klassischer Schöpfungslehre und moderner Naturwissenschaft stellen Leben und Werk von Teilhard de Chardin und die kirchenamtliche Reaktion darauf dar. Am 1. Mai 1881 in der Nähe von Clermont-Ferrand in der Auvergne geboren, erbt er von einem Vater das Interesse an der Bestimmung und Erforschung von Mineralien, Pflanzen und Insekten. Die Fragen der Entstehungsgeschichte des Menschen prägen seit Charles Darwins (1809-1882) und Ernst Haeckels (1834-1919) Evolutions- und Abstammungslehre die naturwissenschaftliche Diskussion. Teilhards Interesse gilt bereits im Gymnasium und im anschließenden Theologie- und Philosophiestudium sowohl geistes- als auch naturwissenschaftlichen Fragestellungen. So plant er direkt nach seinem Eintritt in den Jesuitenorden und nach seiner Priesterweihe eine Promotionsarbeit über entwicklungsgeschichtliche Fragestellungen. Erst 1922 kann diese Arbeit aus dem Bereich der Paläontologie, der Lehre von der Geschichte der Entwicklung von Pflanzen und Tieren im Laufe der Erdgeschichte, abgeschlossen werden. Sie trägt den Titel: »Die Säugetiere des unteren Eozäns in Frankreich und ihre Fundstätten«. Weitere Aufsatz- und Buchtitel beschreiben seine Lebensaufgabe: »Das kosmische Leben« (1916), »Die Messe über die Welt« (1923), »Das göttliche Milieu« (1926), »Christologie und Evolution« (1933) und »Der Gott der Evolution« (1953).

Teilhard vermag sich nicht abzufinden mit einem mythologisch-wörtlichen Verständnis der Schöpfungsgeschichte und dessen dogmatischer Fixierung. Bereits als Sanitäter im Ersten Weltkrieg schrieb er 1916 in einem Brief: »Man muß dem geoffenbarten Dogma durch eine gründlichere Kritik der Wahrheit einen Fortschritt in seinem Sinne bringen ... Es wäre ein solcher Vorwurf gegen die Wahrheit der Kirche, wenn man ihr ins Gesicht schleudern könnte, daß sie die Menschen träge macht« (zit. nach Hemleben, 1977, S. 55). Er weiß, dass seine große Aufgabe, Theologie und Naturwissenschaft miteinander in ein beide befruchtendes Gespräch zu bringen, von manchem Vertreter seiner Kirche kritisch betrachtet wird: »Man wird es vielleicht ein bisschen evolutionistisch finden. Wir werden sehen. Man, das sind die Zensoren, die den Artikel lesen müssen, ehe er erscheint.« Und er schließt: »Ich bin entschlossen, meinen Weg geradeaus weiterzugehen, weil ich mir selber treu sein muß – um wahr zu sein« (zit. nach Hemleben 1977, S. 57). Großen Forschungserfolg hatte er mit seiner Entdeckung eines weiteren Zwischengliedes in der Entwicklungslinie Affe – Mensch 1927 in China (»Sinanthropus pekinensis«). Seine Leistung wurde auch öffentlich immer stärker anerkannt, zum Beispiel durch seine Berufung zum Präsidenten der »Société géologique de France« 1923. Dem steht die Nichtbeachtung und das Lehr- und Veröffentlichungsverbot durch seine eigene Kirche entgegen. So durfte auch sein Hauptwerk »Der Mensch im Kosmos«, in dem er seit 1938 seine Einzelstudien systematisch zusammenfasste, bis zu seinem Tod 1955 nicht erscheinen (Erstausgabe 1956).

Was aber ist das Neue an dieser Sicht der Schöpfung?

In »Der Mensch im Kosmos« möchte Teilhard de Chardin eine gestufte Entwicklungslinie aufzeigen von der Entstehung des Kosmos bis hin zur Entwicklung des Menschen. Materie, Form und Energie sind bereits auf der »Vorstufe des Lebens«, der »Präbiosphäre«, die Grundprinzipien dieser Entwicklung. In einem ständigen Prozess verdichtet sich Materie durch Energie zu immer komplexeren Formen. Teilhard entwickelt dabei das Bild von einer Welt im Werden: Bewegung, Dynamik, Prozess sprechen gegen ein statisches Bild von Kosmos und Mensch. Die Komplexität bereits dieser ersten Stufe ist so groß und facettenreich, dass nicht eine einzige Forschungsrichtung diese zu erfassen vermag. Theorienvielfalt und Zusammenarbeit unterschiedlicher Experten prägt Teilhards Wissenschaftsverständnis. Sind mit Materie und Form – analog der Konzeption des griechischen Philosophen Aristoteles – die Vorbedingungen des Lebens beschrieben, so kann Teilhard die zweite Stufe »Leben« oder »Biosphäre« nennen. Im Gegensatz zur traditionellen kirchlichen Lehrmeinung von einer »Schöpfung aus dem Nichts« schreibt er: »Für das Leben sowenig wie für irgendeine andere Erfahrungswirklichkeit können wir von nun an, wie wir zuvor glaubten, einen absoluten zeitlichen Nullpunkt festsetzen« (Teilhard 1964, S. 55). Das Zusammenspiel von Materie und Energie zu immer neuen und komplexeren Formen zeigt für Teilhard eine gerichtete Entwicklung an, bei der häufige Entwicklungssprünge zu beobachten sind. Ist solch eine neue Lebenseinheit etwa in Form einer Zelle einmal entstanden, stehen der weiteren Entwicklung gleichsam höher entwickelte Bausteine zur Verfügung. Die elementare Bewegung des Lebens beschleunigt sich zu immer höheren und komplexeren Einheiten. Die Phänomene des Lebens werden differenzierter. Das Anschauungsmodell vom Lebensbaum, von Wurzeln, Stamm und weit verzweigten Ästen, beschreibt diesen Prozess.

Einen neuen Qualitätssprung erreicht für Teilhard die Evolution mit der dritten Stufe, der »Noosphäre«, der Entstehung des Menschen. Er wundert sich über dieses Produkt der Entwicklung: »Rein positivistisch betrachtet, ist der Mensch das geheimnisvollste und verwirrendste unter den Objekten, dem die Wissenschaft begegnet ist. So müssen auch wir gestehen, daß die Wissenschaft in ihren Vorstellungen vom Universum noch keinen Platz für ihn gefunden hat« (Teilhard 1964, S. 149). Die Faszination des Menschen liegt für Teilhard darin, dass dieser einerseits sein Entstehen entwicklungsbiologisch beschreibbaren Zusammenhängen verdankt, dass er aber andererseits Fähigkeiten besitzt, die mit diesen biologischen Vorgaben letztlich nicht zu erklären sind. Der Mensch überschreitet insofern seine eigenen Entstehungsbedingungen. Das Ich-Bewusstsein und die Möglichkeit der Reflexion unterscheidet demnach den Menschen von den Tieren: »Ganz gewiß, das Tier weiß. Aber sicher weiß es nicht, daß es weiß. Sonst hätte es Erfindungen seit langem gehäuft und einen systematischen geistigen Aufbau vollbracht, der unserer Beobachtung nicht entgehen könnte« (Teilhard 1964, S. 151 f.).

Mit dieser Stufe der »Noosphäre« und der damit entstandenen Möglichkeit zum Denken und zur Reflexion geschah es, »dass das Leben eine Fähigkeit in die Welt gesetzt hatte, durch die nun dieses selbst kritisiert und gerichtet werden konnte« (Teilhard 1964, S. 210).

Das grundlegende Prinzip des Werdens kommt mit der Entstehung des Menschen aber nicht zur Ruhe, es erhält vielmehr eine völlig neue Qualität. In seiner Freiheit kann und muss der Mensch die weitere Entwicklung selbst in die Hand nehmen. Nicht einfach Anpassung an Vorgegebenes ist seine Aufgabe, sondern Gestaltung durch Verantwortung. Die Verzweigung im Lebensbaum erhält hier eine nicht überbietbare ethische Komponente. Der Mensch als »erster Freigelassener der Schöpfung« (vgl. Röm. 8) kann dieser Verantwortung gerecht werden oder nicht. Der Mensch steht am Scheideweg und vor der Wahl: »Steht die Weltentwicklung nicht still, nachdem sie sich zum Menschen hinbewegt hat? Oder bewegen wir uns nicht ständig im Kreis, falls wir uns noch fortbewegen? Die Antwort auf diese unruhige Frage der modernen Welt ergibt sich ganz von selbst, sobald wir einfach das Dilemma formulieren, in das die Analyse unseres Handelns uns gebracht hat: entweder ist die Natur unseren Zukunftsforderungen verschlossen: dann ist das Denken die totgeborene Frucht eines Bemühens von Millionen Jahren in einem absurden Universum, erstickt an sich selbst« (Teilhard 1964, S. 223).

Wie kaum ein anderer Theologe beschreibt Teilhard hier zunächst eine reale Möglichkeit des Scheiterns: Die Evolution erstickt durch ihr eigenes Produkt – durch den Menschen – an sich selbst. Ob dies konkret geschieht, liegt auch in der Verantwortung des Menschen selbst. Die gegenwärtig zu beobachtende eindimensionale Entwicklung des

»Immer-Mehr« (Müll, Wärme, Schadstoffe) könnte in Teilhard einen Propheten für eine Korrektur hin zu einer menschenfreundlichen Umwelt erkennen.

Trotz der bestürzenden Möglichkeit einer globalen Katastrophe sieht Teilhard eine Alternative. Diese kann in der Logik des bisherigen permanenten Wandels allen Lebens nicht Stillstand auf einer einmal erreichten Stufe bedeuten, sondern nur Höher- und Weiterentwicklung: Nicht einfach weiterleben (»survivance«), sondern ein Quantensprung zu einem höheren Leben (»survie«) ist demnach erforderlich (Teilhard 1964, S. 225).

War es die Energie, die bereits in der Vorstufe des Lebens Materie und Form miteinander verband, so möchte Teilhard in seiner Hoffnungsperspektive diese Energie neu qualifizieren. Gegen jede Form einer Isolierung des Individuums oder ganzer Völker, die Teilhard vor dem Hintergrund des nationalsozialistischen Wahns seiner Zeit eindringlich beschreibt (vgl. Teilhard 1964, S. 230 ff.), erinnert er an das Grundprinzip allen Lebens: dynamisch-fruchtbare Beziehung der Einzelelemente und dadurch ermöglichte Höherentwicklung. Die auf der Ebene der Menschen tätige Energie beschreibt Teilhard als Liebe. Ohne sie »würde die Menschheit wie eine strahlende Substanz in einer Staubwolke aktiver, abgetrennter Partikel gipfeln« (Teilhard 1964, S. 229). In der »Energie Liebe« – erfahrbar beispielsweise auch als sexuelle Leidenschaft, Mütterlichkeit und Solidarität – sieht er die Kraft, die das Universum in seinem psychischen Zusammenstreben prägt. Und der sonst so sachlich formulierende Naturwissenschaftler Teilhard de Chardin fährt fast lyrisch fort: »Nur die Liebe vermag durch Vereinigung die Wesen als solche zu vollenden – das ist eine Tatsache der täglichen Erfahrung. Nur sie erfaßt und vereint ja die Wesen im Tiefsten ihrer selbst. Erreichen zwei Liebende je einen vollkommeneren Besitz von sich selbst als in dem Augenblick, in dem – wie sie sagen – einer sich im anderen verliert? Verwirklicht die Liebe nicht rings um uns, in jedem Augenblick, im Liebespaar, in der Gemeinschaft, die magische Handlung, die angeblich widerspruchsvolle Tat der ›Persönlichkeitsbildung‹ ...? Warum sollte sie nicht eines Tages in Erddimensionen wiederholen, was sie täglich in verkleinertem Maßstab ausführt?« (Teilhard 1964, S. 259).

An die Seite der Entwicklung des Kosmos tritt somit die Anthropogenese – die stets zu erneuernde Menschwerdung des Menschen. An dieser Stelle des verantwortlichen Handelns des Menschen in Freiheit spricht sich Teilhards Lebensaufgabe aus: Gerade die Anerkennung der biologischen Basis des Menschen lenkt die Aufmerksamkeit darauf, wo der Mensch diese Basis in einen menschenwürdigen Lebensprozess integriert und diesen dadurch gleichsam erhöht. Treten Religion und die die Religion reflektierende Theologie nicht als Konkurrenten von Biologie und Kosmologie auf und verzichten sie auch auf Antworten zu Fragen über Art und Weise der Weltentstehung, dann können sie originelle und nicht austauschbare Antwortangebote bereitstellen auf die Frage, wie innerhalb der naturwissenschaftlich zugänglichen Welt diese übersteigend ein wahrhaft menschliches Leben gelingen kann.

Der Christ und Priester Teilhard sieht im Leben Jesu Christi ein Modell gelingenden Lebens. In ihm sieht er die »Energie Liebe« als exemplarisch Mensch geworden. Wenn sich Menschen in Vergangenheit, Gegenwart und Zukunft zu diesem Lebensmodell in Beziehung setzen, dann eröffnen sich jeder Generation neue Aspekte geglückten Menschseins. So kann Teilhard über die Kosmo- und Anthropogenese hinaus nun auch von der Christogenese sprechen. Wie Aristoteles unterscheidet er dabei zwischen Wirkursache und Finalursache. Die in Jesus Christus anschaubar gewordene Energie Liebe ist dem Menschen Vorbild und bewirkt ein menschenfreundliches Leben. Aber auch vom Ziel (»final«) her erhält der Mensch für seinen Lebensvollzug Orientierung. Für diese Zielvorstellung eines erfüllten Lebens wählt Teilhard den häufig in der Theologie gebrauchten letzten Vokal des griechischen Alphabetes: das Omega. »Wenn Omega, wie wir angenommen haben, schon gegenwärtig existent ist und im Tiefsten der denkenden Masse wirkt, dann ist es wohl unvermeidlich, daß sich seine Existenz schon jetzt unserer Beobachtung durch gewisse Anzeichen zu erkennen gibt« (Teilhard 1964, S. 287 f.).

Teilhard beruhigt die Sorgen, die manche bezüglich dieses neuen Denkens hatten:

»Eine Zeitlang empfand der Christ Furcht vor der Evolution, doch heute erkennt er, daß sie ihm ganz einfach eine wunderbare Möglichkeit gibt, sich noch tiefer Gott nahe zu fühlen und hinzugeben. In einer Natur, deren Stoff man sich … statisch vorstellte, konnte man allenfalls die Weltherrschaft Christi mit einer von außen her auferlegten Gewalt verwechseln. Doch welche Dringlichkeit, welche Intensität gewinnt die Christus eigene Kraft in einer geistig konvergenten Welt!« (Teilhard 1964, S. 293).

Konnte Teilhard de Chardin auch nicht mehr erleben, wie stark sein Werk rezipiert und diskutiert wurde, so erfuhr er in der Enzyklika »Humani generis« von Papst Pius XII. vom 12. August 1950 zumindest in Teilbereichen Respekt und Anerkennung. In sehr vorsichtiger Argumentation erkennt hier die Kirche die Evolutionstheorie zumindest als Hypothese über die Entstehung von Welt und Mensch an, »insofern sie nämlich den Ursprung des menschlichen Leibes aus einem bereits bestehenden und lebenden Stoffe erforscht« (Denzinger, Nr. 3896). An »der unmittelbaren Erschaffung der Seelen durch Gott« hält die Enzyklika fest.

Die Toleranz gegenüber der Hypothese von der Evolution ist aber für die Kirche des vergangenen Jahrhunderts dann zu Ende, wenn Evolution im Sinne des heute viel diskutierten Polygenismus verstanden wird, wonach die Entstehungsgeschichte des Menschen an mehreren Orten der Erde begann. Erst der Kontakt verschiedener anthropoider Gruppen hätte so die Voraussetzung zur Menschwerdung geschaffen. Dazu sagt die Enzyklika: »Handelt es sich aber um eine andere Hypothese, nämlich den sogenannten Polygenismus, dann steht den Söhnen der Kirche keineswegs eine solche Freiheit zu. Denn Christgläubige dürfen sich nicht der Auffassung anschließen, deren Anhänger entweder behaupten, nach Adam habe es hier auf Erden wirkliche Menschen gegeben, die nicht auf ihn als den Stammvater aller durch natürliche Zeugung zurückgingen, oder Adam bezeichne eine Vielzahl von Stammvätern« (Denzinger/Hünermann 1991, Nr. 3897). Den Grund der Ablehnung benennt das Schreiben selbst: »Es ist nämlich in keiner Weise ersichtlich, wie eine derartige Auffassung sich vereinbaren läßt mit dem, was die Quellen der geoffenbarten Wahrheit und die Akten des kirchlichen Lehramtes über die Erbsünde sagen, die auf eine wirkliche, von einem einzigen Adam begangene Sünde zurückzuführen ist und die durch Zeugung auf alle Menschen übertragen wird und jedem einzelnen persönlich anhaftet« (Denzinger/Hünermann 1991, Nr. 3897).

Die hier vorliegende Beschreibung Adams als erste Person in der Kette des Menschengeschlechtes wird wohl – wie in diesem Buch aufgezeigt – den biblischen Befunden nicht gerecht. Und auch die sehr bedeutsame theologische Aussage von der »Erbsünde« müsste entgegen jenem Kausalitätsdenken (»weil Adam sündigte, tragen wir Schuld«) und im Gegensatz zu einem chronologischen Anfangspunkt am Beginn der Menschheit neu verstanden werden. Als Menschen, das heißt mythologisch als »Kinder Adams«, leben wir in einer gebrochenen Welt. Zwischen dem Paradies der Schöpfungsgeschichte und dem Himmel der Vollendung existiert der Mensch in Zweideutigkeit und Ungesichertheit. Einer der tiefsten Brüche in der Schöpfung liegt dabei wohl darin, dass alle Lebenden, Menschen wie auch Tiere und Pflanzen, von-einander statt mit-einander leben müssen. Insofern enthält auch die Erbsündenlehre inhaltlich eine tiefe existenzielle Wahrheit.

Trotz Entgegenkommen in Einzelaspekten blieb Papst Pius XII. weit hinter dem Denken und Werk Teilhard de Chardins zurück. Bezüglich der biologischen Entwicklungsgeschichte des menschlichen Körpers ging Papst Johannes Paul II. einen wesentlichen Schritt weiter. In einem Brief an die Päpstliche Akademie der Wissenschaften vom Oktober 1996 bestätigt er die Grundthese der Evolutionslehre und sagt, diese sei bei naturwissenschaftlichen Arbeiten anerkannt und mehr als nur eine Hypothese. Auch seien Evolutionslehre und Schöpfungsglauben durchaus miteinander vereinbar (vgl. L'Osservatore Romano, 1. November 1996, deutsche Ausgabe).

Versuch einer Neubesinnung

Bereits die beiden so unterschiedlichen biblischen Schöpfungsgeschichten beantworten nicht die Frage, wie, wo und wann Welt und Mensch entstanden sind. Würde man mit diesen Fragen an die Texte herangehen, könnte nur einer der Texte richtige Antworten geben, der andere – weil widersprüchlich – müsste ausgeschlossen werden. Das Sieben-Tage-Werk der Priesterschrift und die ältere Paradieserzählung aber sagen wie alle Schöpfungsmythen der Religionsgeschichte anderes aus. Sie sind keine Theorien über die Entstehung von Welt und Mensch, sondern Erzählungen darüber, wie sich Menschen in unterschiedlichen Zeiten und Kulturen in der Welt erfuhren und ihr Leben deuteten: der Mensch in der Ambivalenz von Geschöpf und Mitschöpfer.

Diesen Texten gegenüber sind Fragen wie diese völlig unangemessen: Woher kommt die Schöpfung, und warum ist sie so, wie sie ist? Über Jahrhunderte galt die schulmäßig auswendig gelernte Antwort: »Die Welt war nicht immer da, sie hat einen Anfang gehabt. Sie ist auch nicht von selbst entstanden. Sie kommt von Gott: Gott hat Himmel und Erde gemacht. Als Gott die Welt schuf, brauchte er dazu keinen Baustoff, kein Werkzeug und keinen Gehilfen. Er hat sie aus nichts hervorgebracht« (Katholischer Katechismus der Bistümer Deutschlands 1955, S. 30). Mit »Gott« bezeichnet der Katechismus-Text somit den Grund, warum und wie »Himmel und Erde« entstanden sind.

Das gleiche Prinzip der Argumentation findet sich auch in der aktuellen Diskussion um ein sogenanntes »Intelligent Design«. Hier wird die Rede von Gott ebenfalls instrumentalisiert. Sie wird zur Chiffre für die gegenwärtig von den Naturwissenschaften noch nicht geklärten Fragen. Wenn dieser Ansatz die Meinung vertritt, nur ein allwissender »Ur-Designer« könnte den Bauplan des Kosmos und der einzelnen Lebewesen erfunden haben und seine praktische Umsetzung garantieren, so vernachlässigt er beispielsweise die Kategorie der Zeit und die sogenannten Quantensprünge der Entwicklung. Millionen Jahre des Experimentierens einschließlich vieler nicht weiter ausgeführter Entwicklungslinien (vgl. zum Beispiel den Abbruch der Entwicklung des Neandertalers) und eine nicht geradlinig ansteigende Komplexität, sondern deren Vervielfachung und Beschleunigung durch immer differenziertere Bausteine bleiben dabei völlig außer Betrachtung.

Es ist zu fragen, ob nicht bereits das christliche Glaubensbekenntnis in seiner lateinischen Sprachform in die Irre führt. Das bereits genannte Glaubensbekenntnis von Nicäa spricht vom Schöpfergott als »factor« (»factorem coeli et terrae«). Die dem lateinischen Text zugrunde liegende griechische Fassung spricht dagegen vom »Poeten« (»poieten ouranou kai ges«). Dieser weite Begriff der »Poiesis« und des »Poeten« lässt sich nicht auf »Fakten« reduzieren. Die lateinische Sprache hätte selbst einen entsprechenden Begriff anzubieten: »creator«. Die Konzilsväter in Nizäa machten allerdings davon keinen Gebrauch.

Vorsichtiger argumentiert der »Katechismus der katholischen Kirche« von 1993. Er differenziert zunächst zwischen einer theologischen und einer naturwissenschaftlichen Betrachtungsweise: »Die Frage nach den Ursprüngen der Welt und des Menschen ist Gegenstand zahlreicher wissenschaftlicher Forschungen, die unsere Kenntnis über das Alter und die Ausmaße des Universums, über das Werden der Lebensformen und das Auftreten der Menschen unerhört bereichert haben« (Nr. 283). Und der Katechismus fährt fort: »Das große Interesse für diese Forschung wird stark angespornt durch eine Frage anderer Ordnung, die über das eigentliche Feld der Naturwissenschaft hinausgeht. Es handelt sich nicht bloß um die Frage, wann und wie der Kosmos materiell entstanden und der Mensch aufgetreten ist, sondern es geht um den Sinn dieses Werdens« (Nr. 284). Von verschiedenen »Ordnungen« der Fragen ist hier die Rede: erstens Fragen von empirisch-analytischem Interesse und zweitens Fragen nach dem Sinn. Zum Ersten geht es um Begründung, Ableitung, um einen naturwissenschaftlich zu leistenden lückenlosen Beweis. Zum Zweiten bezüglich der Sinnfrage verbietet sich aber gerade ein solch begründendes Denken. Schon bereits dadurch, dass der biblische »Adam« im Paradies den Geschöpfen Namen gab, setzte er sich zu ihnen in Beziehung, sprach ihnen Sinn zu. Sinn aber ist nicht ab- und herzuleiten, er gilt nicht allgemein und abstrakt. Er ist vielmehr immer auf Menschen bezogen, die konkret Sinn erfahren und zusprechen. Ist für einen Menschen etwas sinn-los geworden, kann ihm nicht aufgrund logischer Argumentation die Sinnhaftigkeit eines von ihm als sinnlos erkannten Phänomens aufgezeigt werden. Eine Umarmung, ein Augen-Blick – gerade solche Phänomene der »anderen Ordnung« können neuen Sinn stiften: Neuschöpfung inmitten von Chaos, obwohl von Sinnlosigkeit umgeben.

Der »Katechismus der katholischen Kirche« begründet aber diese »andere Ordnung« der Sinnerfahrung mit der kausalen Welterklärung, speziell mit den von den Naturwissenschaften noch ungeklärten Fragen. Weil diese letztlich die »Welt« weder in ihrer Entstehung noch in ihrem Entwicklungsprozess im Detail klären konnten, tritt als Erklärungshypothese der Begriff »Gott« auf. »Gott« ist damit als die Erstursache gedeutet, die alles bewirkt und bis heute am Leben hält. Er besetzt die Lücke im Argumentationssystem, er wird selbst zum »Lückenbüßer« – wie der große Theologe Dietrich Bonhoeffer zu Recht kritisch sagte (Bonhoeffer 1976, S. 155 f.).

Vernachlässigt aber der Katechismus mit einer solchen Schöpfungstheologie nicht seine eigentliche Aufgabe, die Glauben ermöglichen und deuten soll? Liegen hier nicht unberechtigte Grenzüberschreitungen vor? Woher nimmt er den Anspruch, bei der Frage der Weltentstehung Kompetenz zur Lösung der in den Naturwissenschaften noch ungeklärten Fragen zu haben? Die Unzulänglichkeit dieses Vorgehens zeigt sich in der Methode selbst: Während hier letztlich alles kausal auf die Erstursache »Gott« zurückgeführt wird, versagt dies bei der Frage nach der Ursache von Schmerz und Leid. Mag auch viel Leiderfahrung von Menschen selbst verursacht sein (die Theologie spricht hier vom »moralischen Übel«), so treffen Elend, Krankheit und Tod durch äußere Anlässe wie Naturkatastrophen (»physisches Übel«) den Menschen oft unverschuldet und bringen jede Rede vom guten und zugleich allmächtigen Schöpfergott in argumentative Schwierigkeiten.

Werden schöpfungstheologische Aussagen jedoch als Aussagen zur menschlichen Existenz verstanden, dann ist Schöpfung der Ausdruck dafür, dass und wie in der Welt sinn-volle Erfahrung gemacht werden kann. Dies zeigt sich gerade in der Gegenwart auch bei der Sorge um die Schöpfung. Der Mensch als Kind der Schöpfung sorgt sich um die alt und krank gewordene Mutter Erde. Die Ursachen der Krankheit sind vielfältig, viele liegen im Entwicklungs- und Alterungsprozess der Materie selbst begründet. Zunehmend mehr aber treten menschengemachte »Krankheiten« auf. Der eindimensionale Umgang mit der Natur nach den Kriterien der Ausbeutung und des Profits schlägt weit sichtbare und kaum zu heilende Wunden. Die Schöpfung trägt auch hier die Spuren der Art und Weise, wie der Mensch seine Existenz versteht und formt.

Wäre hier nicht ein Denken im Sinne der genannten »anderen Ordnung« sinn-voll? Ein verantwortungsvoller Umgang mit der Schöpfung aber kann nicht von außen verordnet werden – es wäre eine Fremdbestimmung, deren man sich bei mangelnder Kontrolle sofort zu entziehen suchte. Ein erster Schritt müsste vielmehr darin liegen, dem Menschen, dem die Natur oft nur noch durch das Fernsehen begegnet, ein »Nahsehen« zu ermöglichen. Durch ein sinnenfrohes Leben, das sich beschenken lässt von den »Gaben der Natur« und diese an sich herankommen lässt. Wer hört heute wirklich noch die Vögel singen und die Blätter rauschen? Wer hört die vernehmbare Stille der Nacht? Wer sieht die Farben und Formen der Natur? Wer vermag den Duft der Blumen zu genießen? Wer kann das Essen wirklich schmecken und in

69

ihm mehr als bloße Kalorienzufuhr erkennen? Wer kann noch in der Erde wühlen, sich die Hände bei ihrer Gestaltung schmutzig machen wie »Jahwe im Paradies«? Wer vermag sie abzutasten und sich von ihr beeindrucken zu lassen? Kinder sind dieser »anderen« Ordnung näher – wenn Erwachsene sie nicht durch ihre Kosten-Nutzen-Analysen einer solchen Elementarerfahrung berauben.

Jedoch keine Naturromantik kann Ziel dieses »Nahsehens« sein. Die Natur ist schön und grausam zugleich: Die Erfahrung des Menschen mit ihr ist zweideutig. Aber wo immer ein Stück Natur ausgerottet und zerstört wird, gerät nicht nur das ökologische Gleichgewicht ins Wanken. Es geht dem Menschen selbst ein Erfahrungspotenzial verloren: Mit dieser und jener ausgestorbenen Tierart, mit diesem und jenem abgeholzten Urwald ist wirklich auch ein Teil der Schöpfung als Lebens- und Begegnungsraum des Menschen zerstört. Dass Tier und Mensch in der biblischen Schöpfungserzählung gemeinsam am sechsten Tag geschaffen wurden, ist Zeichen einer grundlegenden Gemeinsamkeit trotz aller wichtigen Unterschiede.

Als Geschöpf und Mitschöpfer allerdings gestaltet der Mensch in Freiheit und Verantwortung die ihm anvertraute Welt: Hege und Pflege letztlich auch um seiner selbst willen. In Freiheit und Verantwortung aber handelt der Mensch als Mitschöpfer allerdings auch da, wo er die Zweideutigkeit der Natur nicht einfach annimmt und bestehen lässt, sondern gestaltet und verändert. Kultur als menschenfreundliche Aneignung der Natur bedeutet auch: das Haus als Schutz vor Kälte und Sturm, die Bekämpfung von Krankheit bringenden Viren und Keimen zum Wohl von Mensch und Tier. Die Chancen und Risiken der Arbeit mit und an der Schöpfung im Rahmen neuer medizinischer oder molekularer Erkenntnisse sind vor diesem Hintergrund zu diskutieren.

So ist die Schöpfung dem Menschen zugleich vorgegeben und aufgegeben. Die gute Erfahrung in und mit ihr lässt den Menschen dankbar werden – dankbar wie im Zusammenhang guter Erfahrungen in der Geschichte. Gerade in den Momenten gelingenden Lebens inmitten einer als Schöpfung verstandenen Welt kann dabei Gott zur Sprache

kommen. Nicht im Modell des Pantheismus, der sich in einer Art Natur-
mystik alle Elemente der Schöpfung gleichsam als beseelt oder von
Geistern besessen vorstellt. Jüdisch-christlicher Schöpfungsglaube
vergöttlicht nicht die Elemente der Natur. Bereits der Prophet Jesaja
hatte davor gewarnt und gesagt: »Ihr werdet scheitern wegen der Ei-
chen, die ihr verehrt, und werdet euch schämen wegen der heiligen
Haine, die ihr so gern habt. Ihr werdet wie die Eiche, deren Blätter ver-
welken, und wie der Hain, dessen Wasser versiegt ist« (Jes. 1, 29 f.).
Schöpfung wie Geschichte sind im biblischen Schöpfungsglauben vielmehr als Raum und Zeit verstanden, inmitten deren Erfahrung gemacht werden kann. Eine Erfahrung, die letztlich trägt, Erfahrung, die
Vordergründiges übersteigt, die »überfließt«, die transzendiert. Keine
eindimensionale Verklärung der vorgegebenen Dinge und Ereignisse,
sondern Begegnung mit der gebrochenen und doch so schönen Welt. So
bekennt und preist die jüdisch-christliche Schrift und Tradition Gott, so
bekennt sie den Schöpfer des Himmels und der Erde.

Literatur:

Bonhoeffer, Dietrich: Widerstand und Ergebung, München, 9. Aufl. 1976
Denzinger, Heinrich: Kompendium der Glaubensbekenntnisse und kirchlichen
    Lehrentscheidungen, Lateinisch-Deutsch, hg. von Peter Hünermann, Frei-
    burg, 37. Aufl. 1991
Fox, Helmut / Pauly, Wolfgang: Glauben lernen heute. Der Katechismus der katho-
    lischen Kirche auf dem Prüfstand, München 1994
Hemleben, Johannes: Pierre Teilhard de Chardin, Reinbek bei Hamburg, 11. Aufl.
    1977
Johannes Paul II.: Christliches Menschenbild und moderne Evolutionstheorien, In:
    L'Osservatore Romano, deutsche Ausgabe, Jg. 26, Nr. 44, vom 1. Novem-
    ber 1996, S. 1 f.
Katechismus der katholischen Kirche, München u. a. 1993
Katholischer Katechismus der Bistümer Deutschlands, Stuttgart 1955
Staats, Reinhard: Das Glaubensbekenntnis von Nicäa-Konstantinopel: historische
    und theologische Grundlagen, Darmstadt 1996
Teilhard de Chardin, Pierre: Der Mensch im Kosmos, München, 7. Aufl. 1964
Westermann, Claus: Genesis, Neukirchen 1974

Heiliger Geist

Heiliger Geist

In der Moderne ist die Rede von Gott für viele zum Problem geworden. Vielfach zeigt sich gar eine große Gleichgültigkeit gegenüber diesem wichtigen religiösen Wort. Dies trifft verstärkt zu auf die Rede von Gott als Heiligem Geist. Der verborgene, unbekannte Gottesgeist, die Spekulationen um die kaum verstandene kirchlich gelehrte Dreifaltigkeit – dies alles scheint weit entfernt vom heutigen Menschen und seiner Erfahrung zu sein.

Mit Gott, dem Vater, verbinden sich Vorstellungen wie die vom Schöpfer und Erhalter von Welt und Geschichte. Von ihm erwartet man die Vollendung der Welt in der Endzeit. Jesus ist als historische Person anschaulich und auch heute für viele Menschen ein Sympathieträger, ein Freund und Bruder, eine Identifikationsfigur in den Hoch- und Tiefpunkten des Lebens. Auch das Brauchtum ist dafür ein Indikator. Ostern und insbesondere Weihnachten sind mit Gefühlen besetzt. Die Auferstehung Jesu Christi und das Frühlingserwachen der Natur, seine Geburt und die Hoffnung auf wieder längere Tage nach dem dunklen und kalten Winter – christlicher Glaubensinhalt und Lebenspraxis berühren sich hier zumindest noch für viele.

Bei Pfingsten, dem Fest des Heiligen Geistes, jedoch Fehlanzeige. Die freien Tage dienen der Erholung, der Wanderung im Grünen. Ein Unterschied zu anderen Feiertagen wie zum Beispiel dem 1. Mai ist oft kaum sichtbar.

Vor jedem Versuch, alte Worte mit neuem Leben zu erfüllen, richtet sich der Blick auf das Erfahrungs- und Deutungsbuch der Christen. Wie spricht die Bibel vom Heiligen Geist? Ist er auch hier der große Unbekannte und ein Spekulationsobjekt? Oder gelingt es dort, Heiligen Geist und Lebensvollzug des Einzelnen oder einer Gruppe zu verbinden?

Leben spendender Geist in der Hebräischen Bibel

Zunächst schildert die Hebräische Bibel scheinbar profane Geschichten, in denen Wind, Hauch oder gar Sturm eine Rolle spielen. Die vor den Soldaten des Pharao flüchtende Stammesgruppe um Moses steht scheinbar ausweglos vor den Fluten des Roten Meeres. Da geschieht in heilloser Situation Wunderbares:»Mose streckte seine Hand über das Meer aus, und der Herr trieb die ganze Nacht das Meer durch einen starken Ostwind fort. Er ließ das Meer austrocknen, und das Wasser spaltete sich« (Ex. 14). Die Bewegung und Dynamik des Windes belassen diese Erfahrung nicht auf der Ebene des Alltäglichen. Er wird hier zum Zeichen göttlicher Rettung.

Wind, Hauch, Atem sind für das Alte Testament auch Chiffren, um Wesentliches über den Menschen auszusagen. Sehr anschaulich schildert die ältere Schöpfungsgeschichte, wie man sich die Entstehung des Menschen vorstellte:»Da formte Gott, der Herr, den Menschen aus Erde vom Ackerboden und blies in seine Nase den Lebensatem ein. So wurde der Mensch zu einem lebendigen Wesen« (Gen. 2, 7). Mit dieser Schöpfungsgeschichte beschreiben die Autoren zugleich ihr eigenes Lebensgefühl und Daseinsverständnis. Sie sprechen eine Wesensaussage aus. Ohne die Körperlichkeit des von der »Adama«, was Ackerboden heißt, geformten Menschen Adam gering zu schätzen, sagt ihnen doch ihre Erfahrung: So, wie er daliegt, wohlgeformt und mit allen Organen versehen, fehlt ihm noch das Entscheidende. Erst Gottes Geist, sein Atem macht aus dem materiellen Körper einen lebendigen, dynamischen Leib. Und so enthält das Wort Atem oder Geist im Alten Testament alle Aspekte gelungenen Lebens: Freude, Glück, Gesundheit, Familie und materielle Güter.

Da gerade diese Erfüllung des Daseins nicht einfach machbar, herstellbar ist, erlebt der Mensch sie als Gnade und Geschenk. Mit »Jahwe« benennt er die Quelle dieses gelungenen Lebens (vgl. Ps. 36, 10).

Glück, Heil, Erfüllung sind aber gerade nicht wie materielle Dinge festzuhalten. Auch die Erfahrung des Scheiterns und des Sterbens gehören elementar zum Menschenbild der biblischen Texte. Hier wird als Kontrast zum Negativen das Bild vom Geist und Lebensatem gebraucht. Ohne Gottes Leben spendenden Geist sind die Menschen dem Tod ausgeliefert: »Verbirgst du dein Gesicht, sind sie verstört; nimmst du ihnen den Atem, so schwinden sie dahin und kehren zurück zum Staub der Erde« (Ps. 104, 29). Ein geistloser Mensch ist ein toter Mensch. Diese lebenswichtige Aussage gilt aber nicht nur vom Einzelnen. Eine ganze Gruppe, ein ganzes Volk kann geistlos und insofern mehr tot als lebendig dahinvegetieren. Ein sehr anschauliches Beispiel erzählt die Bibel im Zusammenhang mit dem Propheten Ezechiel. Dieser war – selbst Sohn eines Priesters – am Tempel in Jerusalem tätig. Hautnah erlebt er die Katastrophe des Jahres 597 v. Chr. Die Truppen des neubabylonischen Königs Nebukadnezar fallen in das Land Juda ein und deportieren viele Mitglieder in das Zweistromland zwischen Euphrat und Tigris, in das Gebiet des heutigen Irak. Ein Einbruch in der Geschichte Israels, der nur noch durch die vollständige Eroberung des Landes und die Zerstörung des Tempels im Jahr 586 v. Chr. überboten wurde.

Ezechiel, als Prophet ein hochsensibler Mensch, der äußere Geschehnisse und innere Zustände seines Volkes zu verbinden und damit zu deuten versteht, sieht sich als Sprecher Jahwes. Der Wahrheit ins Auge zu schauen und diese anzusprechen – danach strebt kein Prophet freiwillig. Am eigenen Körper das Leid seines Volkes zu ertragen – davor schreckt er mit guten Gründen zurück. Aber er wird gleichsam mitgerissen von den Geschehnissen um ihn herum. Ihm werden die Zusammenhänge zwischen neuem Leid, der Verfassung der Menschen im Exil und Gott offenbar. Was er sieht, beschreibt seine Vision: »Ich sah: Ein Sturmwind kam von Norden, eine große Wolke mit flackerndem Feuer, umgeben von einem hellen Schein« (Ez. 1, 4). Dieser göttliche Geistbraus soll als göttliche Botschaft durch die nachfolgenden Bilder legitimiert und verstanden werden.

Die Katastrophe des Exils wird so bei Ezechiel vielfach gedeutet als Strafe für ein geist- und gottloses Leben zuvor.

In diesem Kontext steht die wohl bekannteste – und am meisten missverstandene – Vision des Propheten:»Die Hand des Herrn legte sich auf mich, und der Herr brachte mich im Geist hinaus und versetzte mich mitten in die Ebene, die voll von Gebeinen war. Er führte mich ringsum an ihnen vorüber, und ich sah sehr viele über die Ebene verstreut liegen; sie waren ganz ausgetrocknet. Er fragte mich: Meinst du, Mensch, dass diese Gebeine wieder lebendig werden? Ich antwortete: Herr und Gott, das weißt nur du. Da sagte er zu mir: Sprich als Prophet über diese Gebeine und sag zu ihnen: Ihr trockenen Gebeine, hört das Wort des Herrn! So spricht Gott, der Herr, zu diesen Gebeinen: Ich selbst hauche euch Atem ein, damit ihr lebendig werdet. Ich spanne Sehnen über euch und umgebe euch mit Fleisch; ich überziehe euch mit Haut und hauche euch Atem ein, damit ihr lebendig werdet. Dann werdet ihr erkennen, dass ich der Herr bin. Da sprach ich als Prophet, wie mir befohlen war; und noch während ich redete, hörte ich ein Geräusch: Die Gebeine rückten zusammen, Bein an Bein. Und als ich hinsah, waren plötzlich Sehnen auf ihnen, und Fleisch umgab sie, und Haut überzog sie. Aber es war noch kein Atem in ihnen. Da sagte er zu mir: Rede als Prophet zum Geist, rede, Mensch, sag zum Geist: So spricht Gott, der Herr: Geist, komm herbei von den vier Winden! Hauch diese Toten an, damit sie lebendig werden. Da sprach ich als Prophet, wie er mir befohlen hatte, und es kam Atem in sie. Sie wurden lebendig und standen auf – ein großes, gewaltiges Heer« (Ez. 37, 1-10).

Lange Zeit galt diese Vision für viele als eine Vorausschau dessen, was christliche Theologie apokalyptisch als die Auferstehung der Toten am Ende der Zeit beschreibt. Nicht nur mittelalterliche Dichtung und Malerei sahen hier anschaulich vorweggenommen, was allen zukünftig bevorstehe.

Aber gerade dies ist nicht die Aussageabsicht des Bildes. Der Prophet selbst fügt seine Interpretation bei: »Er sagte zu mir: Mensch, diese Gebeine sind das ganze Haus Israel. Jetzt sagt Israel: Ausgetrocknet sind unsere Gebeine, unsere Hoffnung ist untergegangen, wir sind verloren. Deshalb tritt als Prophet auf und sag zu ihnen: So spricht Gott, der Herr: Ich öffne eure Gräber und hole euch, mein Volk, aus euren Gräbern herauf. Ich bringe euch zurück in das Land Israel. Wenn ich eure Gräber öffne und euch, mein Volk, aus euren Gräbern heraufhole, dann werdet ihr erkennen, dass ich der Herr bin. Ich hauche euch meinen Geist ein, damit ihr lebendig werdet, und bringe euch wieder in euer Land. Dann werdet ihr erkennen, dass ich der Herr bin. Ich habe gesprochen, und ich führe es aus – Wort des Herrn« (Ez. 37, 11-14).

Diese drastische Darstellung der Vision Ezechiels ist kaum zu überbieten. Beschrieben aber wird nach der Aussage des Textes nicht ein Zustand am Ende der Zeit, sondern inmitten der Zeit. »Diese Gebeine sind das ganze Haus Israel«: In prophetischer Klarsicht gibt der Text eine Zustandsbeschreibung. Die Menschen im Exil vegetieren dahin, sind mehr tot als lebendig. Alles, was das Leben lebenswert machte, ist dahin: Glück, Geborgenheit, gelungene Beziehungen, die Erfahrung der Heimat – alles ist zerstört. Und da die Menschen in ihrem früheren Leben oftmals geist-los lebten, ist die konkrete Situation des Exils nur der traurige Höhepunkt, an dem bisherige Zustände dramatisch in Szene gesetzt und verdeutlicht werden. In Erinnerung an die Schöpfungsgeschichte wird deutlich: Das bloße Vorhandensein des Menschen ist wie eine Ansammlung morscher Knochen, wenn das Entscheidende fehlt: das geist-volle Leben. Wo Menschen ohne Esprit zusammenleben, da ist Friedhofsatmosphäre. Es bedarf gleichsam einer Neuschöpfung, eines neuen Geist-Hauches, um hier neues, das heißt erfülltes Leben entstehen zu lassen.

»Geist« ist also auch hier nichts dem Menschen Wesensfremdes oder Produkt einer Spekulation. »Geist«, »Heiliger Geist« ist eine Aussage über eine Grunderfahrung des Menschen, zur Zeit des Ezechiel so aktuell wie heute.

Jesus – der Mann mit Esprit

In seinem letzten erhaltenen Brief schreibt der Apostel Paulus an eine kleine Gruppe von Christen in Rom über Jesus Christus: »dem Fleisch nach geboren als Nachkomme Davids, dem Geist der Heiligkeit nach eingesetzt als Sohn Gottes, in Macht seit der Auferstehung von den Toten« (Röm. 1, 3).

Wie in der Schöpfungsgeschichte von allen Menschen gesagt wird, dass sie einerseits eine biologisch-materielle Basis haben, dass zum wahrhaft lebendigen, erfüllten Lebensvollzug aber Geist, Dynamik, Energie gehörten, so heißt es auch hier in Bezug auf die neutestamentliche Heilsgestalt: Er entstammt zunächst »fleischlichen«, genetischen Faktoren. Er ist ein Kind der Familie David, wie viele Menschen jener Zeit. Das unterscheidende Merkmal sieht Paulus bei Jesus Christus darin, dass dieser in einzigartiger Weise vom »Geist der Heiligkeit« geprägt war.

Jesus Christus ist somit für Paulus der geistvolle Mensch schlechthin, der exemplarische Mensch mit Esprit. Diese Geist-Erfahrung ist zwar nicht ohne Leiblichkeit machbar, aber sie übersteigt die biologisch-materiellen Bedingungen des Lebens dermaßen, dass es im ersten Petrusbrief heißen kann: »getötet zwar im Fleisch, lebendig gemacht aber im Geist« (1 Petr. 3, 18). Die Menschen mit und um Jesus machten die Erfahrung, dass man ihn zwar »aufs Kreuz legen« konnte, aber seine Ausstrahlung, sein Esprit und insofern gerade das, was ihn für seine Anhänger von allen anderen unterschied, nicht »totzukriegen« war.

Die Autoren des Neuen Testaments standen vor der schwierigen Aufgabe, diese Erfahrung der geistreichen Ausstrahlung Jesu Christi so in Worte zu fassen, dass die späteren Leser der Texte die Begeisterung der Zeitgenossen verstehen konnten und wenn möglich von ihr angesteckt und mitgerissen wurden: Begeisterung beschreiben – Begeisterung wecken. Erleichtert wurde diese schriftstellerische Leistung dadurch, dass die Evangelisten auf Texte zurückgreifen konnten, die ihren Lesern bekannt waren.

So erinnert der Evangelist Lukas zum Beispiel gleich am Anfang seiner Darstellung des öffentlichen Wirkens Jesu an den Amtsbeginn eines israelitischen Königs. Der bekannte Psalm 2 beschreibt dessen Inthronisationsfeier. Nachdem im Kult Jahwes Hilfe für den jungen König herabgerufen wurde, erfolgt die eigentliche Einsetzungsformel: »Mein Sohn bist du, heute habe ich dich gezeugt« (Ps. 2, 7). Durch die Erhebung und Salbung zum König wird dieser am Tag der Thronbesteigung von Jahwe »gezeugt«, er wird hiermit als Sohn Gottes »adoptiert« und insofern auch legitimiert.

Da Lukas in Jesus einen Menschen sieht, in dem Gottes Nähe für die Menschen unüberbietbar erfahrbar wurde, so kann er wie auch seine literarische Vorlage im Markusevangelium diesen Text der Thronbesteigung eines israelitischen Königs übernehmen, um Jesu Bedeutung zu veranschaulichen (Lk. 3, 22).

Auch die geistige Ausstrahlung Jesu zu beschreiben verlangt eine literarisch-symbolische Darstellung. So heißt es bei seiner Taufe: »Und der Heilige Geist stieg leiblich auf ihn herab in Gestalt einer Taube« (Mk. 1, 10). Die in zahlreichen Darstellungen der christlichen Ikonografie anzutreffende Taube hat eine lange religionsgeschichtliche Entwicklung durchlaufen: Von der hoffnungspendenden Taube bei der Rettung Noahs nach der Sintflut (vgl. Gen. 8, 11) bis hin zum Opfertier der armen Leute bei der Auslösung ihres Erstgeborenen (vgl. Lk. 2, 24). Die Taube gilt aber in der Antike auch als Seelenvogel, der gerade beim Tod eines Menschen dessen unzerstörbare Dimension verkörpert. Die Taube symbolisiert all das am Menschen, was nicht biologisch verortet oder zweckdienlich verrechnet werden kann – sie ist Geistsymbol mit allen Aspekten der Hoffnung, des Glücks und des Friedens.

Lukas gelingt es, in einer weiteren schönen Geschichte auszudrücken, dass sich für ihn und die Christen in Jesus Christus all diejenigen Hoffnungen und Sehnsüchte erfüllt haben, die im Alten Testament im Zusammenhang mit der Erwartung auf das Kommen des Messias ausgesprochen wurden. So lässt er Jesus in die Synagoge seiner Heimatstadt Nazareth gehen, wo man ihm nach jüdischem Brauch einen Text zur Lesung und Interpretation vorlegt. Aus dem Buch Jesaja liest er: »Der Geist des Herrn ruht auf mir; denn der Herr hat mich gesalbt. Er hat mich gesandt, damit ich den Armen eine gute Nachricht bringe; damit ich den Gefangenen die Entlassung verkünde und den Blinden das Augenlicht, damit ich die Zerschlagenen in Freiheit setze und ein Gnadenjahr des Herrn ausrufe« (vgl. Jes. 61, 1 f.; 29, 18; 58, 6). Lukas fasst hier gleich mehrere Hoffnungsbotschaften zusammen, die der Prophet Jesaja und seine unbekannten Nachfolger im biblischen Buch Jesaja beschreiben. Deren Angst und Sorge, aber auch deren Hoffnungen sind konkret: die Katastrophen des assyrischen Krieges im 8. Jahrhundert v. Chr. ebenso wie die spätere Hoffnung auf Befreiung aus der Gefangenschaft in Babylon im 6. Jahrhundert v. Chr. Propheten sind auch hier hochsensible Beobachter ihrer Zeit.

Lukas verbindet nun diese heilsgeschichtlichen Texte mit der Person Jesu Christi. Er möchte sagen: Wie in den damaligen Situationen der Bedrohung und des Unheils, so tritt in Jesus jetzt ein Bote Gottes auf, der Befreiung und Rettung nicht nur verheißt, sondern in seinem Wort und seiner Tat konkret werden lässt. Deswegen legt Lukas Jesus die Worte in den Mund: »Da fing er an, ihnen zu sagen: Heute ist erfüllt worden dieses Schriftwort, das ihr in den Ohren habt. Und alle bezeugten ihm das und staunten über die Worte der Gnade, die aus seinem Munde kamen« (Lk. 4, 21-22). Die Zuhörer bekunden ihre Zustimmung: In Jesu Lebensvollzug wurde für sie anschaulich, was ein Mensch vermag, auf dem Gottes Geist ruht.

Auch hier zeigt sich geistvolles Leben in seiner Beziehung zu anderen. Geist, Esprit, hat man nicht für sich. Geist existiert überhaupt nur in seiner Funktion und in seiner Ausstrahlung nach außen. Oder was sollte man von einem Menschen denken, der von sich selbst behauptet, ein geistvoller Zeitgenosse zu sein, nur leider merke dies niemand …

Geist haben, mit Esprit handeln hat in der Predigt Jesu Konsequenzen gerade für die Marginalisierten, die Ausgeschlossenen. Für Arme und Gefangene wird gleichsam ein jüdisches Jubeljahr ausgerufen, ein Sabbatjahr, in dem Knecht und Vieh, Weinberg und Acker befreit werden und ruhen dürfen. Die biblisch beschriebene Praxis Jesu, sein Umgang mit Armen, Blinden und Lahmen ist die ausführliche und eigentliche Predigt über den Jesaja-Text. Und wer könnte behaupten, nicht in vielfacher Weise arm, blind und lahm zu sein. Dort aber, wo der dynamische Gottesgeist weht, werden eingesperrte Gedanken und Gefühle frei, werden Desorientierte sehend, macht sich selbst der Lahme und Träge auf die Beine. Insofern geschieht in der neutestamentlichen Geschichte von der Aussendung des Gottes- und Jesusgeistes an Pfingsten gerade das Gegenteil von dem in der Genesis beschriebenen Turmbau in Babylon: Befreiung statt Frondienst, gegenseitiges Verstehen statt Sprachverwirrung (vgl. Gen. 11, 1-9; Apg. 2). Im Namen Jesu, in seinem Geist zu dieser Befreiung beizutragen, das wird Kennzeichen der Nachfolge. Die Liebe kennt keine Sprach-, Kultur- oder Religionsbarrieren.

Ist dieser »Geistbraus« Jesu dynamisch und kraftvoll, dann reißt er Menschen mit. Er wirkt belebend, da er leben lässt. Diese geistvolle Erfahrung wirkt gleichsam ansteckend. Sie prägt gerade das Zusammenleben der Geisterfüllten, der wahrhaft Geistlichen. Paulus beschrieb in den Briefen an die von ihm gegründeten Gemeinden konkrete Handlungsmodelle: Wie ein Leib viele unterschiedliche Glieder hat und jedes einzelne auf seine unverzichtbare und einzigartige Weise zum Wohl des ganzen Körpers beiträgt, so soll sich auch eine christliche Gemeinde verstehen: mit vielen geistvollen, charismatischen Talenten und Fähigkeiten. Gerade deren grundsätzliche Gleichheit und deren geistvoller Umgang miteinander lässt ein Sozialgefüge entstehen, das man »Leib Christi«, »Leib des Messias« nennen kann (vgl. 1 Kor. 12, 12-27). Heiliger Geist, Geist Gottes, Geist Jesu: Dies sind auch hier biblisch bezeugte Interpretamente, Ausdrucksgestalten des wahren und erfüllten Lebens eines Einzelnen wie auch einer Gemeinschaft (vgl. Kapitel »Kirche«).

Dogmatische Verengung

War es die großartige Leistung der Autoren des Neuen Testaments, die Erfahrungen der – vorwiegend jüdischen! – Menschen mit Jesus von Nazareth so zu beschreiben, dass dies auch Menschen anderer Kulturen und Sprachen verstehen und nachvollziehen konnten, so galt die Arbeit der nachfolgenden Theologengenerationen dem Übersetzen der biblischen Botschaft in das Weltbild und die Begrifflichkeit der zunächst hellenistisch-griechischen, später lateinisch-abendländischen Kultur. Der christliche Lebensentwurf sollte verstanden werden. Mit der Suche nach angemessenen Begriffen sollte die ursprünglich in den biblischen Sprachbildern beschriebene Erfahrung begreifbar werden.

Eine erste Runde der späteren theologisch-philosophischen Diskussion beschäftigte sich mit dem Verhältnis Jesu zu seinem himmlischen Vater. In Jesus Christus – so sagte die Erfahrung der ihm Nachfolgenden – war Gott so nahe, dass man das auch im Judentum vorhandene Bild von Vater und Sohn auf diese Beziehung anwenden konnte (vgl. die Taufszene). Dieses schöne Sprachbild zeigt deutlich: In Jesus Christus zeigt sich für die Gläubigen voll und ganz Göttliches, nichts ist in ihm abgeleitet, und Göttliches wird in ihm nicht weniger erfahrbar als beim Vater. Er ist eines Wesens (griechisch: »homoousios«) mit dem Vater, wie es das Konzil von Nizäa 325 n. Chr. ausdrückt.

Wenn aber bei jeder Übersetzung von Lebensvollzügen in eine philosophische Deutung Letztere nicht permanent nach dem ihr zugrunde liegenden Gehalt an Erfahrungen befragt wird, steigt die Tendenz zur Verobjektivierung. Aus der tiefen Erfahrung innerhalb eines Lebenszusammenhangs wird nun ein Objekt, eine scheinbar objektive Tatsache, die aus der Distanz bestimmt und beschrieben werden sollte.

Ähnliches lässt sich an der theologisch-reflexiven Rede vom Heiligen Geist feststellen. Heißt es auf dem genannten Konzil von Nizäa nur, dass die Gläubigen »an den Heiligen Geist« glauben, so schmückt das nachfolgende Konzil von Konstantinopel 381 n. Chr. dies etwas aus und sagt: »Ich glaube an den Heiligen Geist, den Herrn und Lebensspender, der aus dem Vater hervorgeht, der mit dem Vater und dem Sohne mitangebetet und mitverherrlicht wird, der durch die Propheten gesprochen hat« (Denzinger/Hünermann 1991, Nr. 150). Der Heilige Geist wird analog den biblischen Texten hier beschrieben als Spender des wahren, erfüllten Lebens. Im Unterschied zu so manchen unheiligen Geistern heißt es weiter, dass er Gottes Geist ist, gleichsam aus göttlicher Quelle hervorgeht. Da im geistvollen Leben wahrhaft Göttliches erfahren werden kann – wie dies exemplarisch im Leben Jesu Christi deutlich wurde –, soll dieser Geist Gottes und insofern auch der Geist Jesu mit Vater und Sohn »mitangebetet und mitverherrlicht« werden. Gegen alle Tendenzen von der frühen Kirche bis zur Gegenwart, eine unübersteigbare Hürde zwischen den Heilserfahrungen im Alten und Neuen Testament zu errichten, sagen die Konzilsväter in Konstantinopel weiter: Dieser Geist des Vaters und des Sohnes, dieser dynamische, kreative und durchaus aufrüttelnde Geist war auch in Wort und Tat der alttestamentlichen Propheten für die Menschen der damaligen Zeit erleb- und erfahrbar. Der ganze Abschnitt kann allerdings nur verstanden werden wie der gesamte Text. Er ist nicht eine Behauptung von objektiv sicheren, auch unabhängig vom Menschen vorkommenden Tatsachen, sondern er ist ein Bekenntnis: Credo – ich glaube, ich habe diese tiefe Erfahrung gemacht und stehe fest zu der daraus gewonnenen Überzeugung.

Eine ganz andere Sprache spricht bereits ein Jahr nach dem Konzil, 382 n. Chr., eine römische Synode unter Papst Damasus. Zunächst beschreibt das Dekret des Damasus – über dessen Echtheit allerdings bis heute Zweifel bestehen – ähnlich wie der Prophet Jesaja die sogenannten sieben Gaben des Heiligen Geistes (vgl. Jes. 11, 1 f.): der Geist der Weisheit, der Einsicht, des Rates, der Kraft, des Wissens, der Wahrheit und der Geist der Gottesfurcht (vgl. Denzinger/Hünermann 1991, Nr. 178). Die Vielfalt der Geistesgaben bezeichnet hier anschaulich die unterschiedlichen Orte und Arten geistvollen Lebens – wobei die

Siebenzahl letztlich für »unendlich« steht, denn die Möglichkeiten eines Lebens mit Esprit sind unübersehbar groß, mit keiner Zahl oder Norm zu begrenzen.

Neben diesen Orten der Geisterfahrung benennt die Synode allerdings auch zur Abwehr anderslautender theologischer Schriften eine Reihe von Paragrafen, in denen die offizielle Lehre über den Heiligen Geist festgehalten und damit dogmatisiert werden soll: »Wer nicht sagt, daß es drei wahre Personen des Vaters und des Sohnes und des Heiligen Geistes gibt, die gleich sind, immer leben, alles Sichtbare und Unsichtbare umfassen, alles vermögen, alles richten, alles beleben, alles erschaffen und alles erhalten, der ist ein Häretiker« (Denzinger/Hünermann 1991, Nr. 173). Zunächst fällt auch hier der Übergang von einem Bekenntnistext (»Ich glaube«) auf den Konzilien von Nizäa und Konstantinopel zu einem juristischen Text (»Wer nicht sagt ..., ist ein Häretiker/Ketzer«) auf. Nicht Orte der Erfahrung werden hier in Rom benannt und für den gläubigen Christen als Möglichkeiten des Nachvollzuges geistvollen Lebens aufgezeigt. In exklusiver Sprache werden vielmehr hier formale Kriterien für Glauben oder Unglauben festgelegt – gleichgültig, ob sich die Lebenserfahrung der Menschen darin widerspiegelt oder nicht.

Das zentrale Anliegen der Synode spricht sich im letzten Paragrafen aus: »Dies also ist das Heil der Christen, daß wir im Glauben an die Dreifaltigkeit, d. h. den Vater und den Sohn und den Heiligen Geist, und auf sie getauft ohne Zweifel glauben, daß ihr eine alleinige wahre Gottheit und Gewalt, Erhabenheit und Wesenheit eigen ist« (Denzinger/Hünermann 1991, Nr. 177).

Das Grundproblem ist somit die Frage, wie sich das Christentum weiterhin als Monotheismus verstehen kann trotz der Aussage von der Göttlichkeit auch des Sohnes und des Heiligen Geistes. Ganze Bibliotheken füllt die Literatur zu diesem Thema durch die gesamte Theologiegeschichte (vgl. Ohlig 2000; Pauly 2008). Die Fülle der theologischen Diskurse hat dabei allerdings nicht immer zum besseren Verständnis der Ausgangsfrage beigetragen: ein Gott – drei Personen?

Ihr Ergebnis war oftmals vielmehr gerade, dass die Rede vom Heiligen Geist immer weiter von der Leben spendenden Erfahrung geistvollen Lebens entfernt und zu einer für den Gläubigen nicht nachvollziehbaren philosophischen Spekulation wurde.

Eine Quelle von Miss- und Unverständnis ist häufig das Sprachproblem – das heißt konkret der Begriff der Person. Wird dieser verstanden im neuzeitlichen Sinne einer »Persönlichkeit«, eines Subjektes, dann ist es nur unter Ausschaltung der Vernunft annehmbar: Die drei Personen sind letztlich eins! Glaubenserfahrungen erschließen sich nicht einer numerischen Analyse. Der Begriff »Person« verdankt sich allerdings dem griechischen Wort »prosopon«. Dies bezeichnet im antiken Theater die mit einem Stab vor das Gesicht gehaltene Maske. Durch die Maske – »prosopon« – war der Schauspieler als eine bestimmte Figur oder »Person« im Schauspiel zu identifizieren. Nicht »prosopon« war die Person, sie war das Mittel der Darstellung der »Person«. In der lateinischen Ableitung hat sich dieses Grundverständnis noch erhalten: »per-sonare«, das heißt durchsprechen, durchtönen.

Ohne die genannte umfangreiche Diskussion um die christliche Dreifaltigkeitslehre zu simplifizieren, könnte doch diese Rückübersetzung des Personbegriffes zum heutigen Verständnis des Heiligen Geistes beitragen. Ebenfalls könnte diese wichtige Glaubensaussage bezogen werden auf die konkrete Lebenspraxis, anstatt im Reich einer abstrakten Spekulation zu verbleiben: Heiliger Geist, ein Leben mit Esprit zeigt wahrhaft Göttliches. Nicht ein zweiter, abgeleiteter Gott, etwa im Sinne eines Polytheismus, wird damit angesprochen, sondern das, was die Menschen mit Gott benennen, wird hier als geistvoll erfahren, als schöpferisch-fantasievoll, weise und klug und allen sieben »Gaben des Geistes« gemäß. Eine solche Erfahrung führt zusammen (vgl. Pfingstgeschehen) und trägt nicht zu einer theologischen babylonischen Sprachverwirrung bei (vgl. Turmbau zu Babel).

Eine besondere Tragik bestand in der Theologiegeschichte darin, dass gerade die theologische Reflexion über den Leben spendenden

Heiligen Geist im Jahre 1054 nach jahrhundertelanger Entfremdung und langem Missverstehen endgültig zum Bruch zwischen der römisch-westlichen Kirche und der östlichen Orthodoxie führte. Geht der Geist nur vom Vater oder auch von Jesus Christus aus? Wenn Letzteres zutrifft: Sollte dann das alte Glaubensbekenntnis von Nizäa und Konstantinopel ergänzt werden um den Passus: »der vom Vater und dem Sohne ausgeht«?

Ein geistvoller Umgang mit der Rede vom Heiligen Geist wird erkennen, dass die Positionen von Ost- und Westkirche kaum unterscheidbar sind. Für die Orthodoxie allerdings ist der altehrwürdige Text eines Glaubensbekenntnisses wie eine Ikone: Sie darf nur vorbildgerecht abgemalt, niemals aber verändert werden. Die Westkirche dagegen drängte auf formale Absicherung und fügte in das Glaubensbekenntnis die Aussage über den Heiligen Geist ein: »der auch vom Sohne ausgeht«. Gäbe es nicht die jahrhundertelange Tendenz der Westkirche, Glaubensaussagen juristisch-exklusiv zu formulieren, sondern sie im Sprachspiel »ich glaube«, »ich bekenne«, »ich stehe zu meiner Erfahrung« zu belassen, so wäre auch in der Ökumene ein pfingstlicher Aufbruch zu verzeichnen statt babylonischer Verwirrung.

Den Geist erfahrbar machen

Gerade in den letzten Jahren ist eine Reihe theologischer Arbeiten zum Thema »Heiliger Geist« erschienen. Gemeinsam ist diesen das Bemühen, die Rede vom Gottesgeist wieder erfahrbar zu machen.

So stellte der frühere Theologieprofessor und jetzige Kurienkardinal Walter Kasper in einem kleinen Beitrag im Rahmen einer Radiosendereihe fest: »Der eigentliche Grund der gegenwärtigen Verstehensschwierigkeiten beim Thema ›Heiliger Geist‹ liegt in der gegenwärtigen geistigen Situation der Zeit« (Kasper 1993, S. 69). Die häufig erfahrbare Geistlosigkeit in Staat und Gesellschaft, aber auch in Institutionen und im persönlichen Umgang der Menschen untereinander erfordert geradezu eine neue Spiritualität, ein geistvolles Leben als Alternative. Auch Kasper bezieht sich bei der Suche nach Lebensmodellen mit Esprit auf den Erfahrungsschatz der Bibel: »Ausgangspunkt einer Theologie des Heiligen Geistes sind also nicht irgendwelche Spekulationen, sondern konkrete geschichtliche Erfahrungen des Geistes, Erfahrungen, wie sie uns in der Bibel und in der sie auslegenden Tradition bezeugt sind« (Kasper 1993, S. 79). Kann Kasper »Gott« beschreiben »als reine(n) Überfluss, als Überströmen von Liebe«, so bedeutet dies für die Rede vom Gottesgeist: »In besonderer Weise dürfen wir dort Spuren des Geistes erkennen, wo Menschen aus dem Gefängnis ihres Egoismus ausbrechen, in Liebe einander finden, einander vergeben und verzeihen, einander Gutes tun und helfen, ohne Gegenleistung zu erwarten oder gar zu fordern ... Nicht das Haben und Besitzen, sondern das Geben, Schenken und Teilen ist die Sinnerfüllung des Menschen« (Kasper 1993, S. 81 f.).

Sinnvolles, geistreiches Leben ist immer konkreter Lebensvollzug. Als solcher ist er eingebettet in geschichtliche, kulturelle, aber auch wirtschaftliche Rahmenbedingungen. Sind diese geistlos, können sie auch auf die Lebensvollzüge der Menschen geisttötend wirken. Die lateinamerikanische Theologie der Befreiung fühlt sich insbesondere den Armen und Deklassierten verpflichtet. Christlich motiviertes, geistvolles Leben bekämpft hier konkrete Vorgänge in den Situationen der Unfreiheit und Unterdrückung. Zusammen mit den Menschen möchte sie eine lebensfreundliche Gestaltung der sozioökonomischen Rahmenbedingungen menschlicher Existenz aufbauen.

Beispielhaft für eine Theologie des Geistes, die sich diesem Programm der Theologie der Befreiung verpflichtet fühlt, ist der Ansatz von Jon Sobrino. Als Berater des ermordeten Erzbischofs Oscar Romero in San Salvador und als Mitbewohner jener Jesuitenkommunität, deren Mitglieder in seiner Abwesenheit am 16. November 1989 allesamt erschossen wurden, hat er die Sorgen und Existenzängste seiner Landsleute hautnah kennengelernt. Wie in diesem Kontext vom Geist Gottes reden? Allgemeine Satzwahrheiten oder das Zitieren alter Dogmen treffen diese Lebenswirklichkeit nicht: »Wie oft auch in manch anderen Bereichen, so entbehren allgemeine Aussagen über das geistliche Leben jeder Wirklichkeit, wenn sie nicht in der Geschichte dieses geistlichen Lebens konkrete Form annehmen« (Sobrino 1989, S. 10).

Geistliches, spirituelles Leben im Kontext von Unterdrückung, Ausbeutung und Mord meint hier aber analog zu den biblischen Geistesgaben den »Geist der Stärke«, der sich in der Solidarität ohne Rücksicht auf eigene Gefahr ausdrückt. Der »Geist der Wahrheit« lässt unterscheiden zwischen dem reklamewirksamen Vordergrund und den sozialen Verwerfungen in einem Land und dessen Gesellschaft. Der »Geist der Treue« lässt den jesuanischen Impuls auch unter den veränderten Bedingungen wirksam werden. Der »Geist der Heiligkeit« befragt auch und gerade die Kirche auf das Verhältnis von Anspruch und Wirklichkeit. Jan Sobrino schreibt: »Ich möchte ... hinzufügen, daß nur die jeweilige Heiligkeit letztendlich darüber entscheiden wird, welche Autorität einer Gruppe, die für sich beansprucht, wahre Kirche zu sein, tatsächlich zukommt.« Und er fährt fort: »Wer die Kirche wirklich liebt, wer ihre Erneuerung will, wer ihr helfen möchte in der heutigen Situation der Verwirrung und der Spaltung in der Kirche, muß bereit sein, das Zeugnis der Heiligkeit abzulegen. Es wäre falsch und unheilvoll, die Liebe zur Kirche mit einer bedingungslosen Verteidigung der Institution und der Orthodoxie zu verwechseln« (Sobrino 1989, S. 23).

Geistvoll leben, Esprit haben, ist auch für Sobrino eine Beziehungswirklichkeit. Das heißt, »daß die Spiritualität eines bestimmten Subjektes keine Gegebenheit an sich in diesem Subjekt ist, sondern immer ein In-Beziehung-Stehen dieses Subjektes« (Sobrino 1989, S. 26). Zum Ernstnehmen der konkreten Lebenswirklichkeit gehört Sachkompetenz bei der Analyse und Aufdeckung unterdrückender Strukturen. So sagen die Daten nicht nur lateinamerikanischer Wirtschaftsstatistik, »daß die große Mehrheit der Menschen Opfer der Armut, der institutionalisierten Gewalt und eines langsamen und manchmal auch gewaltsamen Todes ist« (Sobrino 1989, S. 29). Aus dieser Erkenntnis folgt für Sobrino der aktive Widerspruch zur so beschriebenen Wirklichkeit:»Das Ja, das die Wirklichkeit von uns fordert, ist ein Ja dem Leben gegenüber, und da der größte Teil der Schöpfung vom Nichtleben beherrscht wird, impliziert dieses Ja, daß wir wieder Leben schaffen, Leben herstellen« (Sobrino 1985, S. 30 f.).

Mit anderen Worten: Geistvoll leben, den anderen am Überfließen des Geistes, an seiner Ausstrahlung teilnehmen lassen, mit Esprit und Kreativität für Verhältnisse kämpfen, in denen auch für andere die Möglichkeit gegeben ist, wahrhaft Geistliche zu werden.

Ein alter bekannter Hymnus, der dem großen Theologen Hrabanus Maurus aus dem 9. Jahrhundert n. Chr. zugeschrieben wird, beginnt mit der Bitte:»Veni, Creator Spiritus« – komm Schöpfer Geist. Eine freie Übersetzung könnte Notwendigkeit und Möglichkeit heutiger Rede vom Heiligen Geist zusammenfassen:

Komm, schöpferisch-kreativer Geist,
erfülle die Herzen aller Menschen,
erfülle die mit dem großen Geschenk der Gnade,
die aus dir und mit dir leben.
Man nennt dich Tröster, höchste Gottesgabe,
lebendige Quelle,
dynamisches Feuer,
Liebe, geistvolle Salbung.
Du unendlich vielgestaltiges Geschenk,
Du zeigst uns, was die Menschen mit »Gott« benennen;
da du wahrhaftig göttlich bist,
leuchtet uns im geistvollen Wort der Begegnung
wahrhaft Göttliches auf.
Öffne all unsere Sinne zu schöpferischem Tun,
entflamme die Liebe in unseren Herzen,
stärke uns in unserer Schwachheit
und gib uns Mut, auch andere zu ermutigen.

Lass uns nicht länger Fremde sein –
uns selbst und andern gegenüber,
gib uns das Geschenk des Friedens,
räume aus dem Weg, was uns hindert,
durch andere zu uns selbst zu kommen.
Durch deine Kreativität und Fantasie
erkennen wir die Väterlichkeit und Mütterlichkeit
des Gott-Geschehens,
im geistvollen Leben erfahren wir
Jesus als wahren Gottessohn und Bruder,
in Vater, Sohn und Geist zeigt sich wahrhaft Göttliches,
sodass wir sagen können: Amen,
im Geist leben und glauben wir allezeit.

Literatur:

Denzinger, Heinrich: Kompendium der Glaubensbekenntnisse und kirchlichen Lehrentscheidungen, Lateinisch-Deutsch, hg. von Peter Hünermann, Freiburg, 37. Aufl. 1991

Kasper, Walter: Wes Geistes Kind sind wir?, in: Norbert Kutschki/Jürgen Hoeren (Hg.): Kleines Credo für Verunsicherte, Freiburg u. a. 1993, S. 69-85

Ohlig, Karl-Heinz: Ein Gott in drei Personen?, Mainz, 2. Aufl. 2000

Pauly, Wolfgang (Hg.): Geschichte der christlichen Theologie, Darmstadt 2008

Sobrino, Jon: Geist, der befreit. Lateinamerikanische Spiritualität, Freiburg u. a., 2. Aufl. 1989

Wunder

Wunder

Der bekannte Philosoph Ernst Bloch (1885-1977) beschreibt in seinem Hauptwerk »Das Prinzip Hoffnung« ein in Religions- und Kulturgeschichte häufig anzutreffendes Phänomen: »Oft haben fromme Männer um sich eine eigene Scheu verbreitet. Sie schienen seltsame Kräfte zu besitzen, so wirkten sie aufs Volk. Diese Kräfte galten als zauberische, wundertätige, als solche über dem menschlichen Maß. Zum Teil sollte das magische Kunststück diejenigen beeindrucken und gewinnen, die von einer Predigt nicht gewonnen werden konnten, indem sie sie gar nicht verstanden. Zum Teil aber, über dieser Schauwirkung wirkte im Wundermachen ein Sprengwille. Er suchte nicht nur das subjektiv, sondern auch das objektiv Gewohnte, also den üblichen Zusammenhang der Dinge aus den Angeln zu heben« (Bloch, 1977, Bd. III, S. 1540 f.).

Beispiele für diese oft sehr verehrten Männer und Frauen finden sich im Schamanismus (vgl. Eliade 1975) ebenso wie bei den Fakiren in Asien. Sie sind belegt im Chassidismus des Ostjudentums und bei den Marabuts im Islam. Viele afrikanische Kulturen kennen solche Wunder-Männer und -Frauen, insbesondere in den heutigen religiösen Mischformen Mittel- und Südamerikas. Bei Umbanda, Voodoo und Candomblé gehören Wunder und Magie elementar zur religiösen Praxis. Auch aus der hellenistisch-römischen Antike sind viele Beispiele wundertätiger Menschen überliefert.

Wundererzählungen sind somit häufig belegbare Phänomene in vielen Kulturen und Religionen. Was sind deren gemeinsame Merkmale? Welche Unterschiede lassen sich benennen? Was bedeutet dieser Befund für die Wundererzählungen um Jesus? Und schließlich: Gibt es auch heute noch Wunder?

Asklepios-Kult

Aus der Fülle antiker Wunderheiler sei ein einziges Beispiel aus-
gewählt. Bereits aus der Zeit um 500 v. Chr. finden sich viele Votivtafeln, auf denen sich Menschen bei Asklepios für erfahrene Heilung
und Rettung bedanken. Zentrum der Verehrung ist das Heiligtum in
Epidaurus auf dem Peloponnes, wo in der Neuzeit Säulenhallen,
Brunnen, Bäder, Schlafräume, Gartenanlagen und ein großes Theater
ausgegraben wurden. Dies alles belegt einen weit verbreiteten Asklepioskult. Es gibt Hinweise auf Kultfestspiele, bei denen – wie in Grie-
chenland einschließlich der Olympiade üblich – das heilige Spiel der
Liturgie mit Sportwettkämpfen ganzheitlich verbunden war. Nach
Ausbruch der Pest im Peloponnesischen Krieg verbreitet sich der As-
klepioskult verstärkt, im Jahre 420 v. Chr. wird er in Athen eingeführt.
Später errichtet man sogar auf der Tiberinsel in Rom einen eigenen
Asklepiostempel. Zahlreiche gefundene Votivtafeln zeugen auch hier
von den Wundertaten des Verehrten.

Der Mythos nennt Asklepios einen Halbgott, gezeugt vom Gott
Apollon mit einer sterblichen Frau, der Soldatentochter Koronis.
Nach seiner Geburt in Epidauros wird er durch den berühmten heil-
kundigen Kentauren Cheiron erzogen. Dieser Lehrer hat als Pferd-
Mensch-Mischwesen großes Wissen um die Heilung von Wunden und
Krankheiten durch Kräuter und Heilpflanzen (vgl. Kerenyi 1977,
Bd. I, S. 114 f.).

Das Symbol des Wundertäters Asklepios wird bald die sich winden-
de Schlange – noch heute in der latinisierten Aussprache als Äskulap-
stab das Kennzeichen der Apotheken. Die Häutung der Schlange
symbolisiert Tod und Auferstehung, ihr Kriechen wird zum Ausdruck
ihrer Nähe zu unterirdischen Mächten.

Da Asklepios neben Krankenheilungen auch Totenauferweckun-
gen bewirkte, zog er den Zorn des Göttervaters Zeus auf sich und
wurde von diesem getötet. Die Götter dulden keine Ewigkeit des
Menschen, eine Verwischung der Grenzen zwischen Gott und

Mensch bedroht beider Eigen-Art. Schon Prometheus wurde als Strafe dafür, dass er den Menschen das göttliche Feuer brachte, an einen Felsen geschmiedet. Der Mythos des Asklepios erzählt aber von dessen Auferstehung und Erhebung zu den Göttern. Ein Kult um sein belegtes oder nach der Auferstehung leeres Grab ist nicht bekannt.

Die antike Literatur überliefert vielfältige Formen der Heilung durch Asklepios. Er selbst wird oft »soter«, Retter, Heiland genannt. Seine Hand hat heilend-magische Kräfte: Er ist ein »Cheirourgikos«, ein »Chirurg« im umfassenden Sinn. Er kann einen Seesturm stillen, einer unfruchtbaren Frau verhilft er durch sein Erscheinen in ihrem Traum zum ersehnten Nachwuchs. Er vermag Gelähmten ihre Beweglichkeit wiederzugeben. Er wischt Krankheiten wie Schmutz vom Menschen ab (viele weitere Beispiele bei Weinreich 1969).

Durch ein typisches sogenanntes »Demonstrationswunder« wird die Fähigkeit des Asklepios bewiesen – auch gegen den Glauben des Erkrankten: »Ein Mann, der die Finger der Hand bis auf einen nicht rühren konnte, kam zu dem Gott (Asklepios) als Bittsteller. Als er die Weihetafeln in dem Heiligtum sah, glaubte er die Heilungen nicht und machte sich über die Inschriften lustig. Beim Schlaf (im Heilraum) sah er ein Gesicht: Es erschien ihm, während er unterhalb des Tempels Würfel spielte und mit dem Würfel werfen wollte, als sei der Gott erschienen und ihm auf die Hand gesprungen und habe ihm die Finger ausgestreckt; als er weggetreten sei, so schien ihm, habe er seine Hand gekrümmt und jeden Finger einzeln ausgestreckt; nachdem er alle gerade gestreckt, habe ihn der Gott gefragt, ob er den Inschriften auf den Weihtafeln immer noch nicht glaube; er habe ›nein‹ gesagt: ›Weil du also vorher ungläubig gegen die warst, die doch nicht unglaubhaft waren, so soll in Zukunft dein Name Apistos (Ungläubiger) sein‹ habe er (der Gott) gesagt. Als es Tag geworden, kam er gesund heraus« (Theißen 1974, S. 135).

Eigentlicher Sinn und Zweck des Wunders ist hier die Demonstration der Macht des Wundertäters. Durch solch hand-greifliche Argumente soll der Kranke nicht nur geheilt, sondern zum Glauben wenn nicht gezwungen, so doch bekehrt werden.

Lassen sich bereits hier in den einzelnen Wundertaten – wenn auch nicht in ihrer Intention – Parallelen zu den späteren Handlungen Jesu erkennen, so werden umgekehrt nachchristlich auch Aspekte der jesuanischen Wundergeschichten auf Rettergestalten projiziert, die aus der Antike bekannt waren. Auch hier liefert der Asklepioskult ein einprägsames Beispiel.

Der Stiefbruder des römischen Kaisers Konstantin des Großen, Julian, wird allgemein in der christlichen Literatur als der »Apostat«, der »Abtrünnige« bezeichnet. In dem für die christlichen Kirchen so bedeutenden 4. Jahrhundert, als das Christentum nach Jahren der Verfolgung nun erlaubte und später schließlich Staatsreligion wurde, die bald keine anderen religiösen Formen neben sich duldete, erließ Julian im Jahr 361 ein allgemeines Toleranzgesetz. Nach ihm sollten die antiken Mysterienkulte ebenso eine Existenzberechtigung haben wie das aufblühende Christentum. Nicht das Verbot traditioneller religiöser Formen – wie zum Beispiel das später vom Christentum mitveranlasste Verbot der olympischen Kultspiele 393 n. Chr. – ist sein Anliegen, sondern der Aufweis ihrer großen Ähnlichkeit mit christlichen Glaubensaussagen.

So beschreibt Julian den Heilsgott Asklepios mit Attributen, die ihm jesuanisch-christologisch vertraut waren: »Asklepios fuhr vom Himmel auf die Erde nieder und kam in einfacher Menschengestalt bei Epidaurus zum Vorschein; er wuchs auf und reichte nun auf seinen Wanderungen allerorten seine hilfreiche Rechte ... Er kommt nicht zu jeglichem unter uns, und doch bessert er die sündigen Seelen und heilt die Krankheiten des Leibes« (Weinreich 1969, S. 31). Menschwerdung eines Gottes, Wundertaten und der Zusammenhang von leiblicher Krankheit mit der seelischen Verfassung des Menschen (»Sünde«) – all dies sind für Julian Vergleichspunkte zwischen Mysterienkult und christlicher Erlösungslehre. Insofern ein anschauliches Beispiel einer Rückübersetzung (zu Julian vgl. Giebel 2002; Bringmann 2004).

Zahlreich sind die Erzählungen von der Heilkraft der Jünger des Asklepios. Analog der im Orient bezeugten Zauberkraft des Tretens wird von Wundern durch das Aufsetzen des Jüngerfußes auf den Körper des Kranken berichtet. Heilungen geschehen durch Kuss oder Traum. Auch die Arten der Krankheiten sind vielfältig. Neben der Auferweckung von Toten erzählt der Mythos von Rettung aus Blindheit und Schwindsucht. Die Anrufung des Asklepios hilft bei der Heilung eines Kahlkopfes und bei Läusebefall (vgl. Weinreich 1969).

Als Hilfsmittel dienten die beschriebene Schlange oder auch Heilwasser; der Speichel des Heilandes oder der seiner Jünger ergibt vermischt mit Erde und unter Hinzuziehung einer Zauberformel eine heilende Tinktur.

Viele Erzählungen enden mit einer fast klassisch gewordenen – und auch im Neuen Testament verwendeten – Formel: »XY nahm sein Bett und ging von dannen.« Die darin ausgesprochene Steigerung ist unverkennbar: Derjenige, der schwer erkrankt auf einer Liege herbeigetragen wurde, trägt nun selbst sein Traggestell nach Hause.

Ähnliche Wundergeschichten finden sich auch bei dem als historische Gestalt identifizierbaren Apollonius von Tyra (gestorben um 100 n. Chr.).

Wundererzählungen im Alten Testament

Vieles könnte in dem Teil der Bibel, den die Christen Altes Testament nennen, Wunder genannt werden. Die Schwangerschaft der hochbetagten Frau Abrahams, Sara, die Rettung der Gruppe um Moses vor der Übermacht des Pharao und ihr Durchzug durch das Schilfmeer, die Sättigung der Flüchtenden durch Manna in der Wüste und schließlich die Eroberung Palästinas trotz der Wehrhaftigkeit der dortigen Stadtfürstentümer (vgl. Jericho).

Die gesamte Geschichte Israels wird von späteren Generationen als wunderbare Heilsgeschichte gedeutet. In dieser Deutung manifestiert sich zugleich die Hoffnung, dass sich Jahwe als treu erweisen und der Rettung aus Ägypten die Rettung aus Babylon und aus anderen Situationen der Not und der Unterdrückung folgen lassen möge. Die Bitt- und Dankpsalmen sprechen diese »wunderbare« Hoffnung und Erfahrung aus.

Die Texte des Alten Testaments aber sind konkret. Der Aufweis wunderbarer Taten führt nicht zu der Ausbildung eines abstrakten Oberbegriffs »Wunder«.

Einige Wundergeschichten fallen dabei besonders ins Auge – auch und gerade wegen ihrer Aufnahme und Deutung im christlichen Neuen Testament. Gehäuft finden wir diese zum Beispiel bei den Propheten der frühen Königszeit nach der Teilung des Reiches unter die Söhne Salomons um 926 v. Chr. Von Elischa wird eine Wundergeschichte erzählt, in der durch Ölvermehrung eine Frau aus großer Not gerettet wird: »Eine von den Frauen der Prophetenjünger wandte sich laut rufend an Elischa: ›Mein Mann, dein Knecht, ist gestorben. Du weißt, dass dein Knecht den Herrn verehrt hat. Nun kommt der Gläubiger, um sich meine beiden Söhne als Sklaven zu nehmen.‹ Elischa fragte sie: ›Was kann ich für dich tun? Sag mir: Was hast du im Haus?‹ Sie antwortete: ›Deine Magd hat nichts im Haus als einen Krug Öl.‹ Da sagte er: ›Geh und erbitte dir draußen von allen deinen Nachbarn leere Gefäße, aber nicht zu wenige. Dann geh heim, verschließ die Tür hinter dir und deinen Söhnen, gieß Öl in alle diese Gefäße und stelle die gefüllten beiseite.‹ Sie ging von ihm weg und verschloss die Tür hinter sich und ihren Söhnen. Diese reichten ihr die Gefäße hin, und sie füllte ein. Als alle voll waren sagte sie zu ihren Söhnen: ›Bring mir noch ein Gefäß!‹ Sie antworteten: ›Es ist keins mehr da.‹ Da floss das Öl nicht mehr weiter. Sie aber kam und erzählte es dem Gottesmann. Dieser befahl ihr: ›Geh, verkauf das Öl und bezahle deine Schuld. Von dem, was übrig bleibt, magst du mit deinen Söhnen leben‹« (2 Kön. 4, 1 ff.).

Große Not treibt diese Frau zum Propheten. Ihr Glaube an dessen Macht ist Voraussetzung für das nachfolgende Geschehen. Zwar ist in der Geschichte viel von Gottesfurcht die Rede – das Wunder selbst aber geschieht auf Anweisung Elischas. Von Jahwes Eingriff in die Handlung ist nicht die Rede. Der überraschenden Rettung entspricht die Größe des Wunders: Alle verfügbaren Töpfe sind gefüllt, es ist mehr Öl vorhanden als unbedingt nötig. Ein Vergleich zum Weinwunder durch Jesus in Kana läge nahe.

Auch eine Totenauferweckung durch Elischa wird erzählt. Einer frommen, aber kinderlosen Familie verheißt der Prophet Nachwuchs – nicht nur in israelitischen Zeiten für viele das Synonym für Glück und gelingendes Leben. Die spätere Mutter ist skeptisch: »Sie entgegnete: ›Ach nein, Herr, Mann Gottes, täusche doch deiner Magd nichts vor.‹ Doch die Frau wurde schwanger, und im nächsten Jahr, um die Zeit, die Elischa genannt hatte, gebar sie einen Sohn« (vgl. 2 Kön. 4, 8-37).

Das unverhoffte große Glück wandelt sich allerdings plötzlichen in abgrundtiefen Schmerz: Das lang ersehnte Kind stirbt. Die Mutter wendet sich erneut an den Propheten und lässt sich auch von dessen Jünger nicht vertreiben. Als Elischas Diener auf Bitten seines Herrn seinen Stab auf das tote Kind legt, geschieht nichts. Die Mutter bleibt unverzagt und sagt zum Propheten: »So wahr der Herr lebt, und so wahr du lebst: Ich verlasse dich nicht« (2 Kön. 4, 30). Nun trat Elischa selbst »an das Bett und warf sich über das Kind; er legte seinen Mund auf dessen Mund, seine Augen auf dessen Augen, seine Hände auf dessen Hände. Als er sich so über das Kind hinstreckte, kam Wärme in dessen Leib« (2 Kön. 4, 34). Nach Wiederholung dieser Geste niest das Kind siebenmal und öffnet die Augen zu neuem Leben.

Unverkennbar sind die Unterschiede zur ersten Erzählung. Hier ist der Glaube an die Wunderkraft des Propheten Voraussetzung für die Rettung. Die Geschichte scheint auch eine magisch-rituelle Heilung abzulehnen: Die reine Auflegung eines (Zauber-)Stabes wendet nicht das Schicksal. Die persönliche Begegnung zwischen Kind, Mutter und Prophet scheint unabdingbare Voraussetzung für das Gelingen des Wunders – wenn auch im handgreiflichen Ganzkörpereinsatz des Propheten noch verbleibende Reste magisch-ritueller Handlungen erkennbar sind. Auch hier ist nicht direkt von Jahwe als Retter die Rede. Heilsames, Göttliches ereignet sich vielmehr durch und inmitten der Taten der Menschen.

Ein letztes Beispiel erzählt eine Brotvermehrungsgeschichte von Elischa: »Einmal kam ein Mann von Baal-Schalischa und brachte dem Gottesmann Brot von den Erstlingsfrüchten, zwanzig Gerstenbrote, und frische Körner in einem Beutel. Elischa befahl seinem Diener: ›Gib es den Leuten zu essen!‹ Doch dieser sagte: ›Wie soll ich das hundert Männern vorsetzen?‹ Elischa aber bestand darauf: ›Gib den Leuten zu essen; denn so spricht der Herr: Man wird essen und noch übrig lassen!‹ Nun setzte er es ihnen vor; und sie aßen und ließen noch übrig, wie der Herr gesagt hatte« (2 Kön. 4, 42-44).

Auch hier wird von Not erzählt und von einer unwahrscheinlichen, wunderbaren Rettung. Dem kleinen Anfang steht ein großes Ende gegenüber. Der übrig gebliebene Rest soll die Überfülle des Geschehens anschaulich demonstrieren. Trotz augenscheinlicher Unmöglichkeit schafft das Vertrauen in den Gottesmann die Voraussetzung des Wunders. Die Worte Jahwes durch den Mund seines Propheten erinnern an die Weissagung eines archaischen Kultorakels: »Man wird essen und noch übrig lassen« (2 Kön. 4, 43 b).

Viele weitere Wunder auch aus der Spätzeit Israels fügen sich ein in die Theologie des Alten Testaments: die Rettung Jonas vor Ninive, das Überleben der drei Männer im Feuerofen des babylonischen Herrschers Nebukadnezar im Buch Daniel oder die Befreiung Daniels selbst aus der Löwengrube und die unerwartete Bekehrung des Besatzerkönigs.

In all diesen Beispielen sind Wunder kein Selbstzweck. Sie demonstrieren auch nicht einfach die Macht eines Gottes und zwingen so den Menschen zu Unterwerfung und Glauben. In ihnen zeigt sich vielmehr eine große Hoffnung, die ständig genährt wird aus früheren Erzählungen und verbunden wird mit der konkreten Lebenserfahrung: Rettung ist möglich trotz Anfeindung und Gefahr. Ein gottesfürchtiger Lebenswandel erweist sich trotz augenscheinlicher Not und Aussichtslosigkeit als sinnvoll und heilsam. Ausdruck und Stilmittel sol-

cher elementaren Erfahrung sind bei den dargestellten Wundergeschichten ähnlich, gleichgültig, ob ihr Subjekt eine einzelne Person
oder eine Gemeinschaft, ein Volk darstellt. Die Lebensmächtigkeit
dieser Wunder ist so konkret und erfahrungsbezogen, dass sich die
moderne Frage nach der Historizität der Geschichten gar nicht stellen
kann. Ihre Wahrheit erweist sich im Zusammenhang des Lebensvollzuges selbst.

Wundererzählungen im Neuen Testament

Das Neue Testament erzählt etwa 30 Wundergeschichten. Sie finden
sich in den Evangelien, wobei im Johannesevangelium nur sieben
exemplarische Wundergeschichten stehen, die möglicherweise einer literarischen Vorlage des Autors, der »Semeiaquelle«, entstam-
men.

Paulus bezieht sich in seinen Briefen nicht auf die Wunder Jesu –
wie er insgesamt aufgrund seiner eigenen Biografie und seiner Un-
kenntnis der Einzelheiten des Lebens Jesu kaum am historischen Jesus interessiert ist. Seine Bitte um ein heilendes Wunder an ihm selbst
bleibt unerfüllt (2 Kor. 12, 8). Die spätere Beschreibung des Lebens
und Werkes des Paulus in der dem Evangelisten Lukas zugeschriebenen »Apostelgeschichte« weiß hingegen viele Wunder über ihn zu berichten. Seine Wundertätigkeit habe zu großer Aufregung und zu Re-
liquienkult geführt: »Sogar seine Schweiß- und Taschentücher nahm
man ihm vom Körper weg und legte sie den Kranken auf; da wichen
die Krankheiten, und die bösen Geister fuhren aus« (Apg. 19, 12). Ein
solches Handeln findet Nachahmer – wenn auch mit geringem Erfolg.
Als die sieben Söhne eines gewissen Oberpriesters Skemas ebenfalls
im Namen Jesu einen bösen Geist austreiben wollten, sprang dieser
»auf sie los, überwältigte sie und setzte ihnen so zu, dass sie nackt und
zerschunden aus dem Haus fliehen mussten« (Apg. 19, 16). Auch hier
gibt es keinen Automatismus der Wunderheilung – selbst nicht unter
Anrufung des Namens Jesu.

Die zahlreichen neutestamentlichen Wundererzählungen lassen sich nach dem Heidelberger Exegeten Gerd Theißen in folgende literarische Gattungen und Formen einteilen:

Exorzismen: Diese haben als Inhalt zum Beispiel die Austreibung von Dämonen. Mit diesen soll das Diabolische, das zerstörerisch Zweideutige aus dem Menschen gebannt werden. Die destruktiven Kräfte zeigen auch außerhalb des Menschen Wirkung. Nach ihrer Austreibung aus demjenigen, der von ihnen »besessen« war, fahren sie in die Schweine und stürzen diese in den See (vgl. Mk. 5, 1 ff.; vgl. Kapitel »Teufel«).

Therapien: Hier geschieht Heilung ohne dramatischen Kampf. Die blutflüssige Frau erfährt die erhoffte und geglaubte »Dynamis«, die Kraft des Wundertäters. Es bedarf nicht magischer Formen und Formeln. Ist Jesus wirklich für sie der erwartete Spender des Heils und der Genesung, dann reicht diese gläubige Beziehung zu ihm aus. Selbst das rückwärtige, zaghafte Berühren seines Gewandes ist nur der augenfällige und sinnenhafte Ausdruck dieser tiefen Verbundenheit (vgl. Mk. 5, 25 ff.).

Bei der Wundererzählung von der Heilung eines Blinden in Betsaida verwendet der Evangelist Markus das von Asklepios und seinen Schülern bekannte Bild vom Speichel, der auf die Augen des Kranken gestrichen wird und so das Wunder bewirkt (Mk. 8, 22-26). Charakteristischerweise übergehen Matthäus und Lukas, von denen der erste das ganze Markusevangelium und der zweite über die Hälfte davon wortwörtlich als literarische Quelle in ihren Text integrierten, diese Stelle. Die drastisch-dramatisch-materialistische Darstellung des Markus scheint der Ästhetisierung und Idealisierung ihres eigenen Ansatzes nicht vermittelbar.

Normenwunder: Die gelähmte Hand eines Synagogenbesuchers wird von Jesus trotz Sabbatgebots geheilt (Mk. 3, 1 ff.). Rein äußerlich betrachtet, hätte diese lange andauernde Erkrankung auch erst nach Erfüllung der Sabbatruhe ihre Heilung erfahren können. Hier aber steht die Erzählung wie eine Beispielanwendung für den vorausgegangenen Satz: »Der Sabbat ist für den Menschen da, nicht der Mensch für den Sabbat« (Mk. 2, 27). Die Betonung heilvollen Lebens als Norm zur Beurteilung aller Ge- und Verbote durch Lehre und Praxis Jesu ist wohl seinen Zeitgenossen selbst als ein großes Wunder erschienen.

Geschenkwunder: Dazu zählt Theißen zum Beispiel die Erzählungen vom Weinwunder zu Kana (Joh. 2, 1 ff.) und die sehr breite Darstellung der Brotvermehrung. Der Text des Markus (Mk. 6, 32-44) wird zum Vorbild für die Darstellung bei Matthäus und Lukas (vgl. Mt. 14, 13-21; Lk. 9, 10 b-17). Mit den Elementen der fünf Brote und zwei Fische als Nahrung für fünftausend Hungrige, wobei noch zwölf Körbe voller Brotreste dazukommen, ist diese Erzählung selbst eine Überbietung der anderen von Markus berichteten Brotvermehrung (vgl. Mk. 8, 1-10). Hier reichen sieben Brote für viertausend Esser, wobei noch sieben Körbe mit Resten eingesammelt werden. Allerdings erweisen sich biblische Zahlenangaben auch hier nicht als empirisch belegbare Daten. Die Zahl sieben symbolisiert von den Zeiten Israels bis zur jüdischen Mystik der Kabbala die Unsterblichkeit und die Fülle. Die Zahl zwölf erinnert an die zwölf Stämme Israels: Das Wunder ist unendlich, alle werden satt, die Überfülle des Heils ist letztlich nicht beschreibbar.

Gerade in diesen literarischen Steigerungen gegenüber den alttestamentlichen Brotvermehrungsgeschichten formulieren die Evangelisten die das Vorbild weit überbietende Bedeutung Jesu für sie und ihre Gemeinden: Der Abstand zu den zwanzig Broten und den einhundert Essern bei Elischa ist trotz aller Wertschätzung des Propheten gewaltig.

Rettungswunder: Unter diese Kategorie zählt Theißen zum Beispiel die Geschichte von der Stillung des Seesturms (Mk. 4, 35-41) und die Erzählung von der Begegnung der furchtsamen Jünger mit dem auf dem See wandelnden Jesus (Mk. 6, 45 ff.).

Epiphanien: In Texten wie zum Beispiel dem der Verklärung Jesu Christi auf dem Berg (Mk. 9, 2-10) ist wohl am ehesten eine literarische Vorwegnahme der Ostererfahrung, des Glaubens der Jünger an den Auferstandenen erkennbar. Das griechische Wort »epi-phaino« sagt: Inmitten des irdischen, historisch nachprüfbaren Lebensvollzuges bricht eine Tiefendimension der Lebenswirklichkeit aus, die denjenigen, die sie erfahren, wunderbar, als Wunder erscheint. Aber auch hier gilt: Solche Erfahrungen sind nicht dingfest zu machen. Dem Wunsch des Petrus, als Manifestation des Erfahrenen drei Hütten zu bauen, erteilt er ein strenges Verbot. Gegen jede Form von Glorifizierung erhebt sich der Protest Jesu.

Theologische Annäherung

Der Befund der biblischen Schriften ist eindeutig: Sie berichten von vielen Wundern. Das Erzählschema ist dabei oft literarisch vorgegeben – gerade dadurch können die Autoren des Neuen Testaments zum Beispiel in Form von Steigerungen die für sie zentrale Person Jesu Christi hervorheben. Allerdings herrscht in den biblischen Schriften alles andere als eine Wundereuphorie. Im Gegenteil: In vielen Wundererzählungen ist das Dargestellte an sich sehr doppeldeutig und vielfach beängstigend.

So löst der Seewandel Jesu bei seinen Jüngern gerade keine Begeisterung über die Leistung ihres Meisters aus, sondern Beklemmung und Unsicherheit: »Als sie ihn über den See gehen sahen, meinten sie, es sei ein Gespenst, und schrien auf. Alle sahen ihn und erschraken« (Mk. 6, 49 f.). Selbst die Erscheinung des Auferstandenen befreit die Jünger nicht aus der Uneindeutigkeit ihrer Lebenssituation: »Sie erschraken und hatten große Angst, denn sie meinten, einen Geist zu sehen« (Lk. 24, 37). Bereits am Beginn seines öffentlichen Wirkens wird Jesus von seinen Gegnern mit dämonischen Kräften in Zusammenhang gebracht: Der Teufel sei bei ihm im Spiel (Mk. 3, 22).

Umgekehrt verweigert der biblische Jesus weitere Wunder im Sinne einer Demonstration seiner Fähigkeiten. Auf die Probe gestellt, »seufzte er tief auf und sagte: Was fordert diese Generation ein Zeichen? Amen, ich sage euch: Dieser Generation wird niemals ein Zeichen gegeben werden« (Mk. 8, 12).

Die Wunder Jesu sind somit gerade nicht verstanden als magisches Wirken, das – ob der Betreffende will oder nicht – von außen und ohne sein Zutun auf ihn herabkommt. So wäre es eine reine Fremdbestimmung. Jesus selbst ist nach der Schrift kein »Wunderautomat«. Fehlt die Beziehung der Menschen zu ihm, dann kann er kein Wunder wirken – selbst nicht in seiner Heimat (vgl. Mk. 6, 5). Umgekehrt haben Wunder auch nicht automatisch für alle Zuschauer eine Veränderung ihres Verhältnisses zu ihm zur Folge: »Dann begann er den Städten, in denen er am meisten Wunder getan hatte, Vorwürfe zu machen, weil sie sich nicht bekehrt hatten« (Mt. 11, 20 ff.). Glaube als Beziehungsgeschehen und Umwertung aller Werte ist auch hier nicht erzwingbar.

Die Exegese gerade des ältesten Evangeliums zeigt deutlich, dass Markus eine vorschnelle Wundergläubigkeit und Wunderbegeisterung radikal ablehnt. In seiner literarischen Komposition erteilt Jesus nach seinen zahlreichen Wundern oft ein Redeverbot. Weder der geheilte Taubstumme (Mk. 7, 31-37) noch die vom Tod erweckte Tochter des Jairus samt Familie (Mk. 5, 43) dürfen das Erlebte weitererzählen. Das Glaubensverständnis des Markus ist nicht auf sensationelle Events gegründet, sondern auf die buchstäbliche Durch-Kreuzung aller tradierten Bewertungskategorien – wie dies exemplarisch am Ende des Lebens Jesu auf Golgatha drastisch deutlich wird (vgl. Kapitel »Kreuz«). Und gerade durch diese Perspektive vermag Markus seinen Lesern Hoffnung und Mut zu geben in deren Alltagssituation der ersten Christenverfolgungen um das Jahr 70 n. Chr.

Was aber ist nach all den literarischen Gemeinsamkeiten mit den Wundererzählungen in anderen Kontexten das Proprium, das unverwechselbar Eigene der jesuanischen Wunder?

Dies ist zunächst deren Bindung an Jesus selbst. Trotz literarischer, oft mythischer Einkleidung wird all dies Wunderbare von einer konkreten historischen Person ausgesagt. Insofern legt das Neue Testament selbst die Basis für eine fundamentale Entmythologisierung der Wundererzählungen. Mitten in historisch benennbaren Kontexten, in der Welt und nicht über ihr geschieht dies Wunderbare – und durchbricht dadurch die Eindimensionalität des Lebens und dessen Beschränkung auf das Empirisch-Faktische.

Und gerade dadurch stehen die Wunder in unmittelbarem Zusammenhang mit der Gesamtbotschaft Jesu: »Die Zeit ist erfüllt, das Reich Gottes ist nahe. Kehrt um und glaubt an das Evangelium« (Mk. 1, 15). Dieser Zusammenhang besagt: Das in der messianischen Tradition des Volkes Israel erwartete Gottesreich am Ende der Tage ist in der Erfahrung der Menschen um den historischen Jesus oder der Menschen in seiner Nachfolge bereits gegenwärtig – hier und heute, ohne Rücksicht auf die Beschränkungen jeder geschichtlichen Existenz. Das heißt: Die durch politische, soziale, religiöse oder konkret existenzielle Ursachen motivierte und gesteigerte Messiaserwartung hat sich im Lebensmodell Jesu für die Gläubigen bereits erfüllt. Und diese »präsentische Eschatologie« zwingt die Menschen nicht mit magischen Tricks zur Zustimmung, sondern sie befreit sie gerade umgekehrt von Fremdbestimmung und einer rein verobjektivierten Übernahme von religiösen Deutungsmustern. Der aus dieser Erfahrung resultierende Glaube verlangt nicht Zustimmung zu einem vorgegebenen System von Satzwahrheiten, sondern eröffnet den Menschen durch Begegnung und Ansprache neue Lebensdimensionen. Nicht die Demonstration eines Seewandels bringt diese Veränderung, sondern die persönliche Begegnung und Ansprache: »Doch er begann mit ihnen zu reden und sagte: Habt Vertrauen, ich bin es; fürchtet euch nicht« (Mk. 6, 50). Weder das leere Grab, das Gerede der Jünger beim Gang nach Emmaus (Lk. 24, 13-35) noch der Auftritt des Auferstandenen bewirkten aus sich heraus dieses Anbrechen des Gottesreiches. Anhand der Erfahrung der Maria aus Magdala ist diese existenzielle Beziehung exemplarisch erzählt. Es erfolgt im wahren Sinne Umkehr der Sichtweise und der gesamten Haltung durch Ansprache: »Jesus sagte zu ihr: Maria! Da wandte sie sich ihm zu (!) und sagte auf Hebräisch zu ihm: Rabbuni!, das heißt: Meister« (Joh. 20, 16). Doch auch hier findet sich sogleich die Warnung vor dem Versuch, das Wunderbare festhalten, auch für andere ohne Begegnung und Erfahrung zugänglich machen zu wollen: »Jesus sagte zu ihr: Halte mich nicht fest; denn ich bin noch nicht zum Vater hinaufgegangen« (Joh. 20, 17). Loslassen können, angeblich sichere Begründungen und Sicherheiten des Lebensvollzuges zurücklassen können, dies scheint die Bedingung der Möglichkeit des Geschenkes wahren, neuen, wunderbaren Lebens zu sein.

Auch zu den neutestamentlichen Heilungen und Therapien findet sich so ein nachvollziehbarer Zugang. Vorauszusetzen ist das antike Krankheitsverständnis vom Zusammenhang des eigenen Tuns und Ergehens: Krankheit zeigt demnach eine vorausgegangene böse Tat an. Die Besessenheit ist zum Beispiel als das Ergebnis des Umgangs mit Bösem gedeutet. Dies vorausgesetzt, haben Krankheit und Besessenheit eine elementare soziale Dimension. Der Kranke wird – weil letztlich mitschuldig an seiner Situation – gesellschaftlich geächtet und gemieden. Sünde sondert aus!

In den jesuanischen Heilungswundern wird diese Aussonderung in der konkreten Begegnung aufgehoben. Wenn eine Gesellschaft je zu ihrer Zeit mitbestimmt, was als krank und was als gesund zu gelten habe, dann setzen biblische Erzählungen neue Maßstäbe und berichten so von wunderbaren Heilungen. Wenn die tiefe Ambivalenz und Zweideutigkeit menschlichen Lebens im Extremfall als Besessenheit durch Dämonen gedeutet werden kann, dann geschieht in der heilvollen Begegnung Dämonenaustreibung und Exorzismus: Es wird eindeutig Gutes zugesprochen, Mut gemacht, trotz Kenntnis großer Verfehlungen. Hilfe zur Selbsthilfe vermittelt die Fähigkeit, wieder stehen zu können oder auch wieder zu sich selbst stehen zu können. Die Lähmungen sind behoben, nach Blindheit und Taubheit öffnen sich alle Sinne für ein neu geschenktes Leben. All dies sind Phänomene, die nicht machbar sind – letztlich auch nicht medizinisch-technisch.

Glaube als Ausdruck dieses wunderwirkenden Beziehungsgeschehens ist auch hier »bergeversetzend«: »Jesus sagte zu ihnen: Ihr müsst Gottesglauben haben. Amen, ich sage euch: Wenn jemand zu diesem Berg sagt: Heb dich empor und stürz dich ins Meer!, und wenn er in seinem Herzen nicht zweifelt, sondern glaubt, dass geschieht, was er sagt, dann wird es geschehen« (Mk. 11, 22 f.). Dieser wunderwirkende Glaube ist »Gottesglaube«, ist göttlich, ist ungebrochen und eindeutig gut. Dieser Beziehungsglaube ist aber ebenso zu trennen von Magie und Zauberei – von einer Berge versetzenden Tätigkeit im wortwörtlichen Sinne ist weder bei Jesus noch bei seinen Jüngern die Rede. Hier werden vielmehr Berge von Schuld, Angst und Beklemmung von der Seele des Menschen genommen. Und da »Seele« nicht einen separaten Teil des Menschen meint, sondern ein ihn auch leiblich bestimmender Aspekt seiner Gesamtexistenz, wird in diesem Wundergeschehen auch der Leib geheilt.

Wird »Sünde« verstanden als Unglaube, als Störung der Beziehungen zu anderen wie zu sich selbst, dann sind die Umkehr aus der Sünde und der Glaube auch hier die existenzielle Voraussetzung eines jeden Wundergeschehens. Damit wird das Gottesreich konkret in der Gegenwart erfahrbar. Der Satan der Selbstfixierung, der Ausgrenzung und des Nicht-Loslassen-Könnens ist so von seinem Thron gestürzt: »Ich sah den Satan wie einen Blitz vom Himmel fallen« (Lk. 10, 18).

Es bleibt die moderne Frage: Gab es die im Neuen Testament geschilderten Wunder historisch? Hätte man das Geschehen fotografieren können?

Trotz der durch Religions-, Form- und Motivgeschichte erkannten literarischen Ausgestaltung der jesuanischen Wundererzählungen spricht viel dafür, dass gerade die genannten Therapien und Exorzismen einen echten historischen Kern haben. Insofern ist der biblische Jesus als charismatischer Wundertäter auch durch den verehrenden Blick seiner Anhänger hindurch als konkrete Gestalt erkennbar. Wo sonst sollen auch Menschen Erfahrungen des Heils und insofern der Gottesnähe gemacht haben, wenn nicht unter konkreten historischen Bedingungen mit einer auch historisch beschreibbaren Person? Aber gerade diese historisch mit Wahrscheinlichkeit zu verifizierenden Fakten sind nicht umgekehrt die Ursachen der Wunder. Religiös deutbare Erfahrung meint auch hier: die Tiefendimension der Wirklichkeit erfahren, zwischen den Zeilen lesen lernen und den Blick hinter eine scheinbar objektive Oberfläche richten, um zum Beispiel den wahren Grund von Krankheit und Besessenheit zu erkennen. Auch ein gutes Foto bietet bereits mehr als Fakten: Es stellt diese in einen Zusammenhang und deutet sie dadurch. Es zeigt die Mehrdimensionalität der Wirklichkeit, es zeigt letztlich die Unverrechenbarkeit des Lebens selbst – auch wenn das dargestellte »Objekt« historisch und empirisch verifizierbar ist. So sind die Wundererzählungen alle letztlich die literarische Gestaltung der Grunderfahrung der neutestamentlichen Menschen: Die Begegnung mit Jesus tut gut, er heilt ihre »Wunden«. Insofern sind die Texte der Evangelien insgesamt mehr als eine Ansammlung historischer Daten und Fakten. Sie sind gedeutete Geschichte, indem sie die Be-Deutung Jesu Christi aufzeigen wollen.

Damit lässt sich auch die immer wieder gestellte Frage beantworten: Soll man auch heute noch an Wunder glauben? Beide Begriffe sind frag-würdig: »Glauben« kann hier nicht bedeuten: für wahr halten, aufgrund der Autorität anderer akzeptieren (vgl. Kapitel »Glauben«). Glauben meint auch hier beim Wunder, wie schon aufgezeigt, ein Beziehungsgeschehen im Sinne von »ich glaube dir« oder »ich glaube an dich«.

Der Begriff »Wunder« bedeutet allerdings nach dem bereits Gesagten nicht einfach das Durchbrechen der Naturgesetze oder kausaler Zusammenhänge, indem wie im griechischen Theater ein »deus ex machina«, ein »Gott aus der Maschine« dort auftritt, wo es nach menschlichem Ermessen nicht mehr weitergeht. Gerade so wird man dem Phänomen des Wunders damals wie heute nicht gerecht.

Bereits der große Wegbereiter einer auch im Kontext der Moderne zu verantwortenden Theologie, Rudolf Bultmann, schrieb zu diesem

Irrweg: »Die göttliche Kausalität wird eingeführt als ein Glied in der Kette der Ereignisse, die einander nach dem Kausalzusammenhang folgen. Das versteht man unter der gebräuchlichen Vorstellung, dass ein wunderbares Ereignis nicht anders denn als Mirakel verstanden werden kann, das heißt, als das Ergebnis einer übernatürlichen Ursache. In solchem Denken stellt man sich das Handeln Gottes tatsächlich so vor, wie man sich weltliches Handeln oder Ereignisse vorstellt; denn die göttliche Macht, die Mirakel wirkt, wird als natürliche Macht betrachtet« (Bultmann [1958] 1980, S. 70).

Der Glaube an Wunder gilt somit nicht dem Durchbrechen kausaler oder empirischer Zusammenhänge – auch nicht durch eine höhere Ursache oder eine wirksamere Macht. Weder wird das Gesetz der Schwerkraft aufgehoben beim Seewandel Jesu noch die Stabilität der Materie infolge der Erscheinungen des Auferstandenen in verriegelten Räumen. »Transzendenz«, »Jenseits« meint auch hier eine Tiefendimension der Wirklichkeit, in der eine Kausalkette und ein Denken in Berechnung und Begründung keine Rolle mehr spielten. Obwohl ich im Meer meiner Ängste und Sorgen nach menschlichem Ermessen untergegangen sein müsste, hat mich eine An-Sprache, eine Hand-Reichung gerettet, wie dies anschaulich von Petrus erzählt wird in der Geschichte vom Seewandel Jesu (vgl. Mt. 14, 22-33). Auch die Erzählung von der Brotvermehrung hat hierin ihre tiefe Bedeutung. Sie verweist auf das Paradox: Wer teilt, hat mehr. Gegen alle Berechnung und gegen alle Gesetze der Logik: Durch Verschenken, Teilen, Hergeben bekommt man mehr. Und diese Erfahrung ist wunderbar, ein Wunder.

Insofern beschreiben Wundererzählungen auch heute mögliche Erfahrungen. Voraussetzung aber ist und bleibt: Der Mensch muss sich in das Geschehen hineinnehmen lassen, er darf nicht bei einer distanziert-verobjektivierenden Außenbetrachtung stehen bleiben. Auch hier ist »Umkehr« die Voraussetzung für die Erfahrung des Gottesreiches (vgl. Mk. 1, 15).

Wundererzählungen sind somit damals wie heute Ausdruck letztlich unbeschreibbarer Heilserfahrung – eben mit den Mitteln menschlicher Sprache und Gestaltung. Allerdings eröffnet erst diese Umkehr die Augen für die Mehrdimensionalität dieser Wirklichkeit – oder mit dem bekannten Chanson von Katja Epstein:

»Wunder gibt es immer wieder –
wenn sie dir begegnen,
musst du sie auch sehn.«

Literatur:

Bloch, Ernst: Prinzip Hoffnung, 3 Bde., Frankfurt am Main, 4. Aufl. 1977

Bringmann, Klaus: Kaiser Julian, Darmstadt 2004

Bultmann Rudolf: Jesus Christus und die Mythologie. Das Neue Testament im Licht der Bibelkritik (1958), Gütersloh, 5. Aufl. 1980

Eliade, Mircea: Schamanismus und archaische Extasetechnik, Frankfurt am Main 1975

Giebel, Marion: Kaiser Julian Apostata, Darmstadt 2002

Kerenyi, Karl: Die Mythologie der Griechen, 2 Bde., München, 3. Aufl. 1977

Theißen, Gerd: Urchristliche Wundergeschichten, Gütersloh 1974

Theißen, Gerd/Merz, Annette: Der historische Jesus, Göttingen, 2. Aufl. 1997

Weinreich, Otto: Antike Heilungswunder (1909), Berlin 1969

Gnade

Gnade

Wie kaum ein anderes Grundwort des Glaubens ist das von der Gnade in Verruf geraten. Es scheint verbraucht und verstaubt, wirkt zum Beispiel in der Anrede »gnädiges Fräulein« fern und antiquiert.

Gründe dieser Entfremdung liegen nicht zuletzt in der gesellschaftlich-politischen Ordnung des Menschen in der Moderne. In einer Demokratie hat jeder juristisch abgesicherte Rechte, diese sind im Konfliktfall einklagbar. Der Mensch ist nicht mehr wie in feudalen Gesellschaftsstrukturen auf einen huldvollen Gnadenerweis eines »gnädigen Herrn« angewiesen. Und selbst das »Gnadenrecht« eines Staats- oder Landesoberhauptes, zum Beispiel bei der Gewährung der vorzeitigen Entlassung eines Strafgefangenen in die Freiheit, wird oft als Willkürakt interpretiert: Warum wird der eine »begnadigt«, während der andere seine Strafe voll absitzen muss? Im Guten wie im Schlechten scheint der Zusammenhang von Tun und Folgen gerecht: Hast du etwas geleistet, sollst du dafür belohnt werden. Hast du dir etwas zuschulden kommen lassen, musst du dies abbezahlen.

Auch in Kirche und Theologie überlagerte dieses Verständnis von ausgleichender Gerechtigkeit häufig das Phänomen der Gnade. Bei Wohlverhalten gegenüber kirchlichen (meist moralischen) Geboten und Normen winkt als Lohn die ewige Glückseligkeit, für Fehlverhalten musste man durch entsprechende Gegenleistungen »Genugtuung« in Form von Buße oder Ablass leisten.

Dass Gnade gerade nicht nach jeweils gültigen Gerechtigkeitsvorstellungen berechnet und erwirkt werden kann, sondern eine ganz andere menschliche Grunderfahrung beschreibt, geriet dabei oft aus dem Blick.

Ohnmacht oder Quelle des Lebens?

Der Zusammenhang zwischen gesellschaftspolitischer Wirklichkeit und den Begriffen, in denen der Mensch seine tiefen, ganzheitlichen Erfahrungen als religiöse Erfahrungen deutet, zeigt sich deutlich im alttestamentlichen Gebrauch des Wortes Gnade (hebräisch:»chen«). Primär der König oder der sozial Höhergestellte gewährt Gnade. So Joab vor David:»Joab warf sich auf die Knie nieder, verneigte sich vor dem König, dankte ihm und sagte: Jetzt weiß dein Knecht, dass er Gnade vor deinen Augen gefunden hat« (2 Sam. 14, 22). Vom Führer der Edomiter wird berichtet, dass er mit dem ägyptischen Pharao eine Koalition gegen die Ausdehnung Israels durch König Salomon schmieden wollte. Insofern»fand er Gnade beim Pharao« (1 Kön. 11, 19). Werden also in beiden Fällen die jeweiligen Herrschaftsstrukturen anerkannt, dann gewährt der Herrscher dem Untergebenen Wohlwollen, er lässt sich herab, schenkt aus seiner Machtfülle Huld und Gnade.

Ein ähnlicher Sprachgebrauch wie in diesen Beispielen des Umgangs zwischen Menschen lässt sich auch hinsichtlich der Gnadengaben Jahwes feststellen: Er gewährt Leben, er bestraft mit dem Tod (vgl. die Paradies- oder Sintflutgeschichte). Exemplarisch für dieses Verhältnis der Über- bzw. Unterordnung zwischen Jahwe und Mensch ist die biblisch tradierte Fassung der Hiob-Legende. Der allmächtige Schöpfer kann mit seinem Geschöpf tun, was er will. Ein leiser Protest des Abhängigen wird gnadenlos im triumphalistischen Hinweis auf eigene Leistung erstickt:»Wo warst du, als ich die Erde gegründet? Sag es denn, wenn du Bescheid weißt!« (Hiob 38, 4).»Bist du zu den Quellen des Meeres gekommen, hast du des Urgrunds Tiefe durchwandert? Haben dir sich die Tore des Todes geöffnet, hast du der Finsternis Tore geschaut?« (Hiob 28, 16 f.).

Vor dieser Übermacht bleibt nur die erzwungene Erkenntnis des Unterworfenen:»So habe ich denn im Unverstand geredet über Dinge, die zu wunderbar für mich und unbegreiflich sind« (Hiob 42, 3). Im Angesicht der erdrückenden Übermacht Jahwes scheint nur Unterwerfung und Anerkennung seiner Herrschaft möglich: »Darum widerrufe ich und atme auf – in Staub und Asche« (Hiob 42, 6). Als Belohnung dafür gewährt dann Jahwe dem Hiob »in Gnade« vielfach all das, was er ihm zuvor infolge seiner Wette mit Satan genommen hatte.

Das Alte Testament vermittelt in großen Teilen aber ein anderes Gottes- und Menschenbild. Gerade die Psalmen, so unterschiedlich sie in ihrer Entstehungsgeschichte und religiösen Aussage auch sind, sprechen vielfach die Grunderfahrung des bedingungslosen und letztlich unverdienten Beschenktwerdens aus. Die ganze Welt kann als Schöpfung verstanden werden, als eine nicht menschlich produzierbare gute Vor-Gabe für den Menschen (vgl. Kapitel »Schöpfung«). Ihr gegenüber ist der Mensch voll Freude, Bewunderung und Dankbarkeit. Mit dem Begriff »Bund mit Jahwe« oder mit der Rede von der »Treue Jahwes« artikuliert der Mensch seine Hoffnung, dass für ihn und seine Gemeinschaft diese »Quelle des Lebens« auch weiterhin sprudeln möge (vgl. z. B. Ps. 111). Die Erfahrung des Unverdienten, nicht Leistbaren, des Beschenktwerdens trägt dann auch in Zeiten individueller oder kollektiver Not: »Du bist mein Gott. Sei mir gnädig, o Herr! Den ganzen Tag rufe ich zu dir« (Ps. 86, 3). Bereits erfahrenes Heil verbindet sich mit der Hoffnung auch auf zukünftige Befreiung: »Am Tag meiner Not rufe ich zu dir, denn du wirst mich erhören« (Ps. 86, 7). So kann der Lobpreis zu einer Danksagung für ungeschuldetes Glück werden: »Du aber, Herr, bist ein barmherziger und gnädiger Gott, du bist langmütig und reich an Huld und Treue« (Ps. 86, 15). »Gnade«, »gnädig« umschreibt dabei nicht eine göttliche Eigenschaft neben anderen, »Gnade« wird vielmehr zur Wesensaussage für Jahwe. Im Gottesnamen verdichtet sich die menschliche Erfahrung des grundlosen Beschenktwerdens und der bedingungslosen Annahme.

Kein Autor des Neuen Testaments verwendet das Wort Gnade (griechisch: »charis«) häufiger als Paulus. Von den über 150 Belegstellen finden sich allein bei ihm über 100. Mit großer Wahrscheinlichkeit liegt in der Biografie des Paulus, das heißt im Scheitern seines früheren Lebens als gesetzesorientierter und werkfixierter Pharisäer, die Ursache für die spätere starke Betonung von Freiheit und Gnade. Eine vorschnelle Identifizierung von »Gesetz« mit »Pharisäer« oder »Judentum« sollte dabei allerdings vermieden werden. Gesetzesfixierung gibt es in vielen anderen Religionen, nicht zuletzt auch im Christentum. Umgekehrt ließen sich innerhalb des Judentums zahlreiche theologische Ansätze aufzeigen, die unabhängig von Gesetz und Norm Heilswege des Menschen beschreiben.

Ausgangspunkt der paulinischen Gnadenlehre ist die auch heute nachvollziehbare Grunderfahrung des Menschen: Er lebt in einer gebrochenen Welt. Sein Leben, die inneren und äußeren Verhältnisse seines Daseins sind nicht so, wie sie sein könnten. Selbst Erfahrungen des Gelingens, des Glücks vollziehen sich in einem zeitlichen Rahmen, an dessen Ende der Tod steht. Diese Erfahrung betrifft den Menschen als »Kind Adams«, jeder kann sie aufgrund seines Menschseins nachvollziehen.

Mit der Identifizierung der Begriffe »Sünde« und »Gnade« mit Adam und Christus stellt Paulus zwei Lebensmodelle zur Diskussion, wie der Mensch mit seiner prinzipiellen und grundsätzlichen Gebrochenheit, mit seinem Leben »jenseits von Eden« umgehen kann. »Sünde« im Zusammenhang mit Adam als dem mythologischen Stammvater der Menschen meint mehr als einzelne Sünden, wie Paulus sie zum Beispiel in den sogenannten »Lasterkatalogen« aufzählt: Unzucht, Unsittlichkeit, Zauberei, Feindschaft, Eifersucht, Eigennutz, Abspaltung, Missgunst und viele mehr (vgl. Gal. 5, 19 ff.). »Sünde« meint hier vielmehr die grundsätzliche Abspaltung, Verschließung, Verweigerung gegenüber dem Geschenk der Gnade Gottes. Schildert die Bibel in der Geschichte vom Garten Eden »paradiesische« Zustände der Harmonie und Geborgenheit, der Leidlosigkeit und Zeitlosigkeit, so zeigt sie am Beispiel Adams, des Erdlings, wie dieses Paradies – und das heißt für den biblischen Menschen: die Gottesnähe – zerstört wird.

Dass gerade das Bild des Essens vom »Baum der Erkenntnis« diesen Bruch beschreibt, lässt sich bis heute durch Erfahrung nachvollziehen. Bereits im Kindesalter werden durch erste Erkenntnisfortschritte Paradiese zerstört (vgl. z. B. die kindliche Unbefangenheit gegenüber der Welt, aber auch gegenüber Mythen und Märchen). Aber diese Entwicklung ist »adamitisch«, menschlich. Der »Sündenfall« beschreibt auch hier »prinzipielle« menschliche Grunderfahrungen und nicht ein einmaliges Ereignis »in principio«, im Anfang der Menschheitsgeschichte.

Das »Modell Adam« sucht diese Kontingenzerfahrung durch Werke des Gesetzes zu bewältigen: durch eigene Aktivität, Leistung und Planerfüllung. So wichtig diese zur Bewältigung instrumentell-technischer Probleme des Arbeitsalltags auch sind – gelingendes Leben, Heil ist damit nicht machbar. Auch religiöse Vollzüge an sich oder die Fixierung auf kirchliche Gebote und Normen können im Einzelfall den Teufelskreis von Leistungsdruck und Scheitern eher verstärken als beheben.

Das »Modell Christus« stellt dem die Gnade entgegen. Gerade dort, wo es um Letztes, Höchstes, mit einem Wort: um Transzendentes geht, hilft nur Gabe, Geschenk oder eben Gnade. Dass menschliches Leben gelingt, zwischenmenschliche Beziehungen glücken, ja selbst, dass die Gesundheit des Körpers und der Seele erhalten bleibt – dafür kann und muss man viel tun. Solch heilvolles Leben im Ganzen aber ist nicht machbar, nicht durch noch so große Aktivitäten instrumentell herstellbar. Dies ist die Grunderfahrung des Paulus. Das Gelingen des Lebensvollzuges kann vielmehr als Geschenk betrachtet und gedeutet werden, als ein gnadenhaftes und letztlich unverdientes Strömen der Quelle des Lebens. In der guten Tradition der monotheistischen Religionen gesagt: als Gabe Gottes.

Ein verobjektivierendes Denken, das nun aber mit »Gott« den Grund, die Ursache des Geschenkes bezeichnet, hat vom Baum analytischer Berechnung gegessen. Ein solches Denken ist von Beginn an zum Scheitern verurteilt. Denn die Frage, warum dem einen gegeben

wird und dem anderen nicht, ist weder kausal noch analytisch zu beantworten. Ein solches Fragen führt nicht selten zur Verzweiflung.

In Jesus Christus erkennt Paulus diese Alternative gegenüber
Selbstfixierung und Machbarkeitswahn des Menschen. Nicht zuletzt
dadurch, dass in dessen Leid und Tod die Folgen des gottvergessenen
Lebens der Menschen sichtbar wurden, wird er bei Paulus zum Geschenk Gottes an die Menschen. In ihm wird deutlich, wie sich Menschen bei ihrer Suche nach Heil verlieren können, indem sie eigene
Schuld anderen aufladen (vgl. Kapitel »Kreuz«). Gleichzeitig zeigt die
»Damaskus«-Erfahrung des Paulus, dass dieses Lebensmodell Jesu
und damit er selbst nicht »totzukriegen« ist, obwohl man ihn »aufs
Kreuz gelegt« hat. Für Paulus stellt sich die Alternative: einerseits das
hektische Leben aus selbstherrlicher Selbstvergewisserung oder andererseits die heilvolle und gnadenhafte Erfahrung des Beschenktwerdens, des Zulassen-Könnens. Er selbst bezeugt in seinem weiteren Leben und Werk, welchen Weg er selbst aus dem Leben im
Glauben erfahren hat. Glauben wird dabei auch von ihm verstanden
als Nachvollzug des für den Christen in Jesus Christus unüberbietbar
sichtbar gewordenen Lebens ganz aus Gnade.

Modelle der Theologiegeschichte

Die in den biblischen Texten verschrifteten Erfahrungen der Christen
der ersten und zweiten Generation mit und nach Jesus Christus mussten in späteren Zeiten immer wieder in Beziehung zu den Menschen
in ihren jeweiligen geschichtlichen Kontexten gebracht werden. Mit
Recht betonte die katholische Kirche, dass neben den biblischen
Schriften stets auch deren permanente Verlebendigung und Interpretation im Rahmen christlicher Tradition ein zweiter wesentlicher
Grundpfeiler des Glaubens ist. Bezüglich des Grundwortes »Gnade«
seien nur wenige Stationen dieser Tradition benannt.

Mit dem gebildeten Briten Pelagius (ca. 350-418 n. Chr.) entsteht im
Christentum ein Modell christlichen Lebens und dessen theologi-

scher Deutung, das das positive Menschenbild der griechisch-römischen Antike mit den in der Bibel überlieferten Erfahrungen der Gebrochenheit des Menschen zu vermitteln suchte. Dass beide Deu-
tungskonzeptionen in sich selbst wiederum vielschichtig und nie mo-
nolithisch gesehen werden müssen, zeigt, wie sehr beide die Buntheit
und Vielfalt menschlichen Lebens spiegeln. Umso schwieriger ist der
Versuch einer Vermittlung zwischen beiden.

Trotz der nicht bestreitbaren Erfahrung des Menschen von seiner
Gebrochenheit und trotz der nicht geleugneten Tatsache menschlicher Verfehlung und Schuld gesteht Pelagius dem Menschen doch
zu, aufgrund seiner unabdingbar dazugehörende Willensfreiheit
grundsätzlich zwischen Gut und Böse unterscheiden und dement-
sprechend in Freiheit und Verantwortung handeln zu können. Die antike Wertschätzung des freien Willens verbunden mit der biblisch auf-
zeigbaren Gottesebenbildlichkeit kann nicht einer Charakterisierung
des Menschen zustimmen, die in diesem ein grundsätzlich und total
gefallenes Geschöpf sieht.

Dem Menschen stehen – so Pelagius, indem er ähnlich wie Paulus
argumentiert – in Adam und Jesus Christus zwei Lebensmodelle vor
Augen, zwischen denen er sich in Freiheit selbst entscheiden kann –
aber auch entscheiden muss. Die Gnade verhilft dabei zusätzlich zur
richtigen Entscheidung. Insofern ist bei Pelagius aus seiner theologischen Grundkonzeption heraus noch nicht von einer Schuld, die den
freien Willen grundsätzlich einschränkt, oder von einer Erbsündenlehre die Rede.

Als Pelagius im Jahr 410 von Rom kurzfristig nach Nordafrika reist,
stößt er auf andere anthropologische Konzeptionen, deren theologische Deutungen nicht ohne den damals einflussreichsten afrikani-
schen Theologen Augustinus (354-430 n. Chr.) und dessen eigene Lebenserfahrung verständlich werden.

Das positive und ungebrochene Menschenbild des Pelagius und
seiner inzwischen zahlreichen Anhänger wird auf der Synode von
Karthago 418 n. Chr. verurteilt. Er selbst wird durch Kaiser Honorius

in die Verbannung geschickt. Der Mensch ist nach Auffassung der Synodenteilnehmer durch den Sündenfall Adams grundsätzlich dermaßen im Zustand der Sünde, dass er selbst letztlich ohne die Gnade Gottes nichts zu seinem Heil beitragen kann. So heißt es zum Beispiel in Kanon 5 der Synode: »Ebenso haben wir beschlossen: Wer sagt, die Gnade der Rechtfertigung werde uns deshalb gewährt, damit wir das, was wir durch den freien Willen zu tun geheißen werden, durch Gnade leichter erfüllen können, so als ob wir, auch wenn die Gnade nicht gewährt würde, zwar nicht leicht, aber dennoch auch ohne sie die göttlichen Gebote erfüllen könnten, der sei mit dem Anathema belegt« (Denzinger/Hünermann 1991, Nr. 227).

Über das inhaltliche Problem der Notwendigkeit der Gnade für Heil und Erlösung hinaus zeigt diese Stelle aber auch ein weiteres häufiges und bis in die Gegenwart andauerndes Problem (vgl. Kapitel »Glauben«). Hatten wir es in biblischen Texten mit verschrifteter Glaubenspraxis und Glaubenserfahrung zu tun, so formuliert die junge Kirche an diesem Beispiel der Synode von Karthago ein Dekret, in dem Glaubensaussagen wie objektiv geltende und vom existenziellen Vollzug lösbare Statuten benannt werden. Charakteristischerweise werden diese Sätze dann nicht mehr mit »credo«, »ich glaube« eingeleitet, sondern mit »placuit«, »es wurde festgestellt und beschlossen«. Wer diesem Beschluss nicht folgt, wer also seine Lebenserfahrung nicht mit diesem Beschluss der Synode zur Deckung bringen kann, der wird per Dekret ausgeschlossen: Anathema!

Mit Augustinus steht die westliche Theologie an einer Wegkreuzung. Ohne ihn wäre die christliche Theologiegeschichte in vielen Fragestellungen wohl anders verlaufen. Wenn Theologie nicht einfach eine schulmäßige Weitergabe von Glaubenssätzen anstrebt, sondern je originale Deutungen tiefer menschlicher Erfahrung enthält, dann ist der Einfluss der persönlichen Lebensgeschichte eines Autors auf sein Werk nicht zu leugnen. So ist es bei Augustinus sicher die in Jugend und frühem Mannesalter gemachte Erfahrung, dass auch Ausschweifung und eine »Erlebnisgesellschaft« im Letzten nicht befriedigen können. Nicht alle Früchte des Konsums sind »a Deo datus«, von Gott gegeben, wie Augustinus seinen einzigen Sohn benannte. Aber auch die damaligen politischen Gefahren und Unsicherheiten der Völkerwanderung, des sprichwörtlichen Vandalismus machen ihn skeptisch gegenüber der Fähigkeit des Menschen, sein eigenes Leben und dessen gesellschaftliche Ordnung aufgrund eigener Anstrengung zu meistern. Er kann demzufolge das positive Menschenbild des Pelagius mit der starken Betonung der Willensfreiheit und Entscheidungsmöglichkeit nicht teilen. Der Mensch ist seit Adam für Augustinus wesenhaft Sünder, das »peccatum originale«, die Ursünde oder »Erbsünde«, ist konstitutiv für alle Menschen.

Worin besteht für Augustinus diese folgenschwere Sünde Adams? Zentral in der Selbstfixierung des Menschen! Kreist der Mensch in seinen Affekten und Begierden, aber auch in seinem intellektuellen Bestreben ständig um sich selbst, so zeigt sich darin seine prinzipielle Gott-losigkeit. Selbst Gnade – verstanden im Sinne des Pelagius als gutes Vorbild oder Hilfe zur Selbsthilfe – reicht hier nicht aus. Wie durch einen neuen Schöpfungsakt muss diese Selbstverschlossenheit des Menschen vielmehr von außen aufgebrochen werden. Sogar der gute Wille bedarf – wie es die mittelalterliche Scholastik später sagen wird – der »gratia praeveniens«, der zuvorkommenden Gnade. Ein zutiefst in seinen Beziehungen gestörter Mensch wird sogar ein gut gemeintes Geschenk nicht ohne Weiteres als Ausdruck neuer zwischenmenschlicher Kontaktaufnahme annehmen können. Er muss erst die »Gnade« erfahren lernen, sich überhaupt beschenken lassen zu können.

Wenn diese theologische Aussage des Augustinus und das ihr zugrunde liegende Menschenbild nicht nur theologisches Gerede sein sollen, sondern wenn sie sowohl individuelle wie auch kollektive Erfahrungen ausdrückten, dann muss seine Soteriologie, diese Lehre vom gelingenden Leben, sich auch in die heutige Welt übersetzen lassen.

Das Beispiel vom Umgang mit Kindern, denen auf vielfache Weise Gewalt angetan wurde, kann dies verdeutlichen. Ein gut gemeintes Wort, eine lieb gemeinte Umarmung vertieft hier häufig nur die innere und äußere Erstarrung. Eine Öffnung und die Annahme der Geste böten in den Augen der vielfältig missbrauchten Kinder die Gefahr neuer Verletzungen. Da zwischenmenschliche Brücken in der Erfahrung dieser Kinder abgerissen wurden, birgt der sonst gewohnte Umgang für sie eine Lebens-Gefahr. Auch sie müssen gleichsam erst zur Annahme der angebotenen Liebe befreit werden. Geschieht dann aber nach einem oft mühevollen Lernprozess neue befreiende Begegnung statt »Vergegnung«, wie der jüdische Religionsphilosoph Martin Buber das Scheitern der Ehe seiner Eltern beschrieb, dann kann dieses heilvolle Geschehen als Geschenk, als Auftauen nach Vereisung, als Neuschöpfung oder eben auch als Gnade beschrieben werden.

Die Grunderfahrung des Pelagius von der Würde und Freiheit des Menschen und die tiefe Einsicht des Augustinus in die grundsätzliche Gebrochenheit des Menschen sind nicht nach den Gesetzen der Logik zu harmonisieren. Eine dogmatische Fixierung etwa im Sinne der Beantwortung der Frage »Wer von beiden hat recht?« verobjektiviert die menschliche Lebenswirklichkeit zu einer eindimensionalen Geschlossenheit.

Dass in beiden Ansätzen Grundfragen nach gelingendem, heilsamem und gnadenvollem Leben gestellt wurden, zeigt sich auch darin, dass beide Modelle der Deutung in Variation immer wieder in der Theologiegeschichte auftauchen (vgl. Pauly 2008). Auch am Beispiel »Gnade« könnte sich Theologiegeschichte als eine wertvolle Deutung der Menschheitsgeschichte erweisen, indem sie nicht harmonisierbare Lebenserfahrungen aufzeigt, die auch nicht rein kognitiv zu vermitteln sind. Dass diese fruchtbare Spannung oft nicht aufrechterhalten wurde, zeigen immer wieder Beispiele vereinheitlichenden und dadurch verobjektivierenden Denkens in der gesamten Theologie- und Kirchengeschichte. Exemplarisch dafür ist die Diskussion über die Gnade in der Reformationszeit.

Martin Luther (1483-1546) kennt, was er kritisiert. Fest verwurzelt in seiner römisch-katholischen Mutterkirche, erlebt er die Verdinglichung und Verrechtlichung von Lebenswegen. Die Auflistung aller möglichen und unmöglichen Fehler eines Menschen einschließlich der dazugehörenden hochkomplizierten und differenzierten Buß- und Ablasspraxis lässt ihn an seinen Fähigkeiten zweifeln, das notwendige Soll zur Erlangung des Heils zu erreichen. »Wie bekomme ich einen gnädigen Gott?«, stöhnt er unter dem Druck des ihm minutiös auferlegten Schuldbewusstseins.

Nicht zufällig ist es gerade seine Lektüre der Paulusbriefe, die ihn zu einem inneren Paradigmenwechsel führt. Exemplarisch nachlesbar ist dieser Wandel seines inneren Koordinatensystems im seinem Kommentar zum paulinischen Römerbrief von 1515/16. Gerade die Anerkennung der fundamentalen Gebrochenheit des Menschen führt ihn zu der Einsicht: Der Mensch selbst kann die Balance seines Lebens nicht mit noch so vielen Werken der Buße, Genugtuung und der Barmherzigkeit, schon gar nicht durch eine äußere materielle Ablasspraxis herstellen. Sein Leben ist so aus dem Gleichgewicht gegenüber seiner Energiequelle, mit anderen Worten: gegenüber Gott geraten, dass Rettung nur von außen kommen kann. Gerecht gesprochen, ins Lot gebracht wird der Mensch nur durch Gott selbst. Für Luther ist dies nicht eine rein hypothetische Form der Rettung des Menschen. Nach seiner Überzeugung hat Gott bereits dieses Heilswerk durch seine Menschwerdung in Jesus Christus unüberbietbar in Gang gesetzt. Die Rechtfertigung wird durch dieses Geschehen in Gnade dem Menschen geschenkt. Luther übersetzt ab jetzt durchgängig das lateinische Wort »gratia« mit »Gnade« und nicht mehr wie bisher mit »Huld«. »Sola gratia« – dieses letztlich unverdiente Gnadenangebot befreit den Menschen aus dem Zwang, sein Heil selbst leisten zu müssen. Nicht Eigenverdienst oder Werkgerechtigkeit, sondern letztlich nur die in Jesus Christus anschaubar gewordene, sich verströmende Liebe macht den Menschen heil. Weder Heilsvermittlungsinstanz noch formaler Glaubenssatz machen glücklich und lassen Leben gelingen, sondern die Nähe von Menschen lässt den Menschen Göttliches als Geschenk erfahren – auch dies anschaubar in der jesuanischen Praxis.

Das als Gnade erfahrene geschenkte Leben bedeutet nun aber – nach Luther – gerade nicht ein folgenloses Weiterleben. Die Erfahrung des Beschenktwerdens, die Erfahrung, dass trotz vielfach notwendiger Werke »Heil« nicht zu »machen« ist, führt zu einer Haltung der »sola fides«: ein Leben ganz im Glauben, ein Sich-Öffnen für die tagtäglichen Geschenke des Lebens, die uns als Sünder letztlich unverdient erreichen. Auch hier ist »Sünde« weit davon entfernt, ein rein moralischer Begriff zu sein. Sie meint vielmehr eine Grundbeschaffenheit des Menschen, seine grundsätzliche Angewiesenheit auf das, was er selbst nicht leisten kann. Dass infolge dieses Beschenktwerdens der Einzelne vor Glück und Heil gleichsam überfließt, dass es ihm wie selbstverständlich wichtig wird, erfahrene Gnade auch anderen mitzuteilen, bedeutet: Die nun folgenden Taten der Liebe geschehen nicht als Mittel zum Zweck der eigenen Erlösung, sie sind insofern keine »Werke« des Heils. Sie entsprechen vielmehr der tiefen anthropologischen Erkenntnis, dass man sein Glück nicht fassen, es nicht für sich behalten oder individualistisch genießen kann. Gerade das Überfließen, das Mit-Teilen wird vielmehr zum Wesenselement des Glückes selbst.

Die Reaktion von Luthers Mutterkirche wird in ihrer Vielschichtigkeit bis heute bewertet mit den sehr unterschiedlichen Epochenbezeichnungen »Gegenreformation« oder »katholische Reform«. Das Konzil von Trient (1545-1563) nimmt sich endlich des Problem- und Fragenberges an, der sich über Jahrhunderte aufgetürmt hatte. Seine Entscheidungen gehen weit über einzelne Anfragen und Kritiken der Reformatoren hinaus. Sie haben grundsätzlichen Charakter.

Bezüglich der Gnadenlehre des Konzils, der Soteriologie, der Lehre, wie menschliches Leben gelingen kann, sucht Trient durchaus, in Aufnahme von Luthers Anliegen den eigenen Ansatz zu differenzieren. Bei aller Anerkennung menschlicher Schuldverstrickung, die mythologisch beschrieben wird in der Geschichte vom Sündenfall Adams, betont das Konzil aber doch: »Gleichwohl war in ihnen der freie Wille keineswegs ausgelöscht worden, auch wenn er in seinen Kräften geschwächt und gebeugt war« (Denzinger/Hünermann 1991, Nr. 1521). Die Initiative Gottes möchte den Menschen nicht zur Tatenlosigkeit verurteilen. Ein derart erweiterter Gnadenbegriff erweist sich jenseits von sprachlichem Formalismus von Menschenkenntnis und psychologischem Einfühlungsvermögen geprägt. Diese Rechtfertigung muss nämlich »bei Erwachsenen ihren Anfang von Gottes zuvorkommender Gnade durch Christus Jesus nehmen«. Daraus folgt für die Argumentation des Konzils: »Wenn also Gott durch die Erleuchtung des Heiligen Geistes das Herz des Menschen berührt, tut der Mensch selbst, wenn er diese Einhauchung aufnimmt, weder überhaupt nichts – er könnte sie ja auch verschmähen –, noch kann er sich andererseits ohne die Gnade Gottes durch seinen freien Willen auf die Gerechtigkeit vor ihm zu bewegen« (Denzinger/ Hünermann 1991, Nr. 1525). Die grundsätzliche Hilfs- und Gnadenbedürftigkeit des Menschen wird damit auf dem Konzil verbunden mit der Stärkung zur eigenen Tat und kann als Hilfe zur Selbsthilfe gedeutet werden.

Wie Luther argumentiert auch Trient christologisch, denn Ort und Medium der Gnadengabe ist Gottes Menschwerdung in Jesus Christus. Der Mensch als Kind Adams muss den Geburtsvorgang gleichsam positiv neu nachvollziehen. Er muss in ein besseres, heilsames Leben neu hineingeboren werden. Die Menschen würden »nie gerechtfertigt, wenn sie nicht in Christus wiedergeboren würden; denn durch diese Wiedergeburt wird ihnen in der Kraft des Verdienstes seines Leidens die Gnade geschenkt, durch die sie gerecht werden« (Denzinger/Hünermann 1991, Nr. 1523). Durch diese theologische Deutung verlagert sich allerdings das Problem der »Genugtuung« von der Seite des Menschen auf die Seite Jesu Christi und seines als Sühneopfer interpretierten Todes. Somit wird das Bild eines Gottes vermittelt, der erst durch die Darbringung eines der Schuld der

Menschen adäquaten Opfers versöhnt werden muss (vgl. Kapitel. »Kreuz«). Trotzdem wird auch in Trient der Mensch sowohl in seiner Gebrochenheit als auch in seiner grundsätzlichen Würde und Gottebenbildlichkeit ernst genommen. Ähnlich wie Luther beschreibt das Konzil hier eine zentrale anthropologische Wahrheit: der Mensch als ein Wesen, das zugleich gerecht und doch voller Schuld ist.

Der bei Luther anzutreffenden starken Betonung der individuellen Grundbefindlichkeit des Menschen stellt die katholische Kirche in Trient verstärkt dessen Sozialdimension heraus. Gnade, Rechtfertigung und Heil sind keine rein ichbezogenen Erfahrungen. Gerade das Pochen auf individualistisches Glück zeigt den Menschen als Kind Adams, als Träger einer Erbschuld, von der er nur durch gute Gemeinschaftserfahrung befreit werden kann. Hier liegt die Funktion der Kirche als Glaubensgemeinschaft und Ort gemeinsamer Gnadenerfahrung. Insofern verbinden sich zum Beispiel im Sakrament der Taufe mit Recht die beiden Aspekte der Initiation, das heißt der Neuschöpfung im Schoße der Gemeinschaft, und der Aspekt der Schuldvergebung. Kirche wird verstanden als »communio sanctorum«, als Gemeinschaft heilserfahrener Menschen. Sie kann so als Ort gnädiger, bedingungsloser Annahme des Menschen gelebt und gedeutet werden.

Zu bedauern ist, dass das Konzil von Trient trotz dieser guten Ansätze seine Heilslehre mit »Kanones über die Rechtfertigung« beschließt (vgl. Denzinger/Hünermann 1991, Nr. 1551-1583). Diese vermitteln wieder den Eindruck, als könne man per Dekret über Gnade verfügen. Statt heilsamer Öffnung stehen hier Abwehr und Trennung: »Wer sagt …, sei ausgeschlossen.« Die Zahl der Kanones beträgt 33. Diese symbolträchtige Zahl – in der Legende verwendet für die heil- und gnadenhaften Lebensjahre Jesu von Nazareth – wird so zur Zahl des Anathemas, des Ausschlusses und der Verbannung.

Wie heute von Gnade reden?

In der Gegenwart beschreibt Otto Hermann Pesch die Gnade wie folgt:»Gnade ist die unverdiente, unerwartete, unbegreifliche Zuwendung der Liebe Gottes zum Menschen, die diesen zum Heil in der Lebensgemeinschaft mit Gott führt, indem sie den Widerstand gegen Gott als Gefangenschaft des Menschen bei sich selbst aufdeckt und befreiend überwindet« (Pesch 1984,, S. 112).

In dieser Definition spiegelt sich die Argumentation von Paulus über Pelagius bis Augustinus, aber auch der reformatorische Aufbruch Luthers und die darauf erfolgte katholische Reaktion. Wenn diese Definition keine Leerformel sein soll, die man einfach auswendig lernt und akzeptieren muss, dann muss sie auf die in ihr enthaltene Lebenserfahrung befragt werden. Nur wenn ihr Erfahrungspotenzial geborgen werden kann, wird sie sich auch im heutigen Leben bewahrheiten können. Im Kontext der Soteriologie, der Heilslehre, gefragt: Was macht letztlich glücklich? Was trägt den Menschen letztlich in Freud und Leid? Wie kann glückliches menschliches Leben in Kommunikation mit anderen gelingen? (vgl. auch Boff 1978). Fragen wir einen Theologen, einen Schriftsteller und eine Sängerin. Denn die hier begegnenden heil- und gnadenlosen Situationen von Menschen öffnen dabei wie eine Negativfolie zugleich den Blick für Befreiung und Erlösung.

Wie kaum ein anderer Theologe der Gegenwart beschreibt Eugen Drewermann vor dem Hintergrund psychoanalytischer Erkenntnisse die Ursünde des Menschen. Weder Ungehorsam gegenüber einem fremdbestimmten Gottesbild noch egoistischer Stolz werden als Grund menschlicher Verfehlung beschrieben, sondern die Angst in all ihren Nuancen und Schweregraden:»Die Neurose ist … in ihrer Tragik und Hilflosigkeit, in ihrer Ausgeliefertheit und Unfreiheit das eigentliche empirische Modell eines seelischen Zustandes, in dem der Mensch gerade bei dem Bemühen, sein Leben zu gewinnen, es am Ende vollkommen verliert. Wenn die Sünde vor allem im Erbe der paulinischen Theologie immer wieder als ein vergeblicher Selbstrettungsversuch beschrieben wurde, so kann man wohl am besten an dem überanstrengten Scheitern eines solchen neurotischen Lebensaufbaus ersehen, was es empirisch bedeutet, von Grund auf in einer Welt der Gnadenlosigkeit und der Angst existieren zu müssen« (Drewermannn 1985, S. 150). Gerade Unsicherheit und Angst suchen Sicherheit in von außen vorgegebenen Strukturen, Werten und Handlungsmustern. Unterschiedliche Handlungsmöglichkeiten, Freiheit oder alternative Deutungsangebote verstärken nur die diesem Lebensentwurf zugrunde liegende grundsätzliche Verzweiflung: »Was in der Tiefenpsychologie als Zwangsneurose bezeichnet wird, stellt sich in der Daseinsanalyse als Verzweiflung der Notwendigkeit dar: Der Zwangsneurotiker vermeidet aus Angst den gesamten Bereich des Möglichen; er flüchtet sich in die Notwendigkeit und opfert damit seine Freiheit dem vermeintlich ehernen Gesetz des ›Man muss‹« (Drewermann 1985, S. 151). Bereits in seiner ersten großen theologisch-psychologischen Arbeit definierte Drewermann die Angst als das »Missverhältnis zwischen den primären existentiellen Lebensbedürfnissen und dem inneren und äußeren Milieu« (Drewermann 1978, Bd. 2, S. 153). Nur zu oft werden Grunddimensionen des menschlichen Lebens wie Kreativität, Spontaneität und Fantasie durch gesellschaftliche Normen und Vorgaben eingeschränkt und ein Abweichen sanktioniert. Werden diese von außen vorgegebenen fixen Formen weiterhin verinnerlicht und stabilisiert zur Abwehr von – angstbesetztem – Neuem, dann folgen daraus nicht nur vereinzelte neurotische Handlungen. Vielmehr wird dann die gesamte Daseinsverfassung eines Menschen zwangsneurotisch bestimmt. Eine daraus ausbrechende Handlung würde die gesamte ängstlich gehütete und abgeschirmte Lebensverfassung ins Wanken bringen. Eine solche Situation ist grundsätzlich heil- und gnadenlos. Dieser »Gefrierzustand der Angst« (Drewermann 1985, S. 150) zeigt die fatale, vom Neurotiker selbst nicht mehr lösbare Lage, nicht nur Angst zu haben, weil man schuldig geworden sei, sondern aus dieser Angst heraus ständig neue schuldhafte Taten oder Unterlassungen auf sich zu laden: »Wenn das gesamte Dasein des Menschen nur noch aus Angst besteht, verwandeln sich alle Strukturen seiner kreatürlichen Existenz von Segen in Fluch, von Heil in Unheil, von Glück in Unglück – das Paradies der Welt verwandelt sich in das Elend der verbannten Kinder Evas, in die Welt unserer irdischen Geschichte, wenn Menschen aus Angst Gott aus den Augen verlieren und am Ende nur noch in Angst zu leben verurteilt sind« (Drewermann 1988, S. 51). Eine solche individuelle Verfassung wird dann dadurch zur »Erbsünde«, dass sie unter Umständen das gesamte Umfeld des Neurotikers in eine menschliche Wüste »jenseits von Eden« zieht. Mögen einzelne Taten, Worte und Gesten noch so gut gemeint sein, sie geraten in den Strudel dieses grundsätzlichen gnadenlosen Verhängnisses.

Zahlreiche Fallbeispiele aus der Psychopathologie könnten benannt werden. So stellt sich beispielsweise das Borderline-Syndrom dar als panische Angst vor einer Überforderung, die sich der Betroffene von außen aufoktroyieren lässt und die er dann innerlich fixiert. Dies mit gravierenden Folgen, sogar bis hin zur körperlichen Selbstverletzung. Auch die Literatur bietet von »Michael Kohlhaas« (Heinrich von Kleist) bis »Othello« (Shakespeare) vielfältige Beispiele solch heil- und gnadenloser Selbstfixierung.

Besonders anschaulich ist dies beschrieben in der Person der Brigitte Pian in dem Roman »Die Pharisäerin« des französischen Nobelpreisträgers François Mauriac (Mauriac 1968). Diese übernimmt nach ihrer Heirat mit einem verwitweten Vater Verantwortung für ihn und dessen zwei Kinder. Eine rigorose Moralvorstellung verbindet sich dabei mit den Elementen von Macht und Kontrolle. Sie selbst wollte in ihrer Jugend ein Leben im Kloster – aber: »Wenn sie dort gewesen wäre, hätte sie es geleitet und die gesamte Gemeinschaft in Angst gehalten« (Mauriac 1968, S. 123). Ihr großes unübersehbares Sozialengagement gilt Kranken und Kindern. Der Umgang mit Menschen als gleichberechtigten Partnern ruft hingegen Angst in ihr hervor: »Es war ihr ein ständiger Triumph, andere ganz in ihrer Abhängigkeit zu wissen« (Mauriac 1968, S. 119). Für diese übernimmt sie ungefragt Verantwortung, wobei sich die selbst aufgelegte Überforderung in der ständigen »Angst wegen aller jener ..., über die ich Rechenschaft ablegen muß«, zeigt (Mauriac 1968, S. 138). Die Ambivalenz von Unterwerfung und dem ständigen Gefühl der eigenen Überforderung prägt Brigitte Pian: »Wenn meine Stiefmutter ein Wesen in den Abgrund der Niedergeschlagenheit gestürzt hatte, fand sie Gefallen daran, es sogleich durch eine Gnade, die sie nichts kostete, daraus zu erlösen« (Mauriac 1968, S. 27). Gewährung von Gnade stabilisiert hier gerade die menschlichen Schieflage von Beherrschung und Befreiungsversuch: Die Stiefmutter »kam dahin, ihn anzuklagen, daß er sich der Gnade entzöge, das heißt: ihrer Leitung« (Mauriac 1968, S. 51). Ihre eigene Unzufriedenheit prägt sich dem Bild von ihren Mitmenschen auf: »Sie mußte um elf Uhr den Kindern Kommunionunterricht erteilen, und nach ihrer Aussage waren alle tückisch und dumm und unfähig, etwas zu begreifen« (Mauriac 1968, S. 90). Zorn, Intrige und Verleumdung sind dann ihre Reaktionen, »wenn man ihren Anordnungen zu trotzen und sich dem zu entziehen wagte, was sie beschlossen und vorgeschrieben hatte« (Mauriac 1968, S. 173).

Die Tragik und Hilflosigkeit dieser Form verfehlten Lebens besteht gerade darin, dass auf dem einmal beschrittenen Lebensweg und dessen Orientierungspunkten gerade das verfehlt wird, was Brigitte zutiefst sucht: Anerkennung, ohne sich diese erarbeiten zu müssen, bedingungslose Liebe, grundlose Annahme: »So rühmte sich diese kalte Seele ihrer Kälte, ohne zu überlegen, daß sie in keinem Augenblick, auch nicht in den Anfängen der Suche nach dem vollkommenen Leben, etwas empfunden hatte, was der Liebe glich« (Mauriac 1968, S. 126). Insofern gehört sie » zu den Personen, die Gott erwählen. Gott aber erwählt vielleicht nicht sie« (Mauriac 1968, S. 64). Von einer göttlich zu nennenden befreienden Liebe ist sie »weit entfernt und noch viele andere mußten durch Schuld leiden, ehe diese Frau die Offenbarung der Liebe fand, der sie zu dienen glaubte und die sie doch nicht erfasste« (Mauriac 1968, S. 69). Aus eigener Kraft und Leistung ist kein Entkommen aus der Gefangenschaft dieses lebenslangen Teufelskreises.

Rettung kommt nur von außen, hier in dem gnadenhaften Geschenk der Begegnung Brigittes mit ihrem alten Arzt. Ihr »Damaskus«-Erlebnis ändert alle bisherigen Lebens- und Bewertungskategorien: »Für Brigitte Pian hatte sich das Interesse am Leben verschoben. Das Gewebe falscher Vollkommenheit, an dem sie nicht mehr arbeitete, ließ ihr nun die Muße, die anderen zu beobachten, dem seltsamen Spiel zuzuschauen, das sie spielen, das man Liebe nennt und das sie mit Abscheu so viele Jahre gemieden hatte, ohne zu versuchen, in das Mysterium einzudringen, das dieses Wort umschloß« (Mauriac 1968, S. 179). Und so schließt Mauriacs von tiefer Menschenkenntnis geprägter Roman mit der gnadenhaft geschenkten Erkenntnis: »Sie wußte nun, daß es nicht um Verdienste geht, sondern allein um die Liebe« (Mauriac 1968, S. 190).

Brigitte Pian ist Opfer und Täterin zugleich. Die Genese ihrer Psychopathologie ist auch Resultat des ihr vermittelten religiösen Weltbildes. Verallgemeinert gesagt: Eine Kirche, die wirklich der Befreiung, dem Heil der Menschen dient, kann nicht ein nach weltlichen Kriterien konstituiertes Organ mit nach Paragrafen geregelten Glaubenssätzen und einer von außen normierten Lebenspraxis darstellen. Kirche allerdings verstanden als »communio sanctorum et peccatorum«, als Gemeinschaft von Heiligen und Sündern, vermag zwar gerade nicht »Gnade« zu schaffen oder deren Wirkung zu reglementieren. Sie kann aber den Raum darstellen, in dem sich Menschen in Offenheit und Anteilnahme voll Liebe begegnen. Die Erfahrung des Zusammenseins mit begnadeten Frauen und Männern lässt auch Probleme und Fragestellungen im Spannungsverhältnis von Gnade und institutionalisiertem Amt in der Kirche in den Hintergrund treten. Gnade ist nicht durch eine Institution als solche gewährleistet. Erst in der vorurteils-losen Annahme des Menschen durch den Menschen zeigt sich etwas, das das Prädikat »Neuschöpfung« verdient. Dies umso mehr, wenn eine solche Gemeinschaft als ganze und ihre einzelnen Mitglieder entsprechend der jesuanischen Botschaft die Vordergründigkeit und Belanglosigkeit weltlicher Bewertungskoordinaten mit ihren Angst machenden Folgen erleben können. In einer solchen Erfahrung kann sich dann die Aussage Jesu Christi bewahrheiten: »In der Welt habt ihr Angst – jedoch seid guten Mutes! Ich habe die Welt besiegt« (Joh. 16, 33).

Die argentinische Sängerin Mercedes Sosa beschreibt in ihrem populären Lied »Gracias a la Vida« – ähnlich wie die Texte des Alten und Neuen Testaments – das Leben des Menschen und seine unverdienten Gnadengaben als Geschenk. Die Sensibilität für die Vielfalt der Gaben verbindet sich dabei mit einem umfassenden Dank, den letztlich das ganze Leben bezeugt:

Mercedes Sosa: Gracias a la Vida

Dank sei dem Leben, das mir so viel gegeben.
Es gab mir zwei Augen, die, wenn ich sie öffne,
mich unterscheiden lassen zwischen Schwarz und Weiß
und die Sterne am hohen Himmelszelt
und in den Millionen – den Mann, den ich habe.
Dank sei dem Leben, das mir so viel gegeben.
Es gab mir das Gehör und das Alphabet
mit den Worten, die ich denke und erkläre.
Mutter, Freund, Bruder und Licht erhellt
den Weg der Seele dessen, den ich liebe.
Dank sei dem Leben, das mir so viel gegeben.
Es gab mir den Marsch von meinen ermüdeten Füßen,
mit denen ich durchstreife Städte und Tümpel,
Strände und verlassene Berge und Wälder,
und dein Haus, deine Straße und dein Patio.
Ich danke dem Leben, das mir so viel gegeben.
Es gab mir das Herz, das heftig schlägt,

wenn ich sehe den Nutzen der menschlichen Gedanken,
wenn ich sehe das Gute fern vom Bösen,
wenn ich sehe auf den Grund deiner klaren Augen.
Dank sei dem Leben, das mir so viel gegeben.
Es gab mir das Lachen, und es gab mir das Weinen.
So kann ich unterscheiden Glück und Leid –
dies sind die zwei Dinge, die meine Lieder formen,
dies ist mein Lied – und was das gleiche ist:
es ist auch euer, es ist unser aller Lied.
(Sosa 1983)

Literatur:

Boff, Leonardo: Erfahrung von Gnade. Entwurf einer Gnadenlehre, Düsseldorf 1978

Denzinger, Heinrich: Kompendium der Glaubensbekenntnisse und kirchlichen Lehrentscheidungen, Lateinisch-Deutsch, hg. von Peter Hünermann, Freiburg, 37. Aufl. 1991

Drewermann, Eugen: Strukturen des Bösen. Die jahwistische Urgeschichte in exegetischer, psychoanalytischer und philosophischer Sicht, 3 Bde., Paderborn u. a. 1978

Drewermann, Eugen: Sünde/Schuld, in: P. Eicher (Hg.): Neues Handbuch theologischer Grundbegriffe, Bd. 4, München 1985, S. 148-155

Drewermann, Eugen: An ihren Früchten sollt ihr sie erkennen, Olten 1988

Mauriac, François: Die Pharisäerin, Freiburg 1968 (französische Erstausgabe 1941)

Pauly, Wolfgang (Hg.): Geschichte der christlichen Theologie, Darmstadt 2008

Pesch, Otto Hermann: Frei sein aus Gnade. Theologische Anthropologie, Freiburg 1983

Pesch, Otto Hermann: Gnade, in: P. Eicher (Hg.): Neues Handbuch theologischer Grundbegriffe, Bd. 2, München 1984, S. 109-122

Sosa, Mercedes: Gracias a la Vida (Übersetzung durch Tropical Music), Dortmund 1983

Kirche

Kirche

Im Jahre 1876 dichtete der damals sehr bekannte Jesuit und Kirchen-
liedforscher Joseph Mohr sein noch heute in der Liturgie gesungenes
Lied: »Ein Haus voll Glorie schauet weit über alle Land, aus ewgem
Stein erbauet von Gottes Meisterhand.« Mitten im Kulturkampf Bis-
marcks in Deutschland und nach der Bildung des italienischen Natio-
nalstaates auch auf dem Gebiet des bisher großflächigen Kirchenstaates zeichnet Mohr ein Bild von der Kirche als Trutz- und Wehr-
burg in stürmischer Zeit: »Gar herrlich ist's bekränzet mit starker Tür-
me Wehr, und oben hoch erglänzet des Kreuzes Zeichen hehr ... Wohl
tobet um die Mauern der Sturm in wilder Wut, das Haus wird's über-
dauern, auf festem Grund es ruht ... Ob auch der Feind ihm dräue, an-
stürmt der Hölle Macht, des Heilands Lieb und Treue auf seinen Zin-
nen wacht.« Diese Burg bot Schutz vor innerer und äußerer Anfech-
tung. Es tat gut, in ihr zu leben und zu singen: »Gott, wir loben dich!
Gott, wir preisen dich! O laß im Hause dein uns all geborgen sein«
(Gesang- und Gebetbuch für das Bistum Trier 1955, Nr. 165).

Fast hundert Jahre später erfährt der Text eine aufschlussreiche
Neubearbeitung. Statt trotzigem Triumphalismus heißt es jetzt: »Seht
Gottes Zelt auf Erden! Verborgen ist er da; in menschlichen Gebärden
bleibt er den Menschen nah« (Gotteslob 1975, Nr. 639). Hans W. Marx
bleibt in seiner Umdichtung nicht bei äußeren Mauern und Strukturen stehen. Er verweist auf ein inneres Geschehen. Menschliche Gemeinschaft ist ihm Ort und Bedingung von Gottes Gegenwart. Das ist
wahre Kirche.

So zeigt die Entwicklung eines einzigen Kirchenliedes unterschiedliche Hoffnungen und Erwartungen an die Kirche, wobei sich bis heute manche Menschen eher mit dem ersten, andere wiederum eher mit
dem zweiten Bild identifizieren können.

Die Vielfalt von Kirchenbildern ist nicht neu. Sie ist bereits biblisch angelegt. Kirchenmodelle tragen die Signatur ihrer Zeit, sie sind geschichtlich und daher wandelbar. Sie sind Ausdruck der jeweiligen Erfahrungen, die Menschen in ihrer Zeit machen und die sie im Lichte der jesuanischen Botschaft deuten.

Biblische Orientierung

Beschreibt man Kirche als Glaubensgemeinschaft, dann drückt sich darin zunächst aus, dass Menschen in biblischer Zeit konkrete Glaubenserfahrungen mit Jesus von Nazareth machten: Es tut gut, mit ihm zusammen zu sein. Er befreit aus äußerer oder innerer Isolation. In der Begegnung mit ihm eröffnen sich neue Lebensperspektiven, vieles Tote im Einzelnen und einer Gruppe wird zu neuem Leben erweckt. Er macht sehend und hellhörig, im Zusammensein mit ihm wird der ihm begegnende Mensch heil und glücklich.

Auch nach dem Tod Jesu wird seine Person, sein Wort und Werk – somit er selbst – als lebendig und Leben spendend erfahren. Und dies will weitergesagt und weitergelebt werden. Das Neue Testament dokumentiert diese Heilserfahrungen in ihrer Vielfalt. Sie zeigen aber auch unterschiedliche Formen von Gemeinschaften, die in ihrem eigenen Leben und Wirken Jesus Christus lebendig sein lassen. Zwar ist mit ihm für die an ihn Glaubenden eine neue Ära angebrochen, aber die historische Zeit läuft ungebrochen weiter. Wie kann inmitten der Welt und der Zeit Gemeinschaft so strukturiert werden, dass diese heilende Erfahrung möglich ist?

Paulus: die Einheit des Leibes

Paulus liefert in seinen Briefen keine abstrakte Theorie über Strukturen der Glaubensgemeinschaften. Der persönliche Kontakt zu den von ihm gegründeten Gemeinden und die Erfahrung des Gelingens und Misslingens heilsamen Zusammenlebens lässt ihn erst nachträg-

lich grundsätzliche und allgemeine Strukturmerkmale formulieren.
So beschreibt es auch der Neutestamentler Thomas Söding: »Die Kir-
chen-Bilder des NT gewinnen in den Paulusbriefen besonders kräfti-
ge Farben. Das liegt nicht nur am Charisma des Apostels, der in einzigartiger Weise theologische Kompetenz mit pastoraler Sensibilität zu
verbinden verstand. Es liegt auch am Anlass wie am Charakter der
Schreiben. Die meisten Briefe hat Paulus verfasst, weil in den Gemeinden seines Missionsgebietes Probleme aufgetaucht sind, die seine Stellungnahme als Apostel erfordert haben. Deshalb spiegeln die
Episteln innergemeindliche Entwicklungen aus urchristlicher Zeit
viel direkter wider als beispielsweise die Evangelien. Vor allem aber
wird Paulus durch seine Gemeinden herausgefordert, nicht nur seine
Vorstellungen authentischen Christseins in der Gemeinde präzise zu
entwickeln, sondern auch die Ekklesia selbst zum Gegenstand theologischen Nachdenkens zu machen« (Söding 1997, S. 89 f.).

Die theologische Basis des paulinischen Gemeindebildes zeigt sich
bereits in der Anrede ihrer Mitglieder. Paulus nennt diese »Heilige«
(vgl. Röm. 1, 7; 2 Kor. 1, 1; Phil. 1, 1). Damit ist weder Hochmut noch
Überheblichkeit ausgedrückt, sondern seine Grundeinsicht: Wer sich
auf das alternative Lebensmodell Jesu Christi einlässt und sich von
ihm zu einem Lebensvollzug unter neuen Perspektiven und Kriterien
bewegen lässt, der hat bereits hier und heute ein Stück der Zweideutigkeit menschlichen Daseins überwunden. Er ist bereits jetzt heil, geheilt, ein Heiliger. Der Mensch hat sein früheres Leben beendet, ist
gleichsam neu auferstanden zu einem Leben mit ganz anderen Be-
wertungsmaßstäben: »Weil wir aber erkannt haben, dass der Mensch
nicht durch die Werke des Gesetzes gerecht wird, sondern durch den
Glauben an Jesus Christus, sind auch wir dazu gekommen, an Christus Jesus zu glauben, damit wir gerecht werden ...« (Gal. 2, 16). Die tiefe Einsicht des Paulus sagt, dass der Mensch nicht durch vorgegebene Strukturen oder durch vorgeschriebene Handlungen und Normen
heil wird. Gerade die Befreiung davon schafft erst Raum für neue, lebendige Begegnungen und Erfahrungen.

Dieser alternative Lebensvollzug in Gemeinschaft zeigt sich auch in alternativen Strukturen dieser »Gemeinschaft von Heiligen«. Im Kontext der antiken Klassengesellschaft mit unüberwindbaren Standesschranken betont Paulus als Kennzeichen christlicher Gemeinschaft die völlige und grundsätzliche Gleichheit aller Mitglieder: »Denn alle, die ihr in den Messias hineingetauft wurdet: Den Messias habt ihr angezogen. Da gibt es keinen Juden noch Griechen, da gibt es keinen Sklaven noch Freien, da gibt es kein Männliches und Weibliches. Denn alle seid ihr einer – im Messias Jesus« (Gal. 3, 27 f.).

Da alle Menschen an der Gebrochenheit, Zweideutigkeit und Begrenztheit des Lebens leiden, sind alle in diesem Sinne gleich heilsbedürftig. Sie sind alle abhängig davon, dass ihnen das geschenkt wird, was weder mit Geld noch mit Standesdünkeln erworben werden kann. Vielleicht ist sogar ein Armer für diese Botschaft empfangsbereiter als ein Reicher, wie es im Markusevangelium beschrieben wird: »Eher geht ein Kamel durch ein Nadelöhr als ein Reicher in den Himmel« (Mk. 10, 25). Auch gelten hier keine Rassen- oder Völkerschranken (Juden – Griechen). Die Perspektive des Völkerapostels Paulus wendet sich hier gegen jede Form von religiös verbrämtem Nationalismus. Aber auch die Privilegierung eines Geschlechtes ist in der »Gemeinschaft der Heiligen« ausgeschlossen. Inmitten der Zeit der Benachteiligung von Frauen zeigt die alternative Einsicht und Lebensform des Apostels: Männlich/Weiblich gelten nicht, wenn es um Letztes geht. Sie begründen weder Rangstufen noch Bewertungskriterien.

Diese starke Betonung der Gleichheit musste sich damals wie heute mit dem Vorwurf der Gleichmacherei auseinandersetzen. Paulus antwortet, indem er auf originelle Weise eine antike Parabel aufgreift. Bereits Seneca, der römische Philosoph und Berater des Kaisers Nero, erzählt die Geschichte vom Leib und seinen Gliedern. Alle sind wichtig und leisten ihren Teil zum Erhalt des Gesamtorganismus. Die Glieder untereinander aber sind nach Seneca letztlich hierarchisch geordnet. Der Kopf ist das entscheidende Zentralorgan, alle anderen tätigen die jeweils notwendigen Zulieferdienste. Seneca übernimmt dieses Bild vom Leib in seine Theorie vom guten Staat und dessen idealer Ordnung: Der Kaiser als Entscheidungsträger und unübersehbare Spitze ist symbolisiert im Kopf. Füße, Hände und Magen stehen jeweils für die dem Kaiser untergeordneten Berufsgruppen der Händler, Handwerker und Bauern.

Paulus verändert dieses überlieferte Bild grundlegend und nimmt es so als Parabel für eine christliche Gemeinde, die sich als Alternative gegenüber traditionellen Lebensordnungen versteht: »Denn genau wie der Leib eine Einheit ist und dabei viele Glieder hat, alle Glieder des Leibes aber – sind es ihrer auch viele – doch nur ein Leib sind, so auch der Messias. In dem einen Geiste wurden wir ja alle in den einen Leib hineingetauft, ob Juden oder Griechen, ob Sklaven oder Freie. Und so wurden wir alle mit dem einen Geist durchtränkt. Denn auch der Leib besteht ja nicht aus einem Glied, sondern aus vielen … auf dass kein Zwiespalt im Leibe sei, sondern die Glieder sich einhellig umeinander kümmern. Und: Wenn ein Glied leidet, dann leiden die Glieder alle mitsammen. Wenn ein Glied verherrlicht wird, freuen sich die Glieder mitsammen. Ihr alle aber seid der Leib des Messias und Glieder je zu eurem Teil« (1 Kor. 12, 12 ff.).

Erst durch Paulus wird diese Parabel zum Bild einer Gemeinschaft mit einer grundsätzlichen Gleichheit aller Beteiligten, die doch die Unterschiedenheit aller wahrt. Jeder kann und soll sich mit seinen Charismen, seinen unverwechselbaren Fähigkeiten, in diese Gemeinschaft einbringen. Dann entsteht gerade nicht ein Abbild der vorhandenen hierarchisch gegliederten weltlichen Ordnung, sondern eine neue, alternative Lebensform. Christus ist dann gerade nicht – analog dem Kaiser in der Deutung des Seneca – der Kopf des Leibes. Er ist vielmehr der gesamte harmonische Körper. Durch das gleichberechtigte Handeln aller Glieder in Unterschiedenheit werden »Messias«, »Heil«, »Himmel« ermöglicht. Für alle Mitglieder dieser Glaubensgemeinschaft werden diese Begriffe zu Ausdrücken für gelungenes und als Heil erfahrenes Leben: Ein solches Leben ist »himmlisch«

gut. Sind Unter- und Überordnung überwunden und kann der Mensch sich nach seinen Fähigkeiten und Möglichkeiten ungezwungen einbringen in den Gesamtorganismus, dann kann er und können andere »heil« werden. Es sind »paradiesische« Zustände inmitten der geschichtlichen Zeit. Inmitten von Zeit und Geschichte kann so die endgültige Ankunft, das An-Kommen des »Messias« erfahren werden. Von dieser Gemeinschaft kann Paulus sagen: »Ihr alle aber seid der Leib des Messias und Glieder je zu eurem Teil« (1 Kor. 12, 27).

Paulus konkretisiert später die Aufgaben der Glieder einer solchen Glaubensgemeinschaft: prophetisches Reden, Lehren, Textauslegern, Tröstern, Ermutigern und Betern – alles charismatische Fähigkeiten, die damals so notwendig sind wie heute (vgl. 1 Kor. 14).

Nicht Jude noch Grieche, nicht Herr noch Knecht, nicht Mann noch Frau sind als solche zu je einer besonderen Tätigkeit privilegiert. Erst in der Art und Weise ihres Tuns, in der Praxis selbst zeigt sich ihr jeweils unterschiedliches Charisma. Als einziges Kriterium allen Tuns aber gilt: das Wohl und der Aufbau der Gemeinde.

Matthäusevangelium: versöhnte Vielfalt

Das Matthäusevangelium gilt insbesondere als das »Evangelium der Kirche«. Bei der Zusammenstellung des Kanons neutestamentlicher Schriften stellten es die Redakteure bewusst vor das ältere Markusevangelium. Wie bei jedem Evangelientext ist auch hier der geschichtliche Kontext seiner Entstehung wichtig für das Verständnis seiner Aussagen. Die Trennung der jungen Christengemeinden von ihren jüdischen Muttergemeinden ist vollzogen. Schriftgelehrte und Synagogen der Letzteren sind nun die Lehrer und Lehrhäuser der Juden (vgl. Mt. 7, 29; 9, 35; 23, 34) und nicht mehr die eigenen. Nach der Zerstörung Jerusalems im Jahre 70 n. Chr. flüchteten viele aus dem Judentum stammende Christen in die bekannte Gelehrten- und Handelsstadt Antiochia in Syrien. Doppelt orientierungslos – getrennt von Heimat und Herkunftsreligion –, sucht die Gemeinde nach einem neuen Selbstverständnis. Die Aussagen zur Struktur und Aufgabe einer Glaubensgemeinschaft können auch hier nie abstrakt gesehen werden. Für menschliche Lebensfragen gibt es keine der Zeit gegenüber neutralen Antworten. Was also trägt das Kirchenbild des Matthäusevangeliums bei, diese Gemeinschaft als Heilsangebot, als Ort des Gelingens menschlichen Lebensvollzuges zu verstehen?

Kirche wird in der Flüchtlingsgemeinde in Antiochia als das »wahre Israel« verstanden. Die in den Schriften des sogenannten »Alten Testaments« ergangenen Vorhersagen und Prophezeiungen sind für die Matthäus-Gemeinde in Jesus Christus bereits in Erfüllung gegangen. Sie sieht in ihm den Gipfel jüdischer Geschichte und Religion – der schön komponierte Stammbaum Jesu von Abraham über David und das babylonische Exil bis hin zu Josef, »dem Mann Marias«, dokumentiert anschaulich dieses Verständnis (vgl. Mt. 1). Die Hervorhebung der zwölf Apostel geschieht auf der Folie der zwölf Stämme Israels. Ob dabei sowohl die Existenz der Stämme Israels als auch die Zahl der Apostel als historisches Faktum verstanden werden kann, ist in beiden Aspekten ein theologisches Problem bis heute.

Kirche als nachösterliche Lebensgemeinschaft wird hier als Idealmodell vorgestellt, in dem das erlebt und erfahren werden kann, was in und mit Jesus Christus vorgelebt wurde. Die Gemeinde von Antiochia ist dabei überzeugt, dass das, was sie selbst als heilsamen Lebensvollzug erkannt hat, über den konkreten historischen Rahmen hinaus auch ein Angebot für andere sein kann. Das Evangelium steht insofern in einem Rahmen der Universalität und Globalisierung: Wie mit den Magiern des Ostens (Mt. 2) gleichsam alle Welt zum neugeborenen Jesuskind kommt, so sendet der nachösterliche Christus seine Freunde in alle Welt zur Verkündigung des als heilsam Erfahrenen (Mt. 28).

Inhaltlich kann die Botschaft dieser Glaubensgemeinschaft beschrieben werden als »Umwertung aller Werte«. Nicht als Imitation vorhandener Beurteilungsmaßstäbe oder vorfindlicher sozialer Strukturen versteht sich hier die Kirche. Sie bietet vielmehr eine Alternative und trägt gerade dadurch zur Bereicherung und Steigerung sinnvollen Lebens bei. Exemplarisch formuliert das Evangelium diese Botschaft in der Geschichte von den beiden Zebedäussöhnen, die Matthäus von Markus aufnimmt (Mt. 20, 20-29; vgl. Mk. 10, 41 f.): Die Mutter dieser Söhne beansprucht die Übertragung weltlicher Ordnung in die Endzeit. Aus wohl verständlicher Mutterliebe möchte die Mutter ihre beiden Söhne auch im »Reich Gottes« zur Rechten und Linken Jesu sitzen sehen. Jesus plädiert allerdings für eine den weltlichen Gegebenheiten entgegengesetzte, eine »jenseitige« Ordnung: »Ihr wisst, die Anführer der Völker herrschen auf sie herunter, und ihre Großen lassen sie ihre Vollmacht spüren. Bei euch sei es nicht so. Sondern: Wer bei euch ein Großer sein will, sei euer Knecht, wie auch der Menschensohn nicht gekommen ist, um sich dienen zu lassen, sondern um zu dienen und sein Leben zu geben als Lösepreis für viele« (Mt. 20, 25-28).

Die Gemeinde des Matthäus zeigt sich gerade in diesem neuen Bewertungs- und Koordinatensystem als »wahres Israel«. Die sogenannte »Bergpredigt« kann dann als Ausführung dieses Programms gelesen werden: Arme werden beschenkt, Weinende getröstet, Verfolgte gerettet (vgl. Mt. 5). Besonders in der Lebenspraxis der exilierten Gemeinde in Antiochia zeigt sich die Befreiung von innerweltlichen Maßstäben und Fixierungen. Gerade dadurch aber hat sie auch Ausstrahlung nach außen: Sie wird zum Salz der Erde, zum Licht der Welt, zur Stadt auf dem Berg und zur Lampe auf dem Leuchter (vgl. Mt. 5, 13 ff.). Diese Aussagen und Bilder dienen rückwirkend aber auch als Kriterium zur Beurteilung dieser Glaubensgemeinschaft selbst – damals wie heute. Bietet sie wirklich alternative Lebens- und Deutungsmodelle, oder gerät sie zur Imitation alltäglicher Ordnungsstrukturen und Lebensmodelle? Ist der Rollentausch der Ersten mit den Letzten erfahrbar oder nur leeres Gerede?

Eine Sonderfrage innerhalb des Matthäusevangeliums stellt sich bezüglich der Stellung des Petrus in der Gemeinschaft der Glaubenden. Auf die jesuanische Frage, mit welchen Deutungen die Menschen den »Menschensohn« belegen (etwa der »Täufer«, »Elija«, »Jeremia« oder ein anderer Prophet), antwortet Simon Petrus stellvertretend: »Du bist der Messias, der Sohn Gottes, des Lebendigen« (Mt. 16, 16). Worauf Jesus antwortet: »Ich aber sage dir: Du bis Petrus, das heißt der Fels, und auf diesen Felsen will ich meine Kirche bauen. Und die Tore der Totenwelt werden sie nicht überwältigen. Ich werde dir die Schlüssel des Himmelreiches geben; was du auf Erden binden wirst, das wird auch im Himmel gebunden sein, und was du auf Erden lösen wirst, das wird auch im Himmel gelöst sein« (Mt. 16, 18 f.).

Thomas Söding bemerkt zu dieser Stelle: »Mt. 16, 18 f. kann aus sprachlichen wie inhaltlichen Gründen nicht als ein Wort gelten, das so vom irdischen Jesus gesprochen worden ist. Gewiss erinnern die Verse an die besondere Beziehung zwischen Jesus und Petrus, dem Erstberufenen (Mk. 1, 16-29) und Erstzeugen der Auferweckung (1 Kor. 15, 5). Auch die Verleihung des Namens ›Kephas‹ – das heißt: ›Petrus‹ – dürfte historisch sein. Doch Mt. 16, 18 f. ist eine aus nachösterlicher Perspektive formulierte ekklesiologische Grundsatzerklärung, die im Wissen um die überragende Bedeutung des Apostels in der Geschichte des Urchristentums (vgl. Joh. 21, 15-19) entstanden ist« (Söding 1997, S. 64).

Mit Petrus ist somit bei aller Wertschätzung dieses Jüngers nicht in erster Linie eine historische Person gemeint – in den paulinischen Gemeinden ist eine solche Hervorhebung eines Einzelnen völlig unbekannt. Petrus hat hier vielmehr exemplarische Bedeutung: Auf diesem Bekenntnis, auf diesem Lebens- und Glaubensmodell, auf dieser Glaubenskraft bei gleichzeitiger Glaubensschwäche bis hin zur Verleugnung soll nach Jesu Wunsch Kirche als Glaubensgemeinschaft aufgebaut werden.

Ähnliches gilt von der angesprochenen Binde- und Lösegewalt. Hier ist keine Ehe-Sakramententheologie angesprochen, sondern eine grundsätzliche Lebenserfahrung: Wenn menschliche Beziehungen auf Erden gelingen, gelten sie auch »im Himmel«. Oder umgekehrt: Wo auf Erden menschliche Beziehungen unversöhnt bleiben, menschliche Schuld nicht vergeben wird, kann diese Schuld auch »im Himmel« nicht gelöst werden. Die Ernsthaftigkeit menschlichen Handelns hat hier endzeitliche Dimensionen. Dass eine solche Binde- und Lösegewalt auch im Sinne des Matthäusevangeliums nicht ausschließlich dem Petrus vorbehalten ist, sondern letztlich alle Mitglieder einer Glaubensgemeinschaft betrifft, zeigt sich in der Parallele zwischen Mt. 16, 18 und Mt. 18, 18. Hier wird exakt das vorher dem Petrus Zugesprochene jetzt auf alle Gläubigen ausgeweitet: »Was immer ihr bindet auf Erden – gebunden wird es sein im Himmel. Und was immer ihr löst auf Erden – gelöst wird es sein im Himmel.«

Dass damit keine idealistische oder romantisch verklärte Sicht von Kirche als Vergebungsgemeinschaft gemeint ist, demonstriert die vor dieser Aussage angesprochene konkrete Verfahrensordnung für Streitfälle innerhalb der Gemeinde: »Wenn dein Bruder sich gegen dich versündigt, so geh und weise ihn zurecht zwischen dir und ihm allein. Hört er auf dich, so hast du einen Bruder gewonnen. Hört er aber nicht, so nimm dir noch einen oder zwei dazu, damit jedes Ding stehe auf zweier oder dreier Zeugen Mund. Hört er aber an ihnen vorbei, so sprich zur Gemeinde. Hört er aber auch an der Gemeinde vorbei, so gelte er dir gleich viel wie einer aus den Völkern oder ein Zöllner« (Mt. 18, 15-17).

Sünde zerstört Gemeinschaft, Vergebung stiftet Kommunion. Matthäus zeigt Wege zur Versöhnung auf, die immer wieder auftretenden Konflikte zu lösen auf dem Weg der Subsidiarität: möglichst eine Bereinigung des Problems auf der Ebene, auf der es entstanden ist, erst nach einem ersten Scheitern folgt der Schritt zur nächsthöheren Instanz. Das Evangelium zeigt aber Realismus und die tragische Möglichkeit der Verweigerung von Versöhnung. Kommunikation bleibt dann »ewig« gestört – zum großen Schaden aller Beteiligten. Da der andere nicht mehr in Beziehung zu mir steht, fehlt er mir als Pol für die weitere Entwicklung meiner eigenen Identität. Ich habe nicht nur eine Beziehung weniger, sondern dem Koordinatensystem meines Lebens fehlt eine ganze Dimension. Da ich in meiner eigenen Identität von anderen beschenkt werde, um zu mir selbst zu kommen, hinterlässt der fehlende andere eine nicht schließbare Lücke. Eine wahrhaft tragische Folge einer misslungenen Versöhnung! Insofern steht auch hier Kirche als alternatives Lebensmodell: »Die Kirche, die Matthäus vor Augen hat, ist eine Kirche der Sünder. Aber sie ist weit mehr noch eine Kirche der Vergebung: einer Vergebung, die von der Vollmacht Jesu selbst getragen ist, der ›mitten unter ihnen ist‹, wo immer ›zwei oder drei‹ in seinem Namen versammelt sind (Mt. 18, 20)« (Söding 1997, S. 71).

Deuteropauline: vom Bild der Leiblichkeit zur »Verkopfung«

Je weiter sich die christlichen Gemeinschaften zeitlich vom Leben und Werk Jesu entfernen und je deutlicher es wird, dass mit einer von vielen erhofften baldigen Rückkehr Christi nicht mehr zu rechnen ist, desto mehr richten sich die Gläubigen in ihrer Welt ein. Gerade die Briefe, die man lange dem Apostel Paulus selbst zugeschrieben hatte, jetzt aber als »Deuteropauline«, als Schriften aus der Schule des Paulus, erkannt sind, schildern diesen Paradigmenwechsel.

So spricht der etwa im Jahre 90 n. Chr. geschriebene Epheser-Brief durchaus im Sinne des Paulus im Bild vom Vielvölkerhaus: »Also seit ihr nicht mehr Fremde und Beisassen, sondern Mitbürger der Heiligen und Hausgenossen Gottes, aufgebaut auf dem Fundament der Apostel und Propheten, dessen Eckstein Christus Jesus ist: in dem der ganze Bau zu einem heiligen Tempel wächst, im Herrn, und auch ihr zu einer Wohnung Gottes mit aufgebaut werdet im Geist« (Eph. 2, 19-22). Die christliche Glaubensgemeinschaft in Ephesus, der Hauptstadt der römischen Provinz Asia und der Hauptort der paulinischen Heidenmission, praktiziert zunächst wie Paulus selbst die Gleichheit und Gleichberechtigung aller ihrer Mitglieder. Auch hier eine deutliche Alternative zum übrigen gesellschaftlichen Leben mit den drei Klassen der Vollbürger, Beisassen (»Metoiken«) und Sklaven.

Allerdings beginnen sich auch Differenzen gegenüber den echten Paulusbriefen aufzutun. So wird das Leib-Glieder-Bild wieder zurückverwandelt in die Seneca-Version: Christus ist nicht der ganze, aus vielen Gliedern bestehende Leib, sondern: »Er, Christus, ist das Haupt. Durch ihn wird der ganze Leib zusammengefügt und gefestigt in jedem einzelnen Gelenk« (Eph. 4, 15 f.). Ist Christus nicht mehr im harmonischen Zusammenspiel aller erfahrbar, sondern tritt er im Bild als Kopf an die erste Stelle aller Glieder, dann sind die Weichen für eine hierarchische Gemeindestruktur mit Ober- und Unterordnungen gestellt. Wer vertritt das Haupt, wenn Jesus Christus selbst diese Funktion nicht mehr sichtbar wahrnehmen kann? Wer koordiniert und kontrolliert wie das Haupt die Bewegungen der Glieder?

So finden sich im Epheserbrief erstmals auch kirchliche Ämter: »Und er gab den einen das Apostelamt, andere setzte er als Propheten ein, andere als Evangelisten, andere als Hirten und Lehrer« (Eph. 4, 11). Wir finden hier am Ende des ersten Jahrhunderts nicht mehr die Offenheit charismatischen Handelns, das sich auch auf unterschiedlichen Gebieten zeigen kann. Die Tätigkeit in der Gemeinde ist nunmehr an ein konkretes Amt gebunden. Die Träger dieses Amtes stehen fest, es kann nicht je nach Situation und Befähigung der Gemeindeglieder neu vergeben werden.

Weiter differenziert werden Aufgaben und Ämter in den beiden Timotheusbriefen und dem Titusbrief. Anlass dieser um 100 n. Chr. geschriebenen und an Einzelpersönlichkeiten gerichteten Briefe sind konkrete Konflikte in den Gemeinden um Lehrstreitigkeiten und Lebenspraxis: »Das sind Leute, die die Gestalt der Frömmigkeit vorweisen, doch der Kraft in ihr haben sie sich versagt. Und die halte dir vom Leib. Zu denen gehören jene, die in die Häuser eindringen und Frauenzimmer einfangen, die – mit Sünden überladen, von allerlei Begierden getrieben – allezeit lernen und doch nie zur Erkenntnis der Wahrheit zu kommen vermögen« (2 Tim. 3, 5 ff.). Die Warnung gilt religiösen Sonderwegen (»sich nicht mit uferlosen Fabeleien befassen«, 1 Tim. 1, 4) und einer überhöhten Askese (»die vom Heiraten abhalten und auf Enthaltung vom Essen drängen, das doch Gott geschaffen hat«, 1 Tim. 4, 3). Das Leben der Christen solle sich somit nicht in einer Sonderwelt vollziehen, sondern inmitten dieser gebrochenen und doch heilsoffenen Welt der konkreten Gegenwart.

Zumindest drei feststehende Ämter strukturieren dieses Gemeindeleben: der Vorsteher mit der Aufgabe der Gesamtleitung (»Episkopos«, 1 Tim. 3, 5; 5, 17), der Diakon oder die Diakonisse mit den Aufgaben der Caritas (1 Tim. 3, 8-13) und der für Wort und Lehre zuständige Älteste (»Presbyter«, 1 Tim. 5, 1).

Wie eine Stellenausschreibung liest sich der Anforderungskatalog für einen Vorsteher (»Episkopus«): »Wer nach dem Übersichtsamt trachtet, verlangt nach einer guten Tätigkeit. Es muss also ein unbescholtener Mann sein, der Mann nur einer Frau, nüchtern, maßvoll, ordentlich, gastfreundlich, lehrtüchtig; kein Trinker, kein Raufbold, sondern freundlich; kein Kampfhahn, kein Geldscheffler; seines eigenen Hauses guter Vorstand, der die Kinder mit alter Würde fügsam hält. Wer dem eigenen Haus nicht vorzustehen weiß, wie sollte der für die Gemeinde Gottes sorgen? Kein Neugetaufter sei er, dass er sich nicht einnebeln lasse und ins Gericht des Teufels falle. Er muss aber auch ein gutes Zeugnis von denen draußen haben, dass er nicht der Verfluchung verfalle und des Teufels Schlinge« (1 Tim. 3, 1-7).

Die Idealvorstellung dieser »Ausschreibung« lautet somit: im Leben bewährte Männer (»viri probati«) für Ämter der Glaubensgemeinschaft inmitten der Welt. Keine Sonderwelt und doch eine Alternative für eine Lebenspraxis in dieser Welt.

Dass selbst innerhalb der Deuteropaulinen dieses Gegenbild zur Welt der Antike nicht immer durchgehalten wurde, zeigt sich an der Beschreibung der Rolle der Frauen in der Gemeinde: »Eine Frau soll in der Stille lernen, in aller Unterordnung« (1 Tim. 2, 11 ff.). Hier verstärkt der Text die geltende Praxis seiner Umwelt und ist eigentlich als reine Bestätigung bereits geübten Verhaltens überflüssig. Welche

Sprengkraft hätte ein Frauenbild analog der Rede von den gleichberechtigten Heiligen des Galaterbriefes haben können! Eine verlorene Chance der christlichen Kirche, es wird nicht die einzige bleiben.

Zwischen Alternative und Anpassung

Die vielschichtige Entwicklung christlicher Glaubensgemeinschaften über die Jahrhunderte hinweg zeigt Kirche immer wieder in der Spannung zwischen Alternative-Sein zu vorhandenen Lebensmodellen und der Anpassung an vorgegebene Strukturen.

Beispielhaft ist dafür in besonderem Maße das vierte Jahrhundert. Um 303 n. Chr. erleidet die christliche Gemeinde unter Kaiser Diokletian eine ihrer blutigsten Verfolgungen. Durch das Toleranzedikt des Galerius zeigten sich dann der Staat und die römische Religion in ihrer liberalen und toleranten Art: Alle Menschen können im Reich ihrer Religion nachgehen. Gerade auch für die innenpolitische Stabilität des Weltreiches gilt: kein Weltfriede ohne Religionsfriede. Diese Gleichberechtigung religiöser Vollzüge erhält unter Kaiser Konstantin eine entscheidende Wende. Zwar sichert sein Toleranzedikt von Mailand im Jahre 313 n. Chr. die freie Religionsausübung für die Christen. Geraubte Kirchengüter werden zurückgegeben, und die Rechtsfähigkeit der Kirche wird garantiert. Anerkennung verbindet sich aber bald mit Privilegierung der Christen. Konstantin, der seinen Sieg über den Konkurrenten Maxentius an der Milvischen Brücke dem neuen Christengott zuschreibt (»in hoc signo vinces« – »in diesem Zeichen wirst du siegen«), möchte diese aufstrebende Religion verstärkt zur Stütze seines Reiches heranziehen. Durch die Verlagerung der Reichshauptstadt in das neugegründete Konstantinopel, das heutige Istanbul, entsteht im Westen ein Machtvakuum. Augenscheinlich wird Konstantins diplomatische Absicht erkennbar, als er dem römischen Bischof Miltiades den Kaiserpalast im Lateran als Dienstsitz überlässt. Römischer Bischof zu sein bedeutet jetzt, auch Statthalter und Stellvertreter zu sein – nicht Stellvertreter Christi, sondern derjenige des Kaisers. Sehr liegt Konstantin an der inneren Geschlossenheit des neuen Machtfaktors »Christentum«. Theologische Streitereien schwächen dessen Stabilität. Konstantin – an theologischen Disputen selbst uninteressiert – beruft deshalb als Kaiser eines der bedeutendsten Konzilien der Antike 325 nach Nizäa ein. Hier wurde nach langwierigem Streit die Lehre von der Gleichheit Jesu Christi mit dem göttlichen Vater dogmatisiert. Dieser ist – wie das Konzil im bis heute von den Kirchen gebeteten Glaubensbekenntnis sagt – »eines Wesens mit dem Vater«.

Von dieser Privilegierung ist es allerdings kein weiter Schritt mehr bis zur Deklaration des Christentums zur Staatsreligion im Jahre 380 n. Chr. durch Kaiser Theodosius. Kleriker werden nun gleichsam Staatsbeamte. Das Christentum – früher kritisch-alternative Instanz – zeigt jetzt immer stärker staatstragende und den Staat stabilisierende Züge. Die Bischöfe übernehmen die Insignien der Kaisermacht wie Gewänder, die Ehrbezeugung des Kniefalls (»Proskynese«) und lassen sich mit Weihrauch ehren. Christus selbst wird nun analog dem Anspruch des römischen Kaisers als Pantokrator, als All-Herrscher dargestellt.

Diese Entwicklung von der verfolgten Kirche zur erlaubten und protegierten Kirche ging allerdings bald auch den Schritt weiter hin zu einer Kirche, die ihrerseits Verfolgungen und Unterdrückungen anderer Glaubensgemeinschaften unterstützte und deren Mitglieder diskriminierte.

Bereits im Jahr 394 n. Chr. finden die letzten Olympischen Spiele statt. Diese Kultfestspiele des griechisch-römischen Polytheismus waren mit dem Monopolanspruch des erstarkten Christentums nicht mehr zu vereinbaren und wurden verboten.

Besonders deutlich aber wird der veränderte Status des Christentums am Verhältnis zu seiner jüdischen Wurzel – wie so oft auch später in seiner Geschichte. Von Johannes Chrysostomos (350-407), dem als großen Prediger weithin bekannten Patriarchen der neuen Reichshauptstadt Konstantinopel, sind mehrere Predigten gegen die

Juden überliefert, die diesem »nicht besser als Schweine und Böcke« zu sein scheinen (vgl. Czermak 1997, 5. 35). Zur Synagoge äußert er: »Nenne einer sie Hurenhaus, Lasterstätte, Teufelsasyl, Satansburg, Seelenverderb, jeden Unheils gähnenden Abgrund oder was immer, so wird er noch weniger sagen, als sie verdient hat« (vgl. Czermak 1997, S. 35).

Exemplarisch für die veränderte Rolle des Christentums am Ende des vierten Jahrhunderts ist ein Ereignis im syrischen Kallinikon im Jahre 388 n. Chr. Nach der Brandschatzung einer Synagoge verfügt Kaiser Theodosius um des inneren Friedens willen die Bestrafung der Brandstifter. Zum Wiederaufbau des jüdischen Gebets- und Lehrhauses erbittet der Kaiser die finanzielle Unterstützung auch der Christen. Der schon damals berühmte Mailänder Bischof Ambrosius (340-397), der auch als Lehrer des heiligen Augustinus bekannt wurde, empfindet diese Bitte als Affront. Er erklärt die Schändung für rechtens. Um die wirklichen Brandstifter zu schützen, bezeichnet er sich selbst als (geistigen) Brandstifter und schreibt dem Kaiser: »Wenn du das für ein Verbrechen hältst, Kaiser, so mache mich dafür verantwortlich. Warum ein Gerichtsverfahren gegen Abwesende, wenn du hier einen geständigen Angeklagten hast? Ich erkläre, dass ich die Synagoge in Brand gesteckt habe, dass ich es befohlen habe, um das Haus zu beseitigen, in dem Christus geleugnet wird ... Soll denn das Haus des jüdischen Unglaubens aus der bei Christen gemachten Beute erbaut werden, soll das dank Christi Wohlwollen gewonnene Geld in den Besitz der Ungläubigen überführt werden?

Dies ist kein genügender Grund für die Bestrafung des Volkes wegen Niederbrennung eines Gebäudes, da es sich um eine Synagoge handelt, diesen Ort des Unglaubens, Stätte der Gottlosigkeit, Schlupfwinkel des Wahnsinns, den Gott selbst verdammt hat ... Willst du den Juden diesen Triumph über die Kirche gewähren? Was hat der Fromme gemein mit dem Ungläubigen? Mit dem Ungläubigen müssen auch die Zeugnisse des Unglaubens ausgerottet werden« (vgl. Czermak 1997, S. 39 f.). – Ein Jahrhundert, das mit der Verfolgung der Christen begann, endet mit der Diskriminierung und dem Vorschlag zur Ausrottung der Juden durch einen wichtigen Vertreter ebendieser Christen.

Sowohl Fehlentwicklungen als auch Abfall vom jesuanischen Ursprungsmodell prägen zwar nicht das Gesamtbild der Entwicklung der christlichen Glaubensgemeinschaft. Sie dürfen aber auch nicht übersehen und übergangen werden.

Einen ganz eigenen Weg, den christlichen Glauben zu leben, geht das Mönchtum in der alten Kirche. Wie bei echten Glaubensgemeinschaften zu jeder Zeit gilt auch hier: Pluralität der Lebensformen und geschichtlicher Wandel der konkreten Ausgestaltung religiös deutbarer Erfahrung.

Das Lebenswerk des Benedikt von Nursia (480-547) widmet sich einem solchen Lebensmodell: alternativ zur sonst vorhandenen Lebenspraxis und trotzdem ein Leben in der Welt und für die Welt. Gegen das frühchristliche Asketentum mit seinen vielfältigen Exzessen (vgl. zum Beispiel den syrischen Säulensteher Simeon, der bis zu seinem Tod 459 n. Chr. die von ihm erklommene Säule nicht mehr verließ) sucht Benedikt die dialektische Verbindung eines individuellen Lebens mit dem einer Gemeinschaft. Je markanter eine Einzelpersönlichkeit, desto mehr Kontur hat auch die Gemeinschaft, in der sie lebt. Die paulinische Gleichheit zeigt sich in Benedikts neuem Orden bereits im gleichen Ordensgewand der Priester und Laienmönche – und dies in einer Zeit erster bischöflicher Macht- und Prachtentfaltung. Der Alltag wird strukturiert durch die fünf Gebetszeiten. »Bete und arbeite«: Kontemplation und Aktion sollen sich ausgewogen ergänzen. Gerade durch die systematisierende Lebensgestaltung konnten so großartige Kulturleistungen wie die Urbarmachung der Wildnis in eine Kulturlandschaft, die noch heute ganz Europa prägt, erbracht werden. Oder man denke an die durch das Kopieren alter Texte erreichte Anknüpfung an die (heidnische!) Antike.

Die frühdemokratische Verfassung des Ordens in der Benedikt-Regel kennt die Wahl des Abtes durch alle Vollmitglieder des Klosters. Neben dem inneren Lebensbereich der Mönche in der Klausur steht außerdem ein ausgeprägtes Gastrecht. Dem Gast gebührt das gleiche Verhalten, als bitte Christus selbst um Aufnahme (vgl. Benedikt-Regel, Probst 1976, Kapitel 53). Geriet dieses Lebensmodell später selbst in die Gefahr, statt eine Alternative zur weltlichen Lebensgestaltung darzustellen, jetzt deren Kopie zu werden und somit zu verflachen – zum Beispiel durch die Anhäufung großen klösterlichen Reichtums unter Beibehaltung der individuellen Armut der Mönche –, dann entstanden später aus dem Benediktinerorden heraus selbst die großen Reformbewegungen wie zum Beispiel im 12. Jahrhundert die maßgeblich von Bernhard von Clairvaux geprägten Zisterzienser.

Klösterliche Armuts- und Reformbewegungen stehen allerdings neben Machtkonzentration und der Dominanz Roms gegenüber anderen Ausprägungen des Christentums. So formuliert zum Beispiel das 4. Konzil im Lateran 1215 n. Chr.: »Die Alten Vorrechte der Patriarchalstühle erneuernd, legen wir mit Zustimmung des heiligen allgemeinen Konzils fest, dass nach der Römischen Kirche, die auf Anordnung des Herrn als Mutter und Lehrerin aller Christgläubigen den Vorrang der ordentlichen Vollmacht über alle andern innehat, die konstantinopolitanische den ersten, die alexandrinische den zweiten, die antiochenische den dritten und die Jerusalemer den vierten Rang innehaben« (Denzinger/Hünermann 1991, Nr. 811). Statt christlicher Gleichheit findet sich hier eine unreflektierte Vorrangstellung der römischen Kirche – wobei bezeichnenderweise Jerusalem als Ausgangsort des Christentums nur noch den letzten Platz einnimmt. Historisch entstandene Faktizität wird hier gleichgesetzt mit theologischer Qualität. Aus einer solchen Einstellung heraus ergeben sich bis heute scheinbar unüberwindbare Probleme für eine plurale und gleichberechtigte Ökumene. Die zeitgleiche Bewegung des Franziskus von Assisi (1181-1226) bietet mit seinem an den neutestamentlichen Schriften orientierten Christentum dazu eine deutliche Alternative (vgl. Feld 1994).

Geraten im Mittelalter staatlicher und kirchlicher Machtanspruch, das heißt Kaiser und Papst, aneinander, so zeigt sich Kirche nicht als Alternative gegenüber weltlichem Herrschaftsdenken, sondern als dessen Überbietung. Die von Papst Bonifatius VIII. erlassene Bulle »Unam sanctam« vom 18. November 1302 formuliert dies anhand der alten »Zwei-Schwerter-Theorie«: »Durch die Aussagen der Evangelien werden wir belehrt, dass in dieser ihrer (d. h. der Kirche) Gewalt zwei Schwerter sind, nämlich das geistliche und das weltliche ... Es gehört sich aber, dass ein Schwert unter dem anderen ist und die zeitliche Autorität sich der geistlichen unterwirft« (Denzinger/Hünermann 1991, Nr. 873). Statt Kooperation findet sich hier in einem kaum noch zu steigernden Maße Über- und Unterordnung. Es wundert insofern nicht, dass die gleiche Bulle den heilsamen Befreiungsimpuls des Neuen Testaments hin zur Unterwerfung pervertiert: »Wir erklären, sagen und definieren nun aber, dass es für jedes menschliche Geschöpf unbedingt notwendig zum Heil ist, dem Römischen Bischof unterworfen zu sein« (Denzinger/Hünermann 1991, Nr. 875).

Die Kirchengeschichte zeigt in ihrem ganzen Verlauf großartige Beispiele, wie Christen sich von den Verlockungen der Macht und des Einflusses nicht korrumpieren ließen. Viele gaben ihr Leben hin im Dienst für eine wahrhaftige Alternative zu weltlich vorhandenen Lebensvollzügen und Institutionen. Aber gerade der Kirchenleitung fiel es immer schwer, auf historisch gewonnenen Einfluss zu verzichten. Das eingangs zitierte Kirchenlied findet sein Pendant in der dogmatischen Konstitution »Pastor aeternus« von Papst Pius IX. vom 18. Juli 1870 im Kontext des Ersten Vatikanischen Konzils. Im Angesicht des Verlustes von politischem Einfluss durch die Minimierung des Kirchenstaates erfolgt nicht eine heilsame Konzentration auf die eigentlich zentralen Aufgaben der Kirche als Glaubensgemeinschaft. Der Verlust äußerer Macht wird vielmehr durch die bisher einmalige und unüberbietbare

Betonung päpstlicher Unfehlbarkeit kompensiert: »Und weil sich die Pforten der Unterwelt, um – wenn möglich – die Kirche zu zerstören, mit täglich größerem Haß von überall her gegen ihr von Gott gelegtes Fundament erheben, erachten wir es mit Zustimmung des heiligen Konzils zum Schutz, zur Erhaltung und zum Gedeihen der katholischen Herde für notwendig, die Lehre von der Einsetzung, Fortdauer und Natur des heiligen Apostolischen Primates, in dem die Kraft und Stärke der ganzen Kirche besteht, allen Gläubigen gemäß dem alten und beständigen Glauben der gesamten Kirche vorzulegen, damit sie geglaubt und festgehalten werde ...« (Denzinger/Hünermann 1991, Nr. 3052). Die »Kraft und Stärke der ganzen Kirche« liegt hier somit im kirchlichen Amt – die Entfernung vom biblischen Modell des gleichberechtigten und herrschaftsfreien Miteinanders könnte nicht größer sein. Kraft und Stärke einer Glaubensgemeinschaft sollten aber vielmehr ihr Glaube, die alternative und in diesem Sinne eschatologische Lebenspraxis ihrer Mitglieder sein.

Es spricht für das Zweite Vatikanische Konzil (1962-1965), dass es die verbindliche Lehräußerung der Kirche in seiner Konstitution »Lumen gentium« zurückbindet an die Gemeinschaft aller Gläubigen. Jeder Gläubige hat seinen je eigenen Zugang zum Leben und Glauben. Er hat seinen spezifischen »Sinn für den Glauben« (»sensus fidei«). Da deswegen jeder im Dialog mit anderen ein eigener Lebens- und Glaubensexperte ist, soll der verkündigte und sprachlich formulierte Glaubenssatz auch auf der Übereinstimmung aller, das heißt auf einem universalen Konsens aller Gläubigen beruhen (»consensus fidelium«): »Die Gesamtheit der Gläubigen, welche die Salbung vom Heiligen Geist haben, kann im Glauben nicht irren« (Denzinger/Hünermann 1991, Nr. 4130). So ist der Einzelne als solcher und als Mitglied einer Gemeinschaft ernst genommen. Die Gleichheit im Grundsätzlichen ist gewahrt und dadurch ein Gegenmodell zur häufigen Über- und Unterordnung des Menschen gegeben. Die praktische Umsetzung dieses Konzilstextes steht allerdings bis heute vor großen Problemen und Fragen.

Aktueller Problemhorizont

Kirche als Glaubensgemeinschaft in der Moderne sieht sich zwei gegenläufigen Phänomenen gegenüber. Das Christentum und speziell die katholische Kirche erfuhren einerseits eine Ausweitung und einen Mitgliederzuwachs wie nie zuvor in ihrer zweitausend Jahre alten Geschichte. Erst jetzt wurde die Kirche im wahren Sinn »katholisch«, allumfassend. Der Steigerung der Quantität steht allerdings andererseits häufig – und nicht nur in Westeuropa und in den USA – eine verstärkte Distanz der Kirchenmitglieder zu Inhalt und Form ihrer Kirche gegenüber. Der Bruch geschlossener Weltbilder und Deutungsstrukturen zeigt die Vielfalt menschlicher Sinnsuche ebenso wie die Vielfalt der Kulturen Afrikas, Lateinamerikas und Asiens. Die Christen der Gegenwart vermögen es daher aus verschiedensten kulturellen Gründen immer weniger, ihre eigenen Erfahrungen mit dem Deutungspotenzial der griechisch-römischen Antike zu beschreiben (Metaphysik), das bis heute die wichtigsten Katechismusaussagen der katholischen Kirche bestimmt. Die Auseinandersetzung mit dem europäischen Geist der Aufklärung, die Integration ganzheitlicher und pluraler Sinnerfahrung in den unterschiedlichsten Kulturen Afrikas, Lateinamerikas und Asiens kann aber nur dann als Bedrohung der christlichen Botschaft gesehen werden, wenn Letztere in ihrer einmal historisch entstandenen Form und Ausdeutung auf dem Boden der griechischen Philosophie als überzeitlich und unveränderlich verstanden würde. Die Einsicht in das Werden, in das Gewordensein christlichen Glaubens und dessen geschichtliche Rahmenbedingungen ermöglichen dagegen den Blick auf sein Veränderungspotenzial und eine wahrhafte Inkulturation. Begegnung statt Abgrenzung bedeutet auch hier Reichtum und Zukunftsperspektive. Wie kann das Grunddogma des Christentums von der Menschwerdung Gottes so im Dialog mit den Kulturen verstanden werden, dass die jeweiligen Menschen diese Begegnung als heil-voll, als Gnade und Geschenk erfahren (vgl. Kapitel »Glauben«). Die uralte und immer neue Aufgabe des

161

Über-Setzens stellt sich hier in besonderer Weise. Erst wenn sich Christentum und die unterschiedlichsten Vertreter der modernen Welt als Dialogpartner verstehen, die auf alle Fixierungen verzichten, können beide ihren jeweiligen geistigen Reichtum in einen gemeinsamen Diskurs einbringen. Nur so ist die Chance gegeben, dass in einer solchen Kommunikation wirklich Neues und damit für Mensch und Welt Hoffnung entsteht.

Neben diesen inhaltlichen Aspekten gilt es aber auch, formale und institutionelle Rahmenbedingungen zu beachten. Der Vielfalt der christlich erschließbaren und deutbaren Erfahrungen steht häufig die Tendenz zur Vereinheitlichung, Abstrahierung und somit auch der Verobjektivierung entgegen. Beim Zur-Sprache-Bringen der christlich verstandenen Erfahrung von Glauben, Hoffen und Lieben wäre demgegenüber darauf zu achten, dass sich alle betreffenden Menschen in einer solchen Glaubensformel wiederfinden können. Bereits ein alter römischer Rechtsgrundsatz lautet: »quod omnes tangit, ab omnibus approbari debet« – was alle angeht, dem müssen zumindest tendenziell auch alle zustimmen können. Sicherlich wird man über so existenzielle Lebensvollzüge wie Glauben, Hoffen und Lieben nie einfach abstimmen können. Aber auf der Ebene der Beschreibung und Deutung dieser Vollzüge müssten solche Aussagen möglich sein, in denen sich alle wiederfinden. Die Kurztexte des »Vaterunser« oder das Apostolische Glaubensbekenntnis sind zum Beispiel von allen Christen anerkannte gemeinsame Grundtexte. Bezüglich deren Deutung in Katechismen, Enzykliken oder Konzilstexten wäre allerdings auf eine synodale Vorgehensweise zu achten. Frau und Mann, Jung und Alt, Arbeiter und Akademiker, Schwarz und Weiß, Dritte Welt und Erste Welt müssten ihre je eigenen Erfahrungen in die Deutung dieser Grundtexte mit einbringen können. Synoden, auf denen nach solchen Deutungen gesucht wird, müssten nach den Prinzipien der Delegation und Repräsentation gestaltet werden. Gerade bezüglich der Beteiligung von Frauen besteht in der katholischen Kirche ein ungeheurer Nachholbedarf. Noch immer glauben hier Männer zu wissen, was

»letztlich« für Frauen gut ist. Viele offizielle Dokumente dieser Kirche wären in Form, Sprache und Inhalt so nie entstanden, wenn sie das Ergebnis eines universalen synodalen Konsenses gewesen wären.

Ganz konkret betrifft dies auch die beiden bisher unbewältigten Themenbereiche des priesterlichen Zölibats und des Frauenpriestertums. Außer den Themen der Sexualität gibt es möglicherweise kaum ein Thema, das inner- und außerkirchlich die Menschen zu so heftigen Diskussionen anreizt wie diese beiden. Die Betroffenheit der Menschen ist ernst zu nehmen. Aber bei der Diskussion um diese Themen ist von Befürwortern und Kritikern auf Sachargumente und auf die Argumentationslogik zu achten.

Sowohl die Ehe wie die Ehelosigkeit kann ein hohes Gut sein, ein Charisma, eine Gnade, ein Geschenk. Beides sind Lebensformen, in denen Göttliches erfahren und durchsichtig gemacht werden kann. Gerade deshalb ist weder die eine noch die andere Lebensform zu erzwingen. Wir empfinden es somit zu Recht als menschenunwürdig, wenn Menschen in verschiedenen Ländern und Kulturen zur Ehe gezwungen werden.

Die Ehelosigkeit um des Reiches Gottes willen kann eine wichtige und heilsame Lebensform sein. Viele Beispiele gelungenen ehelosen Lebens könnten aus der Klosterkultur der Vergangenheit und Gegenwart aufgezeigt werden. Ordensgemeinschaften werden deswegen auch in Zukunft ein schönes Beispiel für sinn- und heilvolle zölibatär lebende Glaubensgemeinschaften sein. Die Verpflichtung des sogenannten Weltklerus zur Ehelosigkeit aber lässt sich nicht begründen. Zölibatär gelebtes Priestertum sollte deswegen nur auf freiwilliger Basis und alternativ zum verheirateten Priester möglich sein. Die verpflichtende Ehelosigkeit für alle Kleriker ist zudem nicht biblisch zu begründen – die Apostel und Jünger waren verheiratet. Auch das geschichtliche Argument zählt wenig – bis ins 10. Jahrhundert gab es zölibäre und verheiratete Priester nebeneinander. Sogar die Gegenwart bietet zahlreiche Beispiele, dass der Zölibat keine unumgängliche Voraussetzung für das Priesteramt ist – es gibt aktuell eine Reihe gültig geweihter und praktizierender Priester, die verheiratet sind. Dieser Fall kann zum Beispiel bei der Konversion eines verheirateten evangelischen Pastors zur katholischen Kirche und seiner Weihe eintreten. Ebenso sind zahlreiche Beispiele aus den früheren osteuropäischen Untergrundkirchen bekannt. Um überhaupt noch das Leben einer Glaubensgemeinschaft unter den Bedingungen der Unterdrückung und Verfolgung zu ermöglichen, wurden zahlreiche Ehemänner (vielleicht auch Frauen wie Ludmilla Javorova in der früheren Tschechoslowakei) geheim zu Priestern geweiht. Ebenso gibt es verheiratete Priester in den mit Rom unierten Kirchen des Ostens. Ein katholischer Priester als Ehemann und Familienvater ist also bereits gegenwärtig möglich.

Das wichtigste Argument aber –jenseits der genannten faktischen – ist ein theologisches: Wenn sowohl Ehe wie freiwillige Ehelosigkeit Gnadengaben sind, dann sind diese nicht institutionell zu erzwingen. Der Geist Gottes weht da, wo er will. Wenn also die unter geschichtlichen Bedingungen einmal historisch entstandene Verbindung von priesterlichem Charisma mit dem Charisma der Ehelosigkeit zur Zwangsverbindung wurde, zerstört dies die Gnadengaben selbst. Deswegen sollte bezüglich des Weltklerus um Gottes und der Menschen willen diese argumentativ wie existenziell nicht einlösbare Zwangsverbindung gelöst werden.

Eine ähnliche argumentative Schwäche zeigt sich beim katholischen Verbot des Frauenpriestertums. In den Bildern des Neuen Testaments für die christliche Glaubensgemeinschaft findet sich keine geschlechtliche Aufteilung. Ein Leib und viele Glieder – wobei »der« Kopf, »die« Hand aufgrund ihres Geschlechtes keine Sonderrolle beanspruchen. Ihre Funktion für den Gesamtorganismus ist vielmehr entscheidend. Auch der häufige Hinweis auf die Praxis Jesu ist hier nur ein sehr brüchiges Argument, das lautet: Jesus hat nur Männer in seinen engeren Apostelkreis berufen. Hätte er gewollt, dass Frauen Priesterinnen werden, hätte er auch Frauen in diesen Kreis aufgenommen. Die Kirche – so endet das Argument – sieht sich nicht in der Lage, etwas zu tun, was

Jesus ausdrücklich nicht getan hat. Zunächst wäre hier zu untersuchen, ob das Priestertum wirklich auf den historischen Jesus zurückgeführt werden kann (vgl. Trummer 2003).

Darüber hinaus steht das Argument »Weil Jesus etwas nicht getan hat, darf seine Gemeinde dies auch nicht tun« auf sehr brüchigem Fundament. Dies kann verdeutlicht werden durch eine ähnliche Argumentation: Jesus berief nach den Texten der Evangelien nur Juden in seinen Jüngerkreis. Der Völkerapostel Paulus öffnete nach Jesu Tod und nach teils starkem Protest innerhalb der Urgemeinde diesen Kreis und nahm auch sogenannte Heiden (hier gleich Nichtjuden) in die von ihm gegründeten Glaubensgemeinschaften auf. Der Umweg über die Beschneidung, das heißt der Umweg über das Judentum, wurde auf Initiative des Paulus beim sogenannten Apostelkonzil im Jahre 48 n. Chr. verworfen (vgl. Apg. 15). Gerade dadurch aber, dass Paulus etwas tat, was Jesus nicht getan hatte, konnte sich das frühe Christentum von einer innerjüdischen Gruppe zu einer Weltreligion ausbreiten. Warum darf einmal etwas getan werden, was Jesus nicht getan hat, ein anderes Mal aber nicht?

Da also auch beim Verbot des Frauenpriestertums kein stichhaltiges Argument benannt, sondern nur auf dem Faktischen bestanden wird, sollte dieses Verbot umgehend aufgehoben werden. Welch ein Potenzial von priesterlichen Frauen geht der katholischen Kirche durch ihre Fixierungen und ihre Unbeweglichkeit verloren!

Der Hinweis auf konkret notwendige strukturelle Reformen darf allerdings nicht so verstanden werden, als brächte eine institutionelle Veränderung von sich aus auch eine innere Stärkung der Glaubensgemeinschaft mit sich. Der Blick auf verheiratete protestantische Pfarrer und die dort praktizierte Frauenordination bei schwindenden Zahlen der Gottesdienstbesucher zeigt dies deutlich. Dieser Befund sollte allerdings nicht zur Begründung werden, erst gar keine Reform zu beginnen. Jede einzelne begnadete katholische Priesterin und jeder einzelne charismatische Ehemann und Priester wären an sich schon Grund genug, mit diesen formalen Reformen zu beginnen.

Die mögliche Steigerung der Priesterzahlen durch Aufhebung des Zölibats und des Verbots der Frauenordination darf auch keinesfalls dazu führen, dass sich die Mitglieder der Glaubensgemeinschaft wieder »versorgt« fühlen und in eine Passivität zurückfallen. Jede Gemeinschaft ist vielmehr so lebendig, wie ihre einzelnen Mitglieder es sind. Jeder Einzelne müsste somit ein aktives, emanzipiertes und aufgeklärtes Glaubenssubjekt sein und eben nicht ein zu versorgendes Objekt. Nur so hat eine christliche Glaubensgemeinschaft vor Ort, aber auch die Gemeinschaft der Ortskirchen in der Weltkirche eine Zukunft – »Zukunft« auch hier im doppelten Sinn: eine zeitliche Zukunft und gleichzeitig die Hoffnung, dass unter veränderten Bedingungen und unter den jeweils unterschiedlichen geschichtlichen und kulturellen Rahmenbedingungen den Menschen etwas zukommt vom Geist Gottes, der sich in Jesus von Nazareth gezeigt hat als der Geist der Freiheit und der Menschenfreundlichkeit. Insofern wäre dann ein christlich motivierter Lebensvollzug im Rahmen einer kirchlichen Gemeinschaft eine sinn-volle Alternative gegenüber den sonst herrschenden Lebensmodellen und Wertkategorien.

Literatur:

Czermak, Gerhard: Christen gegen Juden. Geschichte einer Verfolgung von der Antike bis zum Holocaust, von 1945 bis heute, Reinbek bei Hamburg 1997

Denzinger, Heinrich/Hünermann, Peter: Kompendium der Glaubensbekenntnisse und kirchlichen Lehrentscheidungen, Lateinisch-Deutsch, Freiburg u. a., 37. Auflage, 1991

Feld, Helmut: Franziskus von Assisi und seine Bewegung, Darmstadt 1994

Gesang- und Gebetbuch für das Bistum Trier, Trier 1955

Gotteslob. Katholisches Gebet- und Gesangsbuch, Trier 1975

Probst, Benedikt: Benedikt-Rege, St. Ottilien 1976

Söding, Thomas: Blick zurück nach vorn. Bilder lebendiger Gemeinden im Neuen Testament, Freiburg 1997

Trummer, Peter: Dass alle eines sind, Düsseldorf 2003

Kreuz

Kreuz

Beispiele aus der Religionsgeschichte

Im vierten Jahrhundert bereiste eine gebildete, reiche Dame mit Namen Egeria Israel und insbesondere Jerusalem. Ihr bis heute erhaltener Reisebericht (Egeria 1995) enthält eine anschauliche Beschreibung der Lebensorte Jesu von Nazareth. Gleichzeitig schildert sie darin das christlich-religiöse Brauchtum und die Liturgie im damaligen Heiligen Land.

Dabei stellt Egeria ein weit verbreitetes Interesse am Kreuz Jesu fest, das kultisch verehrt wurde und als Reliquie sehr begehrt war. Dies ist für die damalige Zeit kein Zufall. Hat doch – wie die Legende sagt – um das Jahr 320 Helena, die Mutter des Kaisers Konstantin, bei ihrer Israelreise das echte Kreuz Jesu gefunden. Bis heute feiert die katholische Kirche in ihrer Liturgie am 14. September dieses Ereignis mit dem Fest der »Kreuzerhöhung«.

Aus ebendieser Zeit stammt auch ein alter Hymnus, der ebenfalls bis heute zur Verehrung des Kreuzes in der Karfreitagsliturgie der römisch-katholischen Kirche gesungen wird: »Ecce lignum crucis, in quo salus mundi perpendit – venite adoremus«: »Seht das Holz des Kreuzes, an dem das Heil der Welt gehangen – kommt, laßt uns anbeten« (Schuster 1929, S. 228 f.).

Zwei sehr unterschiedliche Aspekte werden hier in einen Zusammenhang gestellt: das »Holz des Kreuzes« zunächst als Folterwerkzeug, als Hinrichtungsart, als Zeichen für Schmerz, Leid und Tod. Darüber hinaus nennt der Hymnus aber das »Heil der Welt«, das mit diesem Kreuz in einem unlösbaren Zusammenhang steht. Das grausame Kreuzesgeschehen ist hier als heilsam und Glück verheißend gedeutet. Ein Stück Holz wird gleichsam zum Schlüssel des Himmels.

Wie aber ist dieser Zusammenhang von Tod und Heil zu verstehen? In vielen Kulturen haben wir Belege für brutale Hinrichtungen an einem Kreuz. Ebenso häufig findet sich auch außerhalb des Christentums das Kreuz als Zeichen der Erlösung und des Heils. Meist aber stehen diese Bedeutungen nebeneinander, nur selten werden sie miteinander verbunden.

So kennt zum Beispiel die frühindische Kultur das zum sogenannten »Hakenkreuz« stilisierte Windrad (»crux gammata«). Als Glücks- und Heilszeichen haben es wohl schon die alten Arya mitgebracht, als sie um 1200 v. Chr. von Norden kommend in das Industal einwanderten. Es findet sich noch heute an zahlreichen hinduistischen Tempeln Ostasiens. Wendet sich dabei die Drehung des Rades nach rechts, so verkörpert es das männliche Prinzip und steht für den auch im heutigen Indien sehr verehrten und beliebten Gott Ganesha. Ist das Kreuzrad linksläufig, so repräsentiert es mit der Göttin Kali das weibliche Prinzip.

Ohne kulturgeschichtlichen Zusammenhang mit der Welt Indiens und aufgrund reiner Ideologie fand gerade diese Form des Kreuzes Eingang in die Symbolwelt des Nationalsozialismus und steht somit auch für millionenfaches Leid und Tod.

Auch die Kultur Ägyptens verehrt mit dem »Anch«-Zeichen, das oft als »Henkelkreuz« bezeichnet wird (»crux ansata«), ein wichtiges Symbol des Lebens. Noch heute findet es sich bei den Kopten auch als christliches Zeichen. Das »Anch«-Zeichen lässt den Menschen teilhaben an der göttlichen Dimension, in ihm partizipiert der Mensch am universalen Leben.

Besonders in der Kult- und Religionsreform des Pharao Echnaton (Regierungszeit 1364-1347) scheint dieses Symbol eine besonders wichtige Rolle gespielt zu haben. Die Zentralisierung der Liturgie und die Abkehr von den vielen Göttern um den Hauptgott Amun zugunsten des neuen und einzigen Gottes Aton erlaubte den Menschen auch ohne viele Priester und Opferkulte eine direkte Ausübung ihrer Religion. So wie alle von der Sonne Atons beschienen werden, sind auch alle Menschen Gläubige und Priester zugleich. Eine Vermittlungsinstanz durch priesterlichen Kult oder durch theologische Weisheit ist nicht nötig. Die nachfolgende Entwicklung zeigte, dass die arbeitslos gewordenen Priester und religiösen Führer diesen Zustand als unhaltbar empfanden. Man kehrte zum alten Amun-Glauben zurück und zerstörte die neue Residenz des Echnaton in Amarna. Die Nachfolger Echnatons, der sich gemäß seinem Reformprogramm von Amenophis IV. in Echnaton umbenannt hatte, kehren auch mit ihrem Namen zum alten Amun-Glauben zurück. Ein anschauliches Beispiel ist der durch die Auffindung seines Grabes bekannt gewordene Tutanchamun (1347-1338).

In Israel haben wir mit dem Buchstaben T (»Taw«) ebenfalls ein Zeichen, das in der Form an ein Kreuz erinnert und gleichzeitig Rettung und Heil symbolisiert. Als letzter Buchstabe des hebräischen Alphabets hat es in Urkunden oder Beglaubigungsschreiben die Funktion eines bestätigenden Schlusspunktes. Für Menschen kann es zum rettenden Siegel, zum »Kainsmal« werden. Dies ist ein Zeichen dafür, dass auch der Schuldige unter dem Schutz Gottes steht. Selbst der Brudermörder Kain ist nach der Urgeschichte der Bibel nicht der Willkür anderer ausgesetzt: »Der Herr aber sprach zu ihm: Daher soll jeder, der Kain erschlägt, siebenfacher Rache verfallen. Darauf machte der Herr dem Kain ein Zeichen, damit ihn keiner erschlage, der ihn fände« (Gen. 4, 15).

Ähnliches berichtet auch das Buch des Propheten Ezechiel. Die drohende Eroberung Israels und Jerusalems im sechsten vorchristlichen Jahrhundert durch die Armee Babylons unter Nebukadnezar II. wird vom Propheten als Strafe für das bisherige Verhalten Israels gedeutet. Tod, Verfolgung und Exil sind gleichzeitig Folgen des Gerichtes Jahwes. Aber die Zerstörung und Strafe ist nicht total. Es bleibt ein Rest, mit dem Jahwe eine neue Geschichte plant. Diesen Ausgewählten gilt das Taw, ihnen wird das rettende Siegel verliehen: »Der Herr

171

sagte zu ihm: Geh mitten durch die Stadt Jerusalem und schreib ein Taw auf die Stirn aller Männer, die über die in der Stadt begangenen Greueltaten seufzen und stöhnen« (Ez. 9, 4). Das Taw wird zum Lebenszeichen, zur Hoffnung auf Überleben.

Das Kreuz Jesu von Nazareth

Für das Jahr 325 beruft Kaiser Konstantin eine allgemeine Kirchenversammlung nach Nizäa ein. Zu unterschiedlich sind die theologischen Positionen gerade bezüglich der Frage nach dem Verhältnis Jesu zu seinem Vater, als dass diese ungeklärt nebeneinander bestehen könnten. Auch dem Kaiser liegt an innerkirchlicher Ruhe – zumal nach der Verlagerung des Hauptverwaltungssitzes des Römischen Reiches von Rom nach Konstantinopel. Das auf dem Konzil in Nizäa verfasste Glaubensbekenntnis gilt – mit wenigen Ergänzungen auf dem nachfolgenden Konzil von 381 in Konstantinopel – als die zentrale Zusammenstellung der christlichen Glaubenslehre bis in die Gegenwart. Die Deutung der Person und des Werkes Jesu Christi wird hier lehramtlich in Sätze gefasst, die noch heute im Gottesdienst als »Glaubensbekenntnis« gesprochen werden: Jesus Christus ist »eines Wesens mit dem Vater« (»homoousios«). In Leben, Werk und Person Jesu Christi ist nicht eine sekundäre, abgeleitete Form der Göttlichkeit erfahrbar, sondern Gott selbst: »Gott von Gott«, »Licht vom Licht«. Er hat die Rolle des Thronanwärters übernommen: »Er sitzt zur Rechten des Vaters.«

In der Auflistung dieser christologischen Aussagen des Glaubensbekenntnisses fällt allerdings eine aus dem Rahmen: »gelitten unter Pontius Pilatus, gekreuzigt, gestorben und begraben«. Hier benennt das Konzil einen rein historischen Vorgang, dessen Faktizität alle Historiker zustimmen können, seien diese selbst gläubig oder nicht. Dies ist zugleich die einzige Aussage des ganzen Glaubensbekenntnisses, die ohne Deutung oder Zuschreibung einer Bedeutung auskommt. Es ist ein »factum brutum«, ein »brutales Faktum«, das durch die Aufnahme des Namens von Pontius Pilatus noch zusätzlich historisch verortet wird. Jesus erscheint hier in seiner Endlichkeit, Hinfälligkeit und Begrenztheit, sein Leid und sein Tod machten ihn allen Menschen gleich. Sein Tod ist darüber hinaus *das* historische Datum in der ganzen Biografie Jesu, das am besten nachweisbar und gesichert ist.

Wie sahen die historischen Einzelheiten dieses Todes am Kreuz aus? Die Kreuzigung war im Römischen Reich eine Form der Todesstrafe für politische Verbrecher, sofern diese selbst keine römischen Staatsbürger waren. Palästina gehörte seit der Eroberung durch Pompeius im Jahr 63 v. Chr. zwar zum römischen Weltreich. Seine Bürger aber waren nicht römische Staatsbürger. Ein gegenteiliges Beispiel zeigt sich am Tode des Paulus. Er stammt aus Tarsus in Kilikien an der heutigen türkischen Mittelmeerküste. Dieser Stadt war wegen besonderer Verdienste als Ausnahmeregelung das römische Stadtrecht verliehen worden. Paulus wird demzufolge nicht durch die als besonders schändlich empfundene Kreuzigung hingerichtet, sondern durch die »ehrenvollere« Enthauptung.

Israel kannte als Todesstrafe nur die Steinigung: »Wenn ein Mann einen störrischen und widerspenstigen Sohn hat, der nicht auf die Stimme seines Vaters und seiner Mutter hört, und wenn sie ihn züchtigen und er trotzdem nicht auf sie hört, dann sollen Vater und Mutter ihn packen, vor die Ältesten der Stadt und die Torversammlung des Ortes führen …«. Bei weiterem Widerstand gilt: »Dann sollen alle Männer der Stadt Steine auf ihn hinabstürzen, und er soll sterben« (Dtn. 21, 18 ff.). Über eine solche Steinigung berichtet auch das Neue Testament im Zusammenhang mit der Predigt des Stefanus. Die jüdische Elite unter dem Vorsitz des Hohenpriesters gebrauchte ihre durch Rom schon stark eingeschränkte Autonomie, um Stefanus wegen dessen Abweichen vom innerreligiösen Konsens durch Steinigung aus ihren Reihen auszuschließen (vgl. Apg. 7).

Als besonders schändlich galt es in Israel allerdings, den Leichnam eines bereits Gesteinigten als abschreckendes Mahnmal an einen Pfahl oder an ein Kreuz zu hängen: »Wenn jemand ein Verbrechen

ABSCHIED VOM KINDERGLAUBEN

begangen hat, auf das die Todesstrafe steht, wenn er dann hingerichtet wird und du den Toten an einen Pfahl hängst, dann soll die Leiche nicht über Nacht am Pfahl hängen, sondern du sollst ihn noch am gleichen Tag begraben; denn ein Gehenkter ist ein von Gott Verfluchter« (Dtn. 21, 22 f.). Dies bedeutet aber auch gleichzeitig, dass nicht die Juden Jesus ans Kreuz geschlagen haben, sondern eben die römische Besatzungsmacht.

Insofern wendete sich das Zweite Vatikanische Konzil der katholischen Kirche (1963-1965) mit Recht in seiner »Erklärung über das Verhältnis der Kirche zu den nichtchristlichen Religionen« gegen die Bezeichnung der Juden als »Gottesmörder«: »Obgleich die jüdischen Obrigkeiten mit ihren Anhängern auf den Tod Christi gedrungen haben, kann man dennoch die Ereignisse seines Leidens weder allen damals lebenden Juden ohne Unterschied noch den heutigen Juden zur Last legen« (vgl. Rahner/Vorgrimler 1969, S. 358).

Was waren die Gründe für Jesu Verurteilung und Kreuzigung? Viele sich jeweils übersteigende Elemente führten zu diesem tragischen Ende. Die Römer, die Jerusalemer Lokalaristokratie und auch das Volk gingen dabei eine unheilige Allianz ein (vgl. Theißen/Merz 1997, S. 388-414). Da war auch der Streit Jesu mit den Tempelpriestern. Zumindest in der letzten Lebensphase Jesu hatte dieser wohl mit den priesterlichen Sadduzäern schärfere Konflikte als mit den um rechtliche Streitfragen bemühten Pharisäern. Die Infragestellung der Kommerzialisierung der Tempelopfer traf tiefer als die eher akademischen Streitfragen über die Reinhaltung des Sabbat und über die Einhaltung des Mosaischen Gesetzes. Dass allerdings in den Erzählungen der Evangelien die Pharisäer als die eigentlichen Gegner Jesu erscheinen, liegt auch daran, dass nach der Zerstörung des Tempels im Jahre 70 n. Chr. die Sadduzäer gleichsam mit ihrem Arbeitsplatz auch ihre Daseinsberechtigung als gesellschaftlich relevante Gruppe verloren. Für die Arbeit der Evangelisten nach 70 n. Chr. bleiben somit nur noch die Pharisäer als die das Judentum repräsentierende Schicht.

Die römischen Machthaber nahmen wohl in Jesu Auftreten einen politischen Anspruch wahr. Wenn dieser von einem Teil seiner Anhänger als »König der Juden« bezeichnet wurde (vgl. Mt. 27, 11.29.37 und Joh. 18, 33.37.39), so reihte er sich in den Augen Roms ein in eine Reihe von jüdischen Aufstandsbewegungen, die mit den Makkabäer-Aufständen des zweiten vorchristlichen Jahrhunderts begannen und die im jüdischen Krieg mit der Zerstörung Jerusalems und dem Bar-Kochbar-Aufstand des Jahres 135 n. Chr. ihren traurigen Höhepunkt erreichten. Rom ging es um militärische Stabilität und um die Sicherheit der Steuereinnahmen. Auf beiden Gebieten hatte sich Jesus allerdings zeit seines öffentlichen Auftretens sehr moderat verhalten (»Gebt dem Kaiser, was des Kaisers ist, und Gott, was Gottes ist«, Mk. 12, 17).

Nach dem Johannesevangelium fiel Jesu Todestag auf den Rüsttag des Pessahfestes, den 14. Nisan des jüdischen Kalenders. Zudem fiel das Pessahfest im Todesjahr auf einen Sabbat (vgl. Joh. 19, 14.31). Eine kalendarische Rekonstruktion zeigt dieses Zusammentreffen an für die Jahre 30 und 33. Der bei Lukas genannte Beginn des öffentlichen Wirkens Jesu im fünfzehnten Jahr der Alleinregierung des Kaisers Tiberius (28/29 n. Chr.) und die wohl nur etwa ein bis anderthalb Jahre dauernde Tätigkeit Jesu lassen das Todesjahr 30 n. Chr. als wahrscheinlich erscheinen.

So viel zum historischen »factum brutum«, zum historischen Kontext des im Glaubensbekenntnis nüchtern und sachlich benannten, aber darum nicht weniger grausamen Tod des Jesus von Nazareth.

Die Sinnlosigkeit des Todes am Kreuz

Theologen aller Zeiten haben immer wieder versucht zu klären, wie Jesus selbst seinen Tod verstanden und gedeutet hat. Insbesondere seine Worte beim sogenannten »letzten Abendmahl« schienen eine Interpretation des Todes Jesu durch ihn selbst nahezulegen. Das hier gefeierte Paschamahl im Gedenken an den Auszug des Volkes Israel aus Ägyp-

ten legte den Gedanken nahe, dass Jesus sich selbst als neues Pascha-
lamm verstand. Sein Tod soll wie das Schlachten der Lämmer in der
Zeit des Moses Heil und Rettung bewirken. Doch selbst Befürworter einer solchen Interpretation der überlieferten Worte Jesu sprechen heute von dem »Wachsen historischer Skepsis angesichts der Diskussion
um die Abendmahlsüberlieferung« (Pesch 1978, S. 17 ff.).

Gegen jeden Versuch, dieses Faktum vorschnell durch eine Deutung zu vereinnahmen oder gar durch Spekulationen über Jesu eigenes Todesverständnis abzumildern, schreibt der evangelische Theologe Eberhard Jüngel: »Jesus selbst hatte freilich seinem Tod keine er-
kennbare Bedeutung gegeben. Die exegetische Erforschung des Neu-
en Testaments hat es als in hohem Maße wahrscheinlich erwiesen,
daß alle neutestamentlichen Aussagen, die den Tod Jesu als Heils-
ereignis verstehen, erst nach Jesu Tod entstanden sind. Sie setzen die
Auferstehung Jesu, genauer: den Glauben an den Auferstandenen voraus. Ein Mensch, der Gottes Nähe den Gottlosen bedingungslos zu-
sagte und das Gebot der Liebe den Lieblosen gegenüber kompromiß-
los zur Geltung brachte, mußte zwar durch Wort und Tat erbitterten
Widerspruch – nicht nur der herrschenden Autoritäten – hervorrufen
und mußte wohl auch selber mit der Möglichkeit eines gewaltsamen
Endes rechnen. Aber Jesus hat sein Lebensende, jedenfalls in den uns
erhaltenen und mit hoher Wahrscheinlichkeit auf ihn selbst zurück-
führbaren Worten, nicht als ein für das Leben und Sterben anderer
Menschen bedeutsames Ereignis angekündigt. Wir wissen auch nicht,
wie er das über ihn verhängte Todesurteil aufgenommen hat. Selbst
die Worte des Gekreuzigten sind dem sterbenden Jesus wahrscheinlich erst nachträglich zugeschrieben worden.« Jüngel macht nach diesen Ausführungen bewusst einen langen Gedankenstrich und
schließt: »So gut wie sicher ist jedoch die Überlieferung, dass Jesus
schreiend gestorben ist« (Jüngel 1977, S. 121 f.).

Es gilt, diese Brutalität des Kreuzes ernst zu nehmen. Das Kreuz als
Folterwerkzeug und als Kennzeichen eines qualvollen Todes ist an
sich sinnlos. Es macht auch sprachlos. Es bleibt nur der Hinweis: »Ec-

ce homo«, seht diesen Menschen, seht, was Menschen einem anderen Menschen antun können. Den Grund des grausamen Todes Jesu am Kreuz benennt das Johannesevangelium insofern in aller Nüchternheit:»Weil die Menschen die Finsternis mehr liebten als das Licht« (Joh. 3, 19).

Die christliche Liturgie ist mit diesem Kreuzesgeschehen sensibler umgegangen als oftmals die kirchliche Lehre und Dogmatik. Gegen eine vorschnelle Überstrahlung des Karfreitags durch Ostern fügte sie zwischen beiden den Karsamstag ein. Es ist in der Liturgie der katholischen Kirche bis heute der einzige Tag des Kirchenjahres ohne eigenen Gottesdienst und Kult. Es bleiben nur Trauer, Schweigen, Ohnmacht. Erst die tiefe Aufnahme des Kreuzigungsgeschehens macht empfänglich für die Feier des Ostergeheimnisses.

Es ist auch hier ein Schriftsteller, der in seiner Dichtung eine besondere Sensibilität für das Geschehen zeigt. Rainer Maria Rilke schreibt 1906 sein ergreifendes Gedicht:

Der Ölbaum-Garten

Er ging hinauf unter dem grauen Laub
ganz grau und aufgelöst im Ölgelände
und legte seine Stirne voller Staub
tief in das Staubigsein der heißen Hände.
Nach allem dies. Und dieses war der Schluß.
Jetzt soll ich gehen, während ich erblinde,
und warum willst Du, daß ich sagen muß
Du seist, wenn ich Dich selber nicht mehr finde.
Ich finde Dich nicht mehr. Nicht in mir, nein.
Nicht in den andern. Nicht in diesem Stein.
Ich finde Dich nicht mehr. Ich bin allein.
Ich bin allein mit aller Menschen Gram,
den ich durch Dich zu lindern unternahm,
der Du nicht bist. O namenlose Scham ...

Später erzählte man: ein Engel kam –.
Warum ein Engel? Ach es kam die Nacht
Und blätterte gleichgültig in den Bäumen.
Die Jünger rührten sich in ihren Träumen.
Warum ein Engel? Ach es kam die Nacht.
Die Nacht, die kam, war keine ungemeine,
so gehen hunderte vorbei.
Da schlafen Hunde und da liegen Steine.
Ach, eine traurige, ach irgendeine,
die wartet, bis es wieder Morgen sei.
Denn Engel kommen nicht zu solchen Betern,
und Nächte werden nicht um solche groß.
Die Sich-Verlierenden läßt alles los,
und sie sind preisgegeben von den Vätern
und ausgeschlossen aus der Mütter Schoß.
(Rilke 1999, S. 194 f.)

Das Kreuz als Symbol der Rettung und des Heils

Das Kreuz ist ein historisch bezeugtes Todesinstrument, es belegt die Brutalität der Hinrichtung eines Menschen in der antiken Welt. Es ist in der Literatur als Faktum ebenso sicher ausgewiesen wie viele andere Daten und Ereignisse, die in unseren Geschichtsbüchern stehen.

Der Mensch nimmt jedoch historische Fakten nicht einfach nur wahr. Er ordnet sie vielmehr in sein jeweiliges Weltbild ein und deutet sie dadurch. Er spricht den Ereignissen dadurch auch Bedeutungen zu, die unter Umständen über Jahrhunderte weitertradiert und verkündet werden. Dabei ist die Erkenntnis wichtig, dass Deutung wie Bedeutung abhängen vom jeweiligen geschichtlichen, kulturellen, gesellschaftlichen und auch religiösen Rahmen, in den die Ereignisse eingeordnet werden. Dasselbe historische Ereignis kann in unterschiedlichen Deutungssystemen sehr verschiedene, ja sogar gegensätzliche Bedeutung erhalten. Das Lebenswerk von Karl dem Großen kann zum Beispiel gedeutet werden im Sinne eines großen Heerführers und Politikers, der durch seine Taten sowohl die Einheit des Reiches als auch die Kircheneinheit bewirkte. Insofern wird er »der Große« genannt. Allerdings wird die Leistung des »großen« Karl aus der Sicht der ihm unterlegenen Sachsen und Friesen wohl eher im Sinne eines »großen« Mörders und Schlächters beschrieben.

Im Deutschland der Nachkriegszeit konnte dasselbe Datum des 8. Mai 1945 je nach politischem Standort entweder als »Kapitulation« oder als »Befreiung« charakterisiert werden.

So wurden und werden auch Jesu Kreuz und Tod je nach Zeit und Weltbild unterschiedlich, teilweise sogar gegensätzlich gedeutet. *Ein* Deutungsmuster wurde dabei allerdings für die abendländische Kirche und Theologie bis heute zentral – wenn es auch dadurch nicht als weniger problematisch erscheint. Dessen Bezugsrahmen gilt es herauszuarbeiten und seine Möglichkeiten und Grenzen aufzuzeigen. Ebenso ist nach alternativen Deutungen zu fragen.

Anselm von Canterbury (1033-1109) ist sicher einer der bedeutendsten Theologen des Mittelalters. Er weiß, dass Glaubensinhalte nicht rein rational und argumentativ aufgewiesen werden können. Andererseits möchte er aber aufzeigen, dass der christliche Glaube der Vernunft nicht einfach widerspricht: »fides quaerens intellectum« – der Glaube hat seine eigene Vernünftigkeit, die auch nach außen aufgezeigt werden kann. Für Anselm gilt dies insbesondere gegenüber den Gelehrten des Judentums und des Islams. Selbst das Kreuz hat für ihn eine eigene Rationalität. Er sucht nach Gründen, um insbesondere im Gespräch mit den muslimischen Gelehrten aufzeigen zu können, dass das Leid und der Tod Jesu von Nazareth mehr sind als die schändliche Hinrichtung eines Unschuldigen. Der Koran blendet ja gerade dieses Schicksal Jesu aus. Für ihn ist es unerträglich, dass der auch in der muslimischen Tradition als wichtigster Prophet vor Mohammed hoch geachtete Jesus an einem solchen Schandmal qualvoll sterben soll. Statt seiner starb in der Tradition des Korans ein Ersatzmann.

Welche Gründe aber lassen sich für diesen Tod Jesu theologisch-ar-
gumentativ aufzeigen? Wie ist die Bedeutung dieses »factum brutum«
gleichsam logisch herzuleiten? Anselm von Canterbury widmet dieser Aufgabe sein ganzes Büchlein aus dem Jahre 1090 »Cur deus homo?« – »Warum wurde Gott Mensch?«.

Der Argumentationsgang Anselms nimmt beim Gedanken seinen
Ausgang, dass Gott in bester Absicht eine gute Schöpfung geschaffen
hat. Diese gute Schöpfung wurde durch den Ungehorsam eines einzigen Menschen in der Paradiesgeschichte grundlegend pervertiert.
Diese Tat des ersten Menschen hat umfassende Konsequenzen für
das ganze weitere Menschengeschlecht, »nämlich weil das Menschengeschlecht, sein so kostbares Werk, gänzlich zugrunde gegangen war«, das, »was Gott über den Menschen beschlossen hatte«, war
in Gefahr, »vollständig zunichte« zu werden (Anselm 1970, S. 19).
Charakteristisch ist auch Anselms Definition der ersten Sünde und in
deren Folge sein Verständnis aller weiteren Sünden: Sündigen ist
»nichts anderes als Gott das Geschuldete nicht leisten« (Anselm 1970,
S. 41). Der Mensch zeigt sich somit undankbar gegenüber dem Gott,
der ihn und die Schöpfung ins Leben gerufen hatte: »Wer diese schuldige Ehre Gott nicht erweist, nimmt Gott, was ihm gebührt, und ent-
ehrt Gott; und das heißt sündigen. Solange er aber nicht einlöst, was
er geraubt, bleibt er in Schuld. Und es genügt nicht, nur das zurückzu-
geben, was geraubt wurde, sondern wegen der zugefügten Entehrung
muß er mehr erstatten, als er genommen hat« (Anselm 1970, S. 41).
Verlangt ist somit Satisfaktion, im wortwörtlichen Sinn des Wortes:
Genug-Tuung. Solange diese nicht geleistet wurde, ist die Ordnung
der Schöpfung aus den Fugen: »Nichts ist in der Ordnung der Welt weniger zu ertragen, als daß das Geschöpf dem Schöpfer die schuldige
Ehre nimmt und nicht abbezahlt, was es nimmt« (Anselm 1970, S. 45).
Gott bestimmt zur Wiederherstellung der Ordnung und seiner Ehre
das »Maß der Vergeltung« (Anselm 1970, S. 43), wird er doch selbst de-
finiert als »höchste Gerechtigkeit« (Anselm 1970, S. 47). Die Methode
dieser Gerechtigkeit ist die Abzahlung der Schuld: »Wer nicht bezahlt,

180

spricht vergebens: Vergib. Wer aber bezahlt, bittet, weil ebendas zur Abzahlung gehört, daß er bitte« (Anselm 1970, S. 71).

Gerade an dieser Stelle der Argumentation gerät Anselm in ein scheinbar unauflösbares Dilemma. Die Schuld des ersten Menschen und in dessen Nachfolge die Schuld der ganzen Menschheit ist so groß, dass weder ein Einzelner noch die Menschheit als ganze diese Schuld bereinigen kann. Andererseits muss aber auch von menschlicher Seite aus ein gewichtiger Beitrag zur Schuldbegleichung geschehen. Es erscheint Anselm als unbefriedigend, wenn wie im griechischen Theater in scheinbar unlösbaren Konfliktsituationen einfach ein »deus ex machina«, sozusagen ein »Gott aus heiterem Himmel« die Probleme der Menschen löst. Der Mensch muss somit etwas leisten, mit dem er hoffnungslos überfordert ist. Andererseits kann er aber auch von dieser Aufgabe nicht dispensiert und freigesprochen werden. Anselms Kernpunkt der Argumentation: Gerade zur Lösung dieses Dilemmas wurde Gott Mensch. »Aber vom Herrn Christus Jesus sagen wir aus, daß er wahrer Gott und wahrer Mensch ist, eine Person in zwei Naturen und zwei Naturen in einer Person. Wenn wir daher sagen, Gott erleide Niedriges oder Schwaches, so verstehen wir das nicht von der Erhabenheit der leidensunfähigen Natur, sondern von der Schwachheit der menschlichen Substanz« (Anselm 1970, S. 27). Der Gottmensch Jesus Christus vollbringt in seiner Hingabe an den Vater und in seinem Tod das, was Menschen nie vollbringen könnten. Dieses Opfer geschieht freiwillig, sodass man vom Vater sagen kann, »er habe gewollt, daß der Sohn den Tod so liebevoll und erspießlich erdulde, obwohl er seine Pein nicht liebte« (Anselm 1970, S. 37). Der Sohn seinerseits »wollte unbeugsam lieber den Tod erleiden, als daß die Welt nicht erlöst würde« (Anselm 1970, S. 37).

Die Bewertung dieses Deutungsansatzes ist nur verständlich vor dem Hintergrund des mittelalterlichen Gesellschaftssystems und dessen Ordnungsstukturen. In einer feudalen Gesellschaft mit festen, für den Einzelnen nicht übersteigbaren Grenzen gilt das Gesetz der Aufrechnung und die Logik des Zurückzahlenmüssens. Allerdings gilt das nur auf der jeweils gleichen gesellschaftlichen Stufe. Ein Ritter ist gegenüber einem Ritter sowohl satisfaktionsfähig als auch satisfaktionswürdig. Konflikte können somit im Extremfall durch das Duell der Gleichen gelöst werden. Nie würde sich allerdings ein Ritter mit einem Bauern duellieren. Hier gelten ganz andere Formen der Konfliktlösung vom Einzug des Eigentums über den Arrest im Kerker bis zur Tötung des Untergebenen. So auch in Anselms Logik: Der Mensch ist Gott gegenüber weder satisfaktionsfähig noch satisfaktionswürdig. Bei dieser »Regel der Gerechtigkeit« ist »kein Weg, auf dem das arme Menschlein entweichen kann« (Anselm 1970, S. 85). Selbst die Sprache Anselms ist dabei aufschlussreich. Es finden sich fast nur Begriffe aus der Jurisdiktion und dem Strafrecht. Die Normerfüllung wird zum obersten Gebot, Gerechtigkeit wird zum wichtigsten Namen Gottes.

Die psychologische Praxis zeigt allerdings, dass gerade sensible religiöse Menschen oft unerträglich unter dem Gedanken leiden, dass dieser wertvolle und liebenswürdige Mensch Jesus von Nazareth auch für ihre Sünden so qualvoll am Kreuz sterben musste. Nicht selten sind Neurosen oder Depression die Folgen.

Ohne das im Folgenden zitierte Buch in all seinen Aussagen unterstützen zu können, glaube ich, dass dessen Autor Franz Buggle aber gerade im Zusammenhang einer Sühnetod-Theologie auf wichtige und richtige Fragen hinweist: »Durch kindliche Indoktrination wird so das Bild eines Gottes verinnerlicht, der zu seiner Versöhnung den Kreuzestod, bekanntlich eine der grausamsten Hinrichtungsarten ..., eines Menschen und darüber hinaus eines Menschen, zu dem er in einem Vater-Kind-Verhältnis steht, seines Sohnes, nicht nur annimmt, sondern nach mehrfachem biblischen Zeugnis sogar ausdrücklich wünscht« (Buggle 1992, S. 137). Und weiterhin: »Die Lehre vom Kreuzestod Jesu, als Sühneopfer nach genuin biblischer Auffassung Voraussetzung und Beweggrund Gottes für Erlösung und Sündenvergebung, dürfte so als eine der Kernaussagen christlicher Dogmatik gelten und auch die ... Gebote der Gottes- und Nächstenliebe weitgehend neutralisieren, wenn nicht in ihr Gegenteil verkehren. Weil diese so untrennbar eingebunden sind in die Vermittlung eines archaisch-inhumanen Gottesbildes, dürften sich die möglichen positiven Auswirkungen des Liebesgebotes durch die Kopplung mit massiven Strafdrohungen und Angstmechanismen aus psychologischen Gründen zu einem Gutteil paralysieren« (Buggle 1992, S. 137 f.). Solche Kritik ist allein schon wegen der Menschen, die unter dem kritisierten Deutungsmodell leiden, sehr ernst zu nehmen.

Zwei Aspekte gehören dabei zusammen: Wird eine Argumentation oder eine Interpretation des christlichen Glaubens nicht zuletzt wegen seiner gesellschaftlichen und kognitiven Rahmenbedingungen kritisiert, so sollte gleichzeitig nach Alternativen gesucht werden. Diese wiederum müssen sich dann allerdings sowohl gegenüber der Bibel als auch gegenüber der Theologiegeschichte als sinnvoll und angemessen ausweisen.

Gerade die Theologiegeschichte der Zeit von Anselm von Canterbury bietet ein anschauliches und einprägsames Alternativkonzept zu dessen Satisfaktionstheorie. Sein Zeitgenosse Petrus Abaelard (1079-1142) fragt in seinem Kommentar zum Römerbrief des Paulus zu Recht: »Wie grausam aber und ungerecht erscheint es, dass jemand unschuldiges Blut als irgendein Lösegeld verlangt habe sollte oder dass es ihm auf irgendeine Weise gefallen haben sollte, dass ein Unschuldiger getötet würde, geschweige denn, dass Gott den Tod seines Sohnes für so angenehm gehalten haben sollte, dass er durch ihn der ganzen Welt versöhnt worden ist« (Abaelard 2000, S. 289). Statt Ordnung, Gerechtigkeit und Genugtuung finden sich bei Abaelard Begriffe wie Vergebung, Versöhnung, Gnade, Geschenk und Erlösung. Zentral dabei sind allerdings seine Ausführungen über die Liebe: »Unsere Erlösung ist daher jene höchste in uns durch die Passion Christi entstanden Liebe, die uns nicht allein von der Knechtschaft der Sünde befreit, sondern uns die wahre Freiheit der Kinder Gottes erwirbt« (Abaelard 2000, S. 291). Nicht um Aufrechnung und Abrechnung geht es ihm, sondern um die solidarische Liebe Jesu zu

183

den Menschen, eine Liebe, die eher den Tod auf sich nimmt, als auf ein menschenfreundliches und zugleich gottgefälliges Leben zu verzichten: »Uns aber scheint, dass wir darin im Blut Christi gerechtfertigt und mit Gott versöhnt sind, dass er uns noch mehr durch Liebe an sich gebunden hat durch diese einzigartige uns erwiesene Gnade, dass sein Sohn unsere Natur angenommen hat und in ihr, indem er uns ebenso durch das Wort wie durch das Beispiel unterwies, bis zum Tode ausgehalten hat. Daher schreckt die wahre Liebe von jemandem, der durch eine so große Wohltat göttlicher Gnade entflammt ist, nicht mehr davor zurück, etwas seinetwegen zu ertragen« (Abaelard 2000, S. 289).

Glaube und Nachfolge sind so nicht mehr angstbesetzt, selbst Kreuz und Leid Jesu sind vielmehr eingebunden in den Kontext der »Frohen Botschaft«: »Unsere Erlösung ist daher jene höchste in uns durch die Passion Christi entstandene Liebe, die uns nicht allein von der Knechtschaft der Sünde befreit, sondern uns die wahre Freiheit der Kinder Gottes erwirbt, sodass wir eher als aus Furcht aus Liebe zu dem alles erfüllen, der uns eine so große Gnade erwiesen hat, wie man sie größer nicht finden kann« (Abaelard 2000, S. 291). Mit den Worten des Abaelard-Biografen Michael Clanchy: Es zeigt sich bei ihm, dass »die Bedeutsamkeit der Fleischwerdung Christi nicht in der Befriedigung der Rechtsansprüche Gottes oder des Teufels bestehe, sondern in der beispielhaft verkörperten Verkündigung des Gesetzes der Liebe. Dieser Gedanke drängte die gesamte Vorstellung einer Kompensation für Gott für die Sünde des Menschen völlig in den Hintergrund und verlagerte die entscheidende Bedeutung der Inkarnation auf ihre Fähigkeit, die Liebe des Menschen zu Gott wiederzubeleben« (Clanchy 2000, S. 364). Mit anderen Worten: »Der Tod Jesu ist also nicht zur Tilgung einer Erbsünde nötig, die dem Menschen von Geburt an anhaftet, sondern er hat nach Abaelard einen ganz andern Sinn: Er soll den einzelnen Menschen innerlich verwandeln, in ihm die Liebe, die Caritas entzünden und ihn dadurch vor Gott rechtfertigen« (Peppermüller 2003, S. 122).

Gerechtigkeit ist sicher ein hohes Gut. Aber Religion und eine diese reflektierende Theologie haben es im guten Sinne des Wortes mit dem »Jenseits«, mit der »Transzendenz« zu tun. Dies meint mehr als die Erfüllung innerweltlicher Bewertungskriterien. Liebe eröffnet eine solche Transzendenz – sie ist nicht zu leisten, nicht einzufordern, sie überschreitet selbst die Gerechtigkeit, sie wird geschenkt, sie ist Gnade und »himmlisch gut« (vgl. Kapitel »Gnade«).

Neben dieser theologiegeschichtlichen Deutung des jesuanischen Kreuzesgeschehens durch Abaelard, die sich fundamental von der Verrechnungstheorie Anselms unterscheidet, bieten auch die biblischen Texte selbst Anlass für eine Neubesinnung.

Die Autoren der biblischen Passionsgeschichte sahen sich vor eine schwierige Aufgabe gestellt. Auf der einen Seite sollten sie Leben und Geschick Jesu beschreiben, der für sie durch Wort und Tat einmalig und unvergleichbar war. Dass gerade dieser Mensch, der Liebe lebte und predigte, am Schandmal des Kreuzes endete, machte seine Freunde zunächst sprachlos. Andererseits suchten auch Not und Leid eine Sprache, sozusagen letzte Worte vor dem völligen Verstummen.

In ihrer Not, dem Unaussprechlichen eine Sprache zu geben, kam den Evangelisten ihre eigene jüdische Tradition zu Hilfe. Im Zusammenhang des großen Exils, als im 6. Jahrhundert v. Chr. die gesamte Oberschicht von Israel nach Babylon in die Verbannung verbracht wurde, entstanden die Lieder eines bis heute unbekannten Propheten. Seine Texte fügte man später in einen Anhang des Buches des Propheten Jesaja (»Deuterojesaja«) ein. Nur so blieben sie der Nachwelt erhalten und konnten eingehen in das Gebetsleben vieler kommender Generationen. Diese sogenannten »Knecht-Gottes-Lieder« des Alten Testaments dienten nun den Evangelisten des Neuen Testaments dazu, dem unbeschreiblichen Leid Jesu eine sprachliche Gestalt zu geben. Zugleich wird dieses Ausdrucksmittel für sie zur Deutungsfolie. Hier finden sie Orientierungspunkte, wie dieses Geschehen nicht nur darzustellen, sondern auch zu verstehen und zu interpretieren ist. Die Nähe des Geschickes des alttestamentlichen Gottesknechts zu dem Kreuz und Tod Jesu von Nazareth ist für sie so groß, dass sie ganze Passagen der Lieder in ihre Schilderung der Passion Jesu übernehmen. So heißt es zum Beispiel im dritten Lied: »Gott, der Herr, hat mir das Ohr geöffnet, und ich wehrte mich nicht, ich wich nicht zurück. Ich hielt meinen Rücken denen hin, die mich schlugen, und denen, die mir den Bart ausrissen, mein Kinn. Mein Gesicht verbarg ich nicht, als sie mich verhöhnten und bespuckten« (Jes. 50, 5 ff.). Deutlich ist die neutestamentliche Parallele zu erkennen: »Da spien sie ihm in das Gesicht und schlugen ihn, andere gaben ihm Backenstreiche und sagten: Weissage uns, Messias, wer es ist, der dich schlug« (Mt. 26, 67 f.). Wir wissen nichts über die historischen Einzelheiten des Martyriums Jesu. Die Texte aus Jesaja helfen, sich das Unvorstellbare vorzustellen.

Besonders das vierte dieser Lieder bietet dann den Anlass, über die Ursachen und auch über die Sinnhaftigkeit des an sich sinnlosen Todes am Kreuz nachzudenken. Zunächst beschreibt der Text das Erstaunen der Zeitgenossen darüber, dass gerade im Unheil des Gottesknechts das Heil erfahrbar werden konnte: »Wer hat geglaubt, was uns berichtet wurde? Die Hand des Herrn, wer hat ihr Wirken erkannt? … Er sah nicht so aus, dass er unser Gefallen erregte. Er war verachtet und von den Menschen gemieden, ein Mann voller Schmerzen, mit der Krankheit vertraut. Wie ein Mensch, vor dem man das Gesicht verhüllt, war er bei uns verfemt und verachtet« (Jes. 53, 1 ff.). Für Menschen, die ständig die Gründe für das Leid und die Not anderer in deren eigenem Verhalten sehen, die somit Tun und Ergehen in einen nicht trennbaren Zusammenhang stellen (»von nichts kommt nichts«), ist dies eine irritierende Erkenntnis. Und sie wird noch gesteigert: Seine Krankheit, seine Not haben etwas mit uns zu tun. An ihm wird sichtbar, wie es letztlich um uns steht: »Aber er hat unsere Krankheiten getragen und unsere Schmerzen auf sich genommen. Wir meinten, er sei vom Unheil getroffen, von Gott gebeugt und geschlagen. Doch er wurde durchbohrt wegen unserer Verbrechen, wegen unserer Sünden misshandelt« (Jes. 53, 4 f.).

Worin aber besteht das Fehlverhalten der vielen, unter deren Konsequenzen dann der Gottesknecht der Exilszeit leiden muss? Auch hier gibt das Lied eine klare Antwort, die so überzeugend wirkt, dass sie ebenfalls von den Autoren des Neuen Testaments auf die Person Jesu übertragen werden konnte: »Wir hatten uns verirrt wie die Schafe, jeder ging für sich seinen Weg«(Jes. 53, 6a). Dort, wo Menschen meinen, ohne oder gar gegen andere oder auf Kosten von anderen leben zu können, führt dies nicht nur zum Tod von Beziehungen, sondern nur zu häufig auch zum Tod des einzelnen Menschen.

Es ist ein langer Prozess, der in einem einzigen Liedvers beschrieben wird: von der Erkenntnis »Wen kümmerte sein Geschick« bis zur Aussage »Er wurde aus dem Land der Lebenden verstoßen und wegen der Verbrechen seines Volkes getötet« (Jes. 53, 8). Im Gottesknecht wie analog in Jesus von Nazareth zeigt sich eine Lebenspraxis, die eher in den Tod geht, als ihre Mitmenschen und ihre Aufgabe – das heißt letztlich auch als sich selbst – zu verleugnen und zu verraten. An einem Menschen wird exemplarisch deutlich, wie es um eine Gemeinschaft als ganze steht. Gerade dies können die biblischen Autoren verdeutlichen, indem sie auf das Bild vom israelitischen Sündenbock hinweisen. Ihm wurde vom Hohenpriester am Versöhnungstag Jom Kippur im Auftrag Jahwes die Schuld des ganzen Volkes symbolisch aufgeladen: »Doch der Herr warf all unsere Sünden auf ihn« (Jes. 53, 6b).

Wie in der Krankheit, dem Schulversagen oder der Sucht eines Kindes die Problematik einer ganzen Familienstruktur offenbar werden kann; wie ein Kranker die ganze Last der Lebens- und Arbeitsbedingungen einer Gesellschaft, die zu ebendieser Krankheit geführt hat, tragen muss; wie Arme und Ausgebeutete die Konsequenz globaler Wirtschaftsordnungen zu tragen haben – so tragen immer wieder Einzelne die Schuld aller. Im Gottesknecht wird somit eine Liebe deutlich, die eindeutig gut ist, die nicht davonläuft, wenn es kritisch wird. Und gerade in diesem Einstehen für andere liegt die Chance verborgen, dass das Verborgene, seien es die ungerechten Strukturen einer Gemeinschaft oder das lieblose Handeln der Einzelnen, offensichtlich wird. Im Offenbarwerden ist dann gleichsam in einem dialektischen Umschlag auch die Chance gegeben, dass aus dieser Erkenntnis eine eigene Umkehr oder eine Humanisierung der unmenschlichen Verhältnisse erfolgt. Der Tod *von* anderen kann somit zum Tod *für* andere werden. Mit großem Recht stellen die Evangelisten Jesus in diese Tradition des Gottesknechtes, so sehr, dass sie in ihm einen neuen, für die Christen den entscheidenden Gottesknecht erkennen.

Warum also musste Jesus letztlich sterben? Nicht um dem Gerechtigkeitsbewusstsein eines nach mittelalterlichem Feudalrecht nachempfundenen Gottesbildes Genüge zu tun. Er musste vielmehr sterben, weil Menschen so handeln, wie sie handeln. Er wurde das Opfer von Menschen und nicht das Opfer eines rachsüchtigen Gottes. Und gerade durch die Übernahme und das Durchhalten dieses von Menschen verursachten Leidens erscheint im Leid und durch das Leid die Chance einer Um-Kehr, einer im wahren Sinne des Wortes notwendigen Be-Kehrung.

Im Kreuz ist Leben

Wie lassen sich somit die im Karfreitagshymnus besungenen Elemente »Holz des Kreuzes« und »Heil der Welt« miteinander verbinden? Die Zusammenstellung beider Elemente erscheint paradox. Paulus spricht hier mit Recht von einem »Stolperstein«, von einem Skandal. Das Paradox ist nicht aufzulösen durch den Mythos eines beleidigten Gottes, der nicht eher Ruhe gibt, bis ihm das geraubte Recht mehr als vollständig zurückgegeben worden ist. Wieder-gut-Machung: Gerade die jüngere Geschichte hat am Beispiel des Holocaust dramatisch gezeigt, dass es Schuld und menschliches Versagen gibt, das so abgrundtief ist, dass es dafür kein »Genug«, keine »Wieder-gut-Machung«, kein »Satis« einer »Satisfaktion« geben kann.

Im Kreuz Jesu kann allerdings beispielhaft und für Christen unüberbietbar eine Diagnose von Einzelmensch und menschlicher Gemeinschaft deutlich werden. Hier wird den Menschen und ihren Le-
bensverhältnissen der Spiegel vorgehalten: Wie leben Menschen?
Was ist ihnen wichtig? Wer sind die Opfer ihrer Lebensweise? Wer
wird durch sie auf das Kreuz gelegt? Wer muss durch sie sein Kreuz
bis zur bitteren Neige tragen?

Durch diese Diagnose kann allerdings gleichzeitig ein Weg der Therapie aufscheinen.

Was zählt wirklich letztlich? Was trägt, wenn alle Äußerlichkeiten
abgebrochen sind? Wer oder was trägt letztlich gerade denjenigen,
der sein Kreuz zu tragen hat?

Der Glaube an die Heilskraft des Kreuzes Jesu Christi darf kein Mythos bleiben. Vielmehr sollte sich auch hier Glauben als Vollzugsgrö-
ße, als menschliche Praxis erweisen. Paulus zeigt auch hier einen
Weg. Der Ausgangspunkt bleibt der Skandal: »Die Juden fordern Zeichen, die Griechen Weisheit. Wir dagegen verkünden Christus als den
Gekreuzigten: für Juden ein empörendes Ärgernis (›skandalon‹), für
die Heiden Torheit« (1 Kor. 1, 22 f.). Verständlich wird auch diese
Glaubenswahrheit nicht in der Theorie, sondern nur in der Lebenspraxis. Und diese wiederum zeigt sich in der Nachfolge, nicht im Sinne einer mystischen Kreuzesimitation oder als Leidensnachfolge mittels eines Bußgürtels, sondern als Ausrichtung des ganzen Lebensvollzuges nach dem Lebensmodell Jesu Christi. Insofern kann Paulus
sagen: »Ich bin mit Christus gekreuzigt worden« (Gal. 2, 19b) und für
Christen zur Maxime machen: »Alle, die zu Christus gehören, haben
das Fleisch und damit ihre Leidenschaften und Begierden gekreuzigt« (Gal. 5, 24).

Wo also Gerechtigkeit überboten wird von Liebe, wo Verzeihung
statt Vergeltung, Nachlass statt Aufrechnung geschieht, wo kreatives
Leben statt totem Gesetz erscheint, wo ein konkretes Einzelschicksal
höher bewertet wird als eine gesellschaftliche Norm, auch wo in den
Kirchenleitungen geschwisterlicher Umgang praktiziert wird, statt

auf abstrakten kodifizierten Rechten zu bestehen – überall dort werden traditionelle Beurteilungen und Bewertungsmaßstäbe durchkreuzt zugunsten von neuem, in diesem erfahrbaren Sinne »jenseitigem«, der »Welt« und ihren Maßstäben gegenüber »transzendentem« Leben. Durch diese Umkehr ist im und durch das Kreuz zugleich ein Stück Auferstehung erfahrbar. Oder nochmals mit den Worten des Paulus: »Wir wissen doch: Unser alter Mensch wurde mitgekreuzigt, damit der von der Sünde beherrschte Leib (und zugleich die von den Sünden beherrschte Welt mit ihren Strukturen) vernichtet werde und wir nicht Sklaven der Sünde bleiben« (Röm. 6, 6). Oder mit den Worten von Dietrich Bonhoeffer: Es ist das Kreuz, »das den Christen über die Welt hinaus sein lässt und ihm darin den Sieg über die Welt gibt« (Bonhoeffer 2002, S. 95).

Literatur:

Abaelard, Petrus: Römerbriefkommentar, 3 Bd., lateinisch-deutsch (Reihe »fontes christiani«), Freiburg 2000

Anselm von Canterbury: Cur deus homo? Warum wurde Gott Mensch?, Darmstadt 1970

Bonhoeffer, Dietrich: Nachfolge, Gütersloh 2002

Buggle, Franz: Denn sie wissen nicht, was sie glauben oder: warum man redlicherweise nicht mehr Christ sein kann, Reinbek 1992

Clanchy, Michael, T.: Abaelard. Ein mittelalterliches Leben, Darmstadt 2000

Egeria: Itinerarium, Reisebericht (Reihe »fontes christiani«), Freiburg 1995

Jüngel, Eberhard: Tod, Stuttgart, 4. Aufl. 1977

Peppermüller, Rolf: Erlösung durch Liebe. Abaelards Soteriologie, in: Niggli, Ursula (Hg.): Peter Abaelard. Leben – Werk – Wirkung, Freiburg 2003, S. 115-227

Pesch, Rudolf: Das Abendmahl und Jesu Todesverständnis, Freiburg 1978

Rahner, Karl/Vorgrimler, Herbert (Hg.): Kleines Konzilskompendium, Freiburg 1969

Rilke, Rainer Maria: Lyrik und Prosa, Darmstadt 1999

Schuster, Ildefons: Liber Sacramentorum – Geschichte und liturgische Studien über das römische Meßbuch, Bd. 3, Regensburg 1929

Theißen, Gerd/Merz, Annette: Der historische Jesus, Göttingen, 2. Aufl. 1997

Teufel

Teufel

Der Mensch im »Zwischen«

»Vieles Gewaltige lebt, und doch: Nichts gewaltiger denn der Mensch.« Mit großem Selbstbewusstsein beschreibt der griechische Dichter Sophokles etwa um das Jahr 440 v. Chr. in seiner Tragödie »Antigone« das Wesen des Menschen (vgl. Sophokles 1977, S. 62). Der Autor spiegelt darin zugleich den Stolz seiner Stadt Athen und deren Bürger auf das in Politik, Seefahrt, Landwirtschaft und in der Kunst Erreichte. Es ist die Blütezeit Athens, das innerlich und äußerlich relativ befriedet ist. Selbst mit dem politischen Gegner und Konkurrenten in Sparta hat man einen Friedensvertrag geschlossen.

Und doch schreibt Sophokles »Tragödien«, Geschichten voller Spannung zwischen Glück und Leid mit Menschen zwischen Freiheit und Unterdrückung. Die Ursachen der Spannung sind vielfältig. Beherrscht auch der Mensch Länder und Meere, so bleibt doch ein Wunsch unerfüllt: »Nur Hades auch hat er nicht zu fliehn erlangt.« Hades, der Ort der Unterwelt und der Toten, zeigt es an: Der Tod des Menschen und insbesondere ein früher, vorzeitiger Tod bleibt ein »Skandal«, ein »Stolperstein«. Dem scheinbar grenzenlosen Streben sind letztlich enge Grenzen gesetzt.

Neben dieser »natürlichen« Begrenzung des Menschen spricht gerade die Tragödie »Antigone« des Sophokles aber auch eine weitere Dimension menschlicher Beschränkung an: die von Menschen selbst errichteten Mauern und Zäune in Form von Geboten und Vorschriften. So verbietet Kreon, der Fürst von Theben, der Antigone im Namen der Götter, ihren im Kampf gefallenen Bruder Polyneikes zu bestatten. Antigone widersetzt sich und erweist dem Bruder die letzt-

193

mögliche Ehre, auch wenn ihr selbst Verfolgung und Tötung drohen: »Der Tod war sicher mir; wie anders auch?« Sie erkennt, dass »den toten Sohn der eignen Mutter so bestattungslos zu sehen« ihr viel größeren Schmerz bereiten würde als die eigene Hinrichtung (Sophokles 1977, S. 66).

Zeitgleich mit der Entstehung vieler Texte des sogenannten »Alten Testaments« gelingt Sophokles hier eine die Zeit übergreifende Beschreibung des Menschen. Der Mensch lebt auch in Zeiten kultureller und wirtschaftlicher Blüte, selbst bei persönlichem Glück und Wohlergehen in einer unaufhebbaren Gebrochenheit, in einer Zweideutigkeit von Gelingen und Misslingen, in der Spannung zwischen Zeit und Ewigkeit. Er lebt im »Zwischen«.

Viele große Texte der Weltliteratur und der Weltreligionen wissen um diese Gebrochenheit des Menschen und beschreiben diese in eindringlichen und anschaulichen Bildern. Der Mensch ist dort dargestellt als Wesen mitten zwischen dem Paradies des Anfangs und dem Himmel der Zukunft. Oder im antiken Weltbild mit seinen drei Stockwerken: Des Menschen Lebensort ist die Erde. Er lebt zwischen dem Himmel als Sitz der Götter und der Hölle als Sitz der Teufel. Die Geografie beschreibt hier das Selbstverständnis des Menschen. Er fühlt sich zwischen Gott und Teufel. Sein Leben ist dabei zugleich der Ort, an dem sich überirdische und unterirdische Mächte und Gewalten um ihn und seine Seele streiten.

Wie viele andere Religionen verteilt zum Beispiel der Hinduismus diese tiefe Lebenserfahrung des Menschen auf zu unterscheidende Götter und ihren Anhang. Brahma, der Schöpfer, bleibt dabei eigentümlich blass und abstrakt, er wird kaum in einem Tempel verehrt. Was Menschen beschäftigt, ist nicht der ferne und allgewaltige Gott und Schöpfer vor der Welt. Menschen leben hier und heute. Und so interessiert sie Shiwa, der Umwälzende, der Zerstörer, der mitten in menschliches Leben und dessen Geschick eingreift. Mag auch durch ihn Bewegung, Erneuerung und damit neues Leben entstehen: Der Mensch fürchtet gleichzeitig die destruktiven Kräfte der Veränderung, er wird orientierungslos und hilflos bei der Suche nach neuem Halt. Hier hilft dann der Gott des Erhaltens und der Rettung Vishnu. Er garantiert die Ruhe im Sturm, das Verlässliche im Chaos der Veränderung.

Gerade sensible Menschen sehen die in Religion und Literatur beschriebenen Risse in der Ordnung, die Brüche in der scheinbaren Stabilität, den Abgrund hinter der oft so schönen Fassade. Gerade sie fühlen sich vom Thema »Teufel« angesprochen. Sie erkennen in ihm eine Ausdrucksgestalt ihrer eigenen Erfahrungen und Leiden, und sie wissen um die Verwandtschaft zwischen Tod und Teufel. Diese stehen für sie unabänderlich am Ende des Lebens, sind Endpunkt und Richter des Lebens zugleich. Gleichzeitig stehen sie aber nicht nur am Ende eines biologischen Lebens. In den Enttäuschungen, Traurigkeiten und Abschieden des Alltags ragen Tod und Teufel mitten in das Leben hinein. Sie beanspruchen ihren Tribut noch vor der Zeit.

Selbst die sichtbar gute Schöpfung steht in der Zweideutigkeit. Diese wahrzunehmen ist weder theoretisch auszublenden noch praktisch aufzuheben. Das Grundgesetz des Lebens lautet: *Von* anderem leben statt *mit* ihm. Wenn auch ein himmlischer Vater die Vögel des Himmels ernährt – wo bleibt der Gott des Regenwurms, der diesen schützt vor dem hungrigen Schnabel der Amsel? Auch hier: Nicht eindeutig gut oder schlecht ist diese Welt. Sie ist wie der Mensch im »Zwischen«, eingespannt zwischen Paradies und Himmel, zwischen »Nicht-mehr« und »Noch-nicht«.

Das Böse als Dimension des Lebens

Die Texte des von Christen als »Altes Testament« bezeichneten Teils der Bibel beschreiben den Menschen, wie er leibt und lebt. Keine Erfahrung des Glücks und der Erfüllung, aber auch keine Erfahrung des Leidens und des Schmerzes ist ihm fremd.

Bei aller Not und Gebrochenheit des menschlichen Lebens setzen die Autoren des »Alten Testaments« an den Anfang ihrer Geschichten ein positives Zeichen: Gottes Schöpfung beginnt gut. Es gab nicht zwei gleichberechtigte Schöpfergestalten, die jeweils für das Gute oder das Böse zuständig waren. Insofern trägt die Welt und mit ihr der Mensch ein Pluszeichen vor sich her; das Böse und seine Folgen sind zweitrangig und abgeleitet.

Diese Pluszeichen der biblischen Schöpfungsgeschichten lassen sich auch heute noch in der Erfahrung des Alltags bestätigen. Wie selbstverständlich gehen wir zunächst vom Positiven aus. Jeder, der eine Brücke überquert, vertraut der Stabilität dieses Bauwerks. Jeder Fluggast rechnet trotz des Wissens um die vielfältigen Risiken damit, wieder gesund und wohlbehalten zu landen. Auch im zwischenmenschlichen Bereich gehen wir zunächst einmal vom Positiven aus. Wir vertrauen darauf, dass der uns auf der Straße Grüßende seinen Gruß wohlwollend meint und nicht etwa als Ablenkung, um uns dann hinterrücks umso besser anfallen zu können. Kein Gespräch könnte gelingen, wenn wir nicht dem anderen gute Absichten unterstellen würden. Würden wir jedes Wort auf die Waage des Misstrauens legen, käme ein Gespräch erst gar nicht zustande.

Die Psychopathologie kennt viele Beispiele, bei denen dieses Urvertrauen – vielleicht durch große Enttäuschungen verursacht – verloren ging und dann das gesamte Leben der entsprechenden Menschen nicht nur in dem ein oder anderen Punkt, sondern grundsätzlich gestört wurde. Gerade diese negativen Erfahrungen bestätigen die These von dem elementaren und grundsätzlich notwendigen positiven Vorzeichen unseres Lebens. Biblische Texte enthalten auch hier tiefe Einsichten über die Erfahrungen der Menschen.

Trotzdem bleibt in den Texten des »Altes Testaments« das Böse eine nicht zu leugnende Erfahrung des Menschen. Die Gebrochenheit und Zweideutigkeit des Lebens zeigt sich bereits in der Paradieserzählung. Es gibt die Erfahrung des Misstrauens und auch die der Verführung. Die Schlange mit ihrer gespaltenen Zunge symbolisiert diesen Zustand. Vielleicht wählten die Autoren der Paradiesgeschichte dieses Bild der Schlange auch gerade deswegen, weil sie in ihr das Symbol der Fruchtbarkeitsgötter Kanaans erkannten. So konnten sie mit der Schlange auf die allgemeine Gebrochenheit des Lebens hinweisen und gleichzeitig ein in ihren Augen konkretes Beispiel aus ihrer Umwelt von Unheil und Gottlosigkeit benennen. Die bei vielen älteren Theologen, aber auch in der Volksfrömmigkeit so beliebte Gleichsetzung von Schlange und Teufel ist allerdings im Text nicht belegt. Sie findet sich erstmals in dem aus dem 4. Jahrhundert v. Chr. in griechischer Sprache überlieferten Buch der »Weisheit«. Dieses kommentiert die Versuchung der Menschen durch die Schlange in der Paradiesgeschichte:»Doch durch den Neid des Teufels kam der Tod in die Welt, und ihn erfahren alle, die ihm angehören« (Weish. 2, 24). Erst die Apokalypse des Neuen Testaments setzt dann am Beginn des zweiten nachchristlichen Jahrhunderts alle bisher unterschiedenen Namen und Bezeichnungen in eins:»Er wurde gestürzt, der große Drache, die alte Schlange, die Teufel oder Satan heißt« (Offb. 12, 9).

Überhaupt findet sich in den alttestamentlichen Schriften eine große Zurückhaltung, wenn es um die Frage nach der Ursache des Bösen und des Todes geht. Selbst die Schöpfungsgeschichte stellt zwei Antworten unverbunden einander gegenüber. Heißt es zunächst, dass der Mensch infolge eines eventuellen Ungehorsams als Strafe sterben muss (vgl. Gen. 2, 16), so heißt es später:»Denn Staub bist du, zum Staub musst du zurück« (Gen. 3, 19). Tod wird somit zunächst als Folge der Sünde beschrieben, anschließend aber als Folge der irdischen Beschaffenheit des Menschen. Der »Tod als der Sünde Sold« und der sogenannte »natürliche Tod« lassen sich allerdings als Deutungsmöglichkeiten elementarer menschlicher Erfahrung nicht vermitteln. Sie sind auf der Erfahrungsebene des menschlichen Lebens nicht auf einen einzigen Nenner zu bringen.

Auch der Name »Satan« wird in unterschiedlichen Kontexten verschieden gebraucht. Das diesem Hauptwort entsprechende Tätigkeitswort heißt so viel wie »befehden« oder »anklagen«. So kann ein Mensch, von dem man eine Gefahr befürchtet, »Satan« genannt werden. Als beispielsweise David vor den Nachstellungen des depressiven Saul zu den Philistern flieht und dort sogar zum Leibwächter des Heerführers Achisch ernannt wird, werden die anderen Heerführer vor ihrer Schlacht gegen die Israeliten misstrauisch. David erscheint ihnen als zweifelhafter Verbündeter. Hatten sie nicht über ihn singen hören: »Saul hat Tausend erschlagen und David Zehntausend« (1 Sam. 29, 5)? Das Vertrauen ist zerstört, David könnte zum Verräter, zum »Satan« werden.

Als sich Davids erfolgreichster Sohn Salomon später innen- und außenpolitisch nach langen Kämpfen etabliert hat und insofern die Zweideutigkeit seines Lebens behoben und seine Lage immer eindeutiger gut und gesichert erschien, kann er mit Dank sprechen:»Jetzt aber hat mir der Herr, mein Gott, ringsherum Ruhe verschafft. Es gibt keinen Widersacher (im Original: keinen Satan) mehr und keine Gefahr« (1 Kön. 5, 18). Entspricht das Verhalten Salomons allerdings im Folgenden nicht den Erwartungen, die Jahwe in ihn setzte, kann dieser dem Salomon mit dem Edomiter Hadad einen neuen Widersacher, einen neuen Satan erstehen lassen (vgl. 1 Kön. 11, 14). Reichtum und politisches Geschick sind keine Garantie für gelingendes, gottgefälliges und eindeutig gutes Leben.

Wie ein konkreter Mensch dem anderen zum Teufel, zum Satan werden kann, so kann Satan auch bildhaft als Ankläger beim himmlischen Gericht gesehen werden: »Sein Frevel stehe gegen ihn als Zeuge auf, ein Ankläger trete an seine Seite« (Ps. 109, 6). Die Schuld des Menschen kommt ihm in der Anklage gleichsam von außen entgegen. Sie wird vom Ankläger bildhaft vor ihn hingestellt. Jahwe bedient sich gleichsam der Figur des Satans, um seine eigene Kritik am Verhalten der Menschen zu veranschaulichen. Sehr deutlich wird diese Darstellungsweise in einer Episode, die in weit auseinanderliegenden Zeiten zweimal in den biblischen Schriften erzählt wird, und dies mit einem charakteristischen Unterschied. Heißt es im Buch Samuel aus dem 6. Jahrhundert v. Chr.: »Der Zorn des Herrn entbrannte noch einmal gegen Israel, und er reizte David gegen das Volk

auf« (1 Sam. 24, 1), so lautet der Text im Buch der Chronik aus dem
3. Jahrhundert v. Chr. bei der Beschreibung der gleichen Situation:
»Und der Satan trat auf gegen Israel« (1 Chr. 21, 1). Damit sind Schuld
und Sünde gleichsam verobjektiviert; sie treten dem Menschen objektiv, hier in der Person des Satans, anschaulich gegenüber.

Diese Personifizierung des Bösen begegnete Israel insbesondere im
Kontakt mit der persischen Kultur. Trotzdem erstaunt es, wie wenig
Israel selbst deren dualistische Aufgabenverteilung von Gut und Böse auf Gott und Teufel übernimmt. So ist dem bekannten Forscher des
Alten Testaments Herbert Haag zuzustimmen, wenn er schreibt: »Der
Gedanke an eine Macht, die der Satan gegen Gott aufbietet, oder gar
an ein Reich Satans, das dem Reich Gottes entgegenstünde, ist im Alten Testament nirgends zu finden. Die Funktion Satans erschöpft sich
vielmehr in der einer mythologischen Figur, der grundsätzlich kein
höherer Stellenwert zukommt als anderen mythologischen Vorstellungen in den behandelten Schriften, etwa dem Thronsaal Gottes im
Ijobbuch oder dem Engel mit dem gezückten Schwert im Buch der
Chronik. Wenn der Satan irgendwo eine Randfigur geblieben ist, dann
im Alten Testament« (Haag 1974, S. 217).

Liebe statt Dämonen

In den Schriften des Neuen Testaments begegnen uns Menschen, die
in besonderer Weise Erfahrungen mit der Gebrochenheit der Welt
und der Menschen gemacht haben. Gleichzeitig wird von diesen Menschen erzählt, dass sie in der Begegnung mit Jesus so sehr Rettung
und Heil inmitten ihrer heillosen Situation erfahren haben, dass sie in
diesem Jesus den Messias oder den Gottes Sohn erkannten. Die Art
und Weise, mit der die Autoren dieser Texte Not und Rettung beschreiben, zeigen sie als Kinder ihrer eigenen Zeit.

Ein häufig anzutreffendes Sprachbild zur Beschreibung der unheil-
vollen Gegenwart ist das von den Dämonen, die Welt und Menschen
beherrschen. Diese Vorstellung ist nicht typisch biblisch. Wir finden

sie vielmehr bis in den Wortlaut hinein in der griechischen Götterleh-
re und noch deutlicher im Volksglauben. Bereits im 6. vorchristlichen
Jahrhundert gebraucht Heraklit das Wort vom Dämon als grundsätzliche Zustandsbeschreibung menschlicher Existenz: »Die Wesensart
ist dem Menschen wie ein Dämon« (Heraklit 1976, S. 36, Fr. 119). Das
heißt nichts anderes, als oben beschrieben: Der Mensch lebt im Zwei-
deutigen, in der Gebrochenheit, im »Zwischen«. Diese Beschreibung
kommt ohne Verobjektivierung oder Personalisierung aus. »Dämon«
ist ein erfahrbarer Lebensumstand. Da jedoch die konkreten Umstände und Formen der Zweideutigkeit vielfältig und letztlich unüber-
schaubar sind, kennen die Mythologie und der Volksglaube die unterschiedlichsten Dämonen mit weit ausdifferenzierten Aufgaben und
Machtbereichen. Menschen sind dann gleichsam von den Dämonen
besessen, wobei die griechische Sprache offenlässt, ob diese Besessenheit von außen auf den Menschen zukommt und passiv ertragen
werden muss oder ob die Ursache der Besessenheit im Menschen
selbst und seinem Handeln liegt.

Charakteristisch ist die Begegnung Jesu mit solchen »besessenen«
Menschen. So brachte man zum Beispiel einen Blinden und Stummen
zu ihm in der Annahme, die Krankheit hätte dämonische Ursachen.
Gleichzeitig tat man dies in der Hoffnung, dass Jesus diesen dämonischen Zustand beenden könne (vgl. Mt. 12, 22-24). Ein Besessener
kann sich somit nicht selbst heilen. Auch seine Mitmenschen können
zwar Wesentliches für ihn tun und ihm den Weg zu Jesus bahnen, eine Heilung allerdings ist auch durch sie nicht machbar.

Der Bibeltext erzählt, dass Jesus diesen Kranken heilte. Wie und
wodurch, bleibt offen. Die Umstehenden wundern sich und suchen
nach Erklärungen. Es mag wie so oft bei jesuanischen Heilungswundern gewesen sein: Der Kranke, der durch sein Schicksal aus der Gemeinschaft ausgeschlossen wurde, erfährt durch Jesus eine neue und
wohltuende Begegnung. Die Zweideutigkeit seines Lebens und deren
äußere Zeichen Blindheit und Taubheit wurden in der Begegnung mit
Jesus eindeutig und gut, die Krankheit wurde geheilt. Die körper-

lichen Symptome sind auch hier oft nur die äußeren Zeichen viel tiefer liegender Ursachen. Aber gerade weil die Zeitgenossen Jesu nur zu schnell von den äußeren Merkmalen der Krankheit auf die Sündhaftigkeit des Kranken schlossen und einen direkten Zusammenhang zwischen seinem Lebensvollzug und seinem Schicksal sahen, durchbricht Jesus in Wort und Tat diese Stigmatisierung. Er pflegt Umgang gerade mit denen, die von anderen ausgeschlossen sind.

Dämonische Besessenheit ist keine Belanglosigkeit. Der betroffene Mensch ist voll und ganz von ihr ergriffen. Im biblischen Bild: Der Dämon schüttelt und zerrt an ihm (vgl. Mk. 1, 21-28). Er zeigt sein gespaltenes Wesen, wenn er durch den Kranken zu Jesus spricht: »Du bist gekommen, um uns ins Verderben zu stürzen.« Wer ist eigentlich mit »uns« gemeint? Wer wird ins Verderben gestürzt werden? Vordergründig haben die Dämonen recht: Durch die Begegnung Jesu mit dem Kranken ist die Herrschaft der Dämonen zu Ende, sie werden entthront und gestürzt. Aber gerade in ihrem Sturz liegt die Rettung des Kranken. Dass dieser selbst nicht zwischen eigenem Heil und Unheil unterscheiden kann und sogar in der Mehrzahl von sich spricht, zeigt nochmals deutlich die Gespaltenheit des Menschen und die Gebrochenheit seiner Situation.

Da alle biblischen Heilungs- und Rettungsgeschichten letztlich immer Begegnungsgeschichten sind, kann der Evangelist Matthäus viele nicht beschriebene Dämonenaustreibungen summarisch zusammenfassen: »Am Abend brachte man viele Besessene (= Dämonisierte) zu ihm. Er trieb mit seinem Wort die Geister aus« (Mt. 8, 16 f.). Begegnung und Ansprache sind auch hier Mittel der Rettung und des Heils und damit Wege zur Entdämonisierung der Welt und des Menschen.

Analog zum Begriff des Dämons findet sich im Neuen Testament der Begriff des Diabolischen. »Dia-ballo«: das griechische Wort steht für durcheinanderwerfen und zerstören. Viele kennen auch heute Zeitgenossen, denen im Großen wie im Kleinen nichts mehr Freude zu bereiten scheint, als Ordnungen und Beziehungen zu zerstören, zerstörerische Unruhe zu verbreiten und durch Misstrauen jedes menschliche Miteinander zu erschweren oder gar unmöglich zu machen. Diese diabolische Energie nennt das Neue Testament »Sünde« oder »Werk des Teufels«: »Wer die Sünde tut, stammt vom Teufel, denn der Teufel sündigt von Anfang an. Der Sohn Gottes aber ist erschienen, um die Werke des Teufels zu zerstören« (1 Joh. 3, 8). Stellt sich ein Mensch allerdings ganz in den Dienst dieses »Durch-einander-Werfens«, dann wird er selbst zum Diabolos, zu einem Teufel: »Jesus erwiderte: Habe ich nicht euch, die zwölf, erwählt? Und doch ist einer von euch ein Teufel« (Joh. 6, 70). Die Weltgeschichte wie die vielen kleinen Streitigkeiten des Alltags zeigen: Der Mensch kann dem Menschen zum Teufel werden. Der Autor des Lukasevangeliums macht dies im Gleichnis vom Sämann sehr deutlich. Hatte noch Matthäus geschrieben, dass der Böse (»poneros«) das Werk der Saat vernichtet und das Gewachsene wieder ausreißt, so verwendet der lukanische Text exakt an der gleichen Stelle das Wort vom »Diabolos«, vom durcheinanderwerfenden und zerstörerischen Teufel. Dieser reißt das rettende Wort aus dem Herzen der Menschen, damit diese nicht »glauben und nicht gerettet werden« (Lk. 8, 12; vgl. Mt. 13, 19).

Selbst große Heilige sind vor »diabolischen« Handlungen und Redeweisen nicht geschützt. Als Petrus Jesus vorschnell glorifizieren und zum Messias ausrufen will, ohne das diesem bevorstehende Schicksal von Leid und Kreuz zu berücksichtigen, kann dieser Petrus zum Teufel, hier Satan genannt, werden: »Du hast nicht das im Sinn, was Gott will, sondern was die Menschen wollen« (Mk. 8, 33). Solche Taten des Menschen sind diabolisch. Sie suchen im Vordergründigen Sicherheit und Lebenssinn und verstellen gerade dadurch den Blick auf das Wesentlichen, auf die Tiefendimension des erfüllten Lebens. Selbst Jesus kennt solche diabolischen Versuchungen. Gleich am Beginn seines öffentlichen Auftretens bietet ihm der Teufel in der Versuchungsgeschichte alle Schätze dieser Welt einschließlich der damit verbundenen Macht und Herrlichkeit als Belohnung dafür an, dass er auf seinen Weg des gott- und menschen-

freundlichen Lebens verzichten und eben ihn als »Diabolos« verehren und anbeten möge (vgl. Lk. 4, 1-13). Dem schleudert Jesus sein
»So nicht!« entgegen.

Mit gutem Grund sahen die Menschen in der Lebenspraxis Jesu die
Macht des Teufels gebrochen. In seinem Lebensmodell erkannten sie
eine messianische, göttliche Alternative. Bildlich gesprochen: Der
Teufel, der Dämon, der Diabolos ist vom Thron gestürzt: »Ich sah den
Satan wie einen Blitz vom Himmel fallen« (Lk. 10, 18). Dies geschieht
nicht erst am Ende der Zeit, sondern jetzt schon immer dort, wo der
Mensch dem Menschen gerade nicht mehr zum Teufel wird. In immer
neuen Begegnungsgeschichten, wenn Menschen nach jesuanischem
Vorbild so füreinander da sind, dass ihre Gemeinschaft als himmlisch
gut erfahren wird, da ist die Macht des Satans gebrochen. Dann ist ein
Stück Himmelreich auch unter den Bedingungen irdischen Lebens
erreicht, dann ist die dämonische Gebrochenheit des Lebens wenigs-
tens hier und heute aufgehoben. So ist das dämonische Nein in ein
göttliches Ja verwandelt.

Auch hier gilt das Lebensmodell Jesu als vorbildlich. In seinem
Namen fühlten sich die frühen Gemeinden verpflichtet, den Jesus
vom Evangelisten in den Mund gelegten Befehl auszuführen: »Heilt
Kranke, weckt Tote auf, macht Aussätzige rein und treibt Dämonen
aus« (Mt. 10, 8). Bis heute sollte dies Verpflichtung sein für jeden, der
sich in die Nachfolge Jesu stellt. Heute Tote aufzuerwecken kann
dann bedeuten, die den Tod bringenden Mächte und Gewalten zu
bekämpfen und alles, was zu einem Beziehungstod führen kann,
durch die Kreativität und Lebendigkeit einer vertieften Beziehung
zu eliminieren.

In diesem Sinne kann auch das Gebot der Dämonenaustreibung
verstanden werden. Wo der Geist der Eindimensionalität und des Be-
sitzdenkens, wo die zerstörerischen Kräfte in kleinen oder großen Le-
bensgemeinschaften ausgetrieben werden zugunsten eines menschenfreundlichen Umgangs miteinander, wo nicht der eine der Teufel des anderen ist, sondern wo der Mensch dem Menschen als ein

wahrhafter Mensch begegnet, dort ist das Dämonisch-Zweideutige vom Thron gestürzt, dort findet wahrer Exorzismus statt. Keine Magie oder Beschwörung begegnet hier, sondern praktizierte Nächsten- und Fernstenliebe.

Allerdings warnt bereits Jesus vor einer Veräußerlichung und Automatisierung der Dämonenaustreibung: »Viele werden an jenem Tag zu mir sagen: Herr, Herr, sind wir nicht in deinem Namen als Propheten aufgetreten, und haben wir nicht mit deinem Namen Dämonen ausgetrieben und mit deinem Namen viele Wunder vollbracht? Dann werde ich ihnen antworten: Ich kenne euch nicht, weg von mir, ihr Übertreter des Gesetzes« (Mt. 7, 2 ff.).

Das Problem des Exorzismus

Da sich jeder Christ als Zeuge des göttlichen Ja gegenüber dem teuflischen Nein verstehen kann, ist Dämonenaustreibung im oben beschriebene Sinn Christenaufgabe und Christenpflicht. Bereits der Kirchenvater Tertullian (gestorben nach 220 n. Chr.) stellte fest, dass der Christ durch seinen Eintritt in die Glaubensgemeinschaft mit der Taufe automatisch zum Exorzisten wird. Wird durch die Taufe und durch den Beginn eines neuen und schöpferischen Lebens der Teufel aus dem Täufling ausgetrieben, so soll er diese befreiende Erfahrung auch an andere weitergeben.

Weil aber Menschen häufig recht schnell statt einer eigenen Lebenswende eine Wende hin zu äußerlichen Riten und magischen Handlungen vollziehen, sah sich die Kirche um das Jahr 1000 n. Chr. gezwungen, die Fähigkeit der Dämonenaustreibung auf einen bestimmten Personenkreis einzuschränken. Nur noch der Priester als Spender der Taufe kann demnach diesen Ritus vollziehen sowie beauftragte Exorzisten bei besonderen Fällen der »Besessenheit«. Trotz vieler Änderungen sind bis heute für die katholische Kirche grundlegend die Anordnungen des Papstes Paul V. vom 17. Juni 1614, in denen dieser die konkrete Vorgehensweise beim Exorzismus vorschreibt und dessen eigentlichen Ort in die Taufhandlung legt (vgl. Niemann/Wagner 2005).

Trotz allem Bestreben gerade des mittelalterlichen Menschen nach Konkretem und Handgreiflichem, nach scheinbar offensichtlicher Objektivität religiöser Inhalte und Praktiken standen die Ausführungen der Theologie und des Lehramtes über Dämonen, Satan oder den Teufel allerdings nie im Mittelpunkt der kirchlichen Lehre.

So hat auch das aktuelle katholische Kirchenrecht einen eher einschränkenden Charakter, wenn es vom Exorzismus spricht: »Niemand kann rechtmäßig Exorzismen über Besessene aussprechen, wenn er nicht vom Ortsordinarius eine besondere ausdrückliche Erlaubnis erhalten hat« (CJC 1983, Can 1172, § 1). Auch der Katechismus der katholischen Kirche sieht den primären Ort des Exorzismus in der Taufe. Allerdings kennt er auch einen »besonderen Exorzismus« und schreibt: »Wenn die Kirche öffentlich und autoritativ im Namen Jesu Christi darum betet, dass eine Person oder ein Gegenstand vor der Macht des bösen Feindes beschützt und seiner Herrschaft entrissen wird, spricht man von einem Exorzismus« (Kathechismus der Katholischen Kirche 1993, § 1673). Dessen Funktion wird beschrieben: »Der Exorzismus dient dazu, Dämonen auszutreiben oder vom Einfluss von Dämonen zu befreien, und zwar kraft der geistigen Autorität, die Jesus seiner Kirche anvertraut hat.« Allerdings verlangt die Kirche den Geist der Unterscheidung, wenn sie anfügt: »Etwas ganz anderes sind Krankheiten, vor allem psychischer Art; solche zu behandeln ist Sache der ärztlichen Heilkunde.«

Viele Menschen fragen sich allerdings, ob diese von der Kirche formulierten Einschränkungen und Unterscheidungen in der Praxis auch immer eingehalten worden sind. Bekannt wurde der Fall der Anneliese Michel, die am 21. September 1952 in Leiblfing in Bayern geboren wurde und am 1. Juli 1976 nach monatelangem Exorzismus durch die beiden Pfarrer Arnold Renz und Ernst Alt gestorben ist. Bei ihrem Tod wog sie noch 31 Kilogramm. Die beiden Filme »Der Exorzismus der Emily Rose« (2005, Regie Scott Derrickson) und »Requiem« (2006, Regie Hans-Christian Schmid) machten das Geschehen um Anneliese Michel auf je unterschiedliche Weise mit den Mitteln der Kunst einem breiten Publikum bekannt.

Im zeitlichen Umfeld dieses praktizierten Exorzismus erschienen auch die Bücher von Herbert Haag und von Thomas und Gertrude Sartory (vgl. Haag 1969; 1974; Sartory 1968). Deren Hinweise auf die Entstehungsbedingungen des Teufelsglaubens und dessen biblisch nur sehr schwache Begründung ermöglichten vielen Menschen eine Erfahrung der Befreiung. Andere sahen hier ein zentrales Element christlichen Glaubens infrage gestellt und reagierten mit Betroffenheit und scharfer Ablehnung.

Papst Paul VI. griff dieses ihm wichtige Thema in einer Ansprache am 15. November 1972 auf. Gleich zu Beginn nennt er »die Abwehr jenes Bösen, den wir den Teufel nennen«, als »eines der größten Bedürfnisse der Kirche« (Paul VI. 1972, S. 1). Er diagnostiziert für seine Zeit das starke Bestreben der Menschen, das tatsächlich vorhandene Leid, den Schmerz und den Tod, die »Niedertracht, Grausamkeit, Sünde, kurz gesagt das Böse« im Sinne eines Fortschrittsoptimismus zu verdrängen. Auf diese Realität des Negativen hinzuweisen sieht er eine der wichtigsten Aufgaben als Führer seiner Glaubensgemeinschaft. In Auseinandersetzung mit verschiedensten Äußerungen in der Theologiegeschichte über das Böse erklärt er dann, dass das Böse nicht lediglich in der Abwesenheit des Guten bestehe, sondern dass dieses gleichsam eine eigenständige und wirkmächtige Dimension habe: »Das Böse ist nicht mehr nur ein Mangel, sondern es ist eine wirkende Macht, ein lebendiges geistliches Wesen, verderbt und verderbend, eine schreckliche Macht, geheimnisvoll und beängstigend.« Bestätigend fügt er an: »Wir wissen also, dass es dieses dunkle, Verwirrung stiftende Wesen tatsächlich gibt und dass es noch immer mit mörderischer Schlauheit am Werk ist.« Seine Folgerung: »Das Problem des Bösen bleibt eines der größten ständigen Probleme für den menschlichen Geist« (Paul VI. 1972, S. 1).

Mit Recht und guten Gründen wehrt sich der Papst dagegen, das Böse zu verharmlosen oder gar zu negieren. Die oben genannte Dimension des »Zwischen« bleibt konstitutiv für die Lebenswelt des Menschen und lässt sich letztlich weder durch Ideologie noch durch Verklärung verdrängen. Schon die biblische Botschaft zeigte allerdings, dass es nicht auf die theoretische Bezeichnung und Klassifizierung der Schattenseite des Lebens ankommt, sondern auf einen konkreten und praktischen Beitrag zu deren Begrenzung.

Das Interesse am Thema Teufel und Exorzismus ist bis zur Gegenwart ungebrochen, ja vielleicht wird es sogar verstärkt. An dem vom 17. Februar 2005 von der päpstlichen Universität »Regina Apostolorum« in Rom angebotenen Seminar über »Exorzismus und Befreiungsgebet« nahmen 127 Teilnehmer aus vielen Ländern Europas, Afrikas und Amerikas teil. Wegen der großen Nachfrage wurde ab dem 13. Oktober 2005 ein zweiter Kurs angeboten. Gleichzeitig wurde dieser durch Video-Schaltungen nach Bologna, Perugia, Assisi und in andere Städte übertragen. Die Anwesenheit des Generalvikars des Papstes, Erzbischof Angelo Comastri, zeugt von der offiziellen Anerkennung dieser Kurse.

Besondere Breitenwirkung haben auch die öffentlichen Auftritte und Publikationen des 1986 zum offiziellen römischen Exorzisten ernannten Pater Don Gabriele Amorth. Zusammen mit den Veröffentlichungen des bereits beim Exorzismus von Anneliese Michel beteiligten und wegen unterlassener Hilfeleistung verurteilten Priesters Ernst Alt erreichen diese Bücher ein großes Publikum und erscheinen in immer neuen Auflagen.

Vorsichtiger und auch optimistischer zeigt sich Papst Benedikt XVI. In einer Ansprache an die in Rom weilenden Teilnehmer eines internationalen Exorzistentreffens erinnerte er die Bischöfe an ihre Aufsichtspflicht und forderte gerade bei dem Thema der Besessenheit große Sensibilität. Bei aller Bedrohung von Welt und Mensch in der Moderne fordert der Papst neben dem notwendigen Kampf gegen die Übel in ihrer vielfältigen Gestalt eine gesunde Gelassenheit: »Dank

der Ehrfurcht vor dem Herrn brauchen wir uns vor dem um sich grei-
fenden Bösen nicht zu fürchten und können gestärkt den Weg des Lebens wieder aufnehmen« (Benedikt XVI. 2005, S. 7).

Die offiziellen Gebetsformulare für die Durchführung eines Exorzismus wurden 1999 von der vatikanischen Kongregation für die Liturgie neu bearbeitet, nachdem bereits Papst Pius XII. durch die Zu-
sammenlegung des sogenannten »kleinen« und »großen Exorzismus« den Vorgang vereinheitlicht und in seiner Anwendung eingeschränkt hat (vgl. Siegmund 2005). Voraussetzung für jeden Exorzismus ist demnach die bischöfliche Beauftragung. Wichtig dabei sind
die Charaktereigenschaften Frömmigkeit, Klugheit und ein unbescholtener Lebenswandel des Exorzisten. Als Merkmale der Besessenheit gelten die Fähigkeit, in unbekannten Sprachen sprechen zu
können, die Gabe der prophetischen Rede und eine außergewöhnli-
che körperliche Kraft.

Die konkreten Texte des Exorzismus, bestehend aus Gebeten, biblischen Psalmen und konkreten einzelnen Handlungsanweisungen,
sind allein schon in ihrer sprachlichen Form mehrdeutig und insofern für viele Interpretationen offen. Wenn der Exorzist zum Beispiel aufgefordert wird, nicht vorschnell den Ritus zu beenden, sondern damit fortzufahren, »bis er die echten Zeichen der Befreiung
wahrnimmt« (Siegmund 2005, S. 27), so fragt sich der kritische Leser,
welches denn die Zeichen der Befreiung sind und woran man diese
erkennen kann.

Wichtig zur Bekämpfung Satans oder seiner Gehilfen ist nach dem
Ritus die Kenntnis seines und ihres Namens. Der Ritus benennt dabei
ein psychologisch durchaus anerkanntes Phänomen. Ist im Rahmen
einer ärztlichen Diagnose die Krankheit erkannt worden und kann sie
damit gleichsam mit ihrem Namen benannt werden, dann ist dies ein
erster wichtiger Schritt zu deren Heilung. Gerade in der Psychopathologie ist Selbsterkenntnis und Benennung eines neurotischen
Verhaltens die Bedingung, dieses Verhalten zu korrigieren. Die Kul-
tur- und Religionsgeschichte kennt unzählige Beispiele dafür, wie

wichtig die Benennung einer Person oder eines Objektes sein kann, um sich von dessen Einfluss zu befreien.

Positiv erfolgt durch die Namensgebung und Benennung eine Beziehung zwischen Namensgeber und Namensträger. Aus einer Anonymität (»Namenlosigkeit«) entstehen Einmaligkeit und Unverwechselbarkeit. So kann in den biblischen Schriften der Name Gottes für ihn selber stehen: »Um der Ehre deines Namens willen hilf uns, du Gott unseres Heils« (Ps. 79, 9). Der Name ermöglicht Ansprache und Zuspruch zugleich.

Negativ verleiht die Kenntnis eines Namens aber auch Macht. Nicht nur Kinder kennen das von den Brüdern Grimm überlieferte Märchen vom »Rumpelstilzchen«. Dieser dämonische Plagegeist kann so lange den Menschen schaden, bis diese seinen Namen kennen. Nennt die Prinzessin aber seinen Namen, ist ihm alle Macht genommen: »Das hat dir der Teufel gesagt …, schrie das Männlein und stieß mit dem rechten Fuß vor Zorn so tief in die Erde, daß es bis an den Leib hineinfuhr, dann packte es in seiner Wut den linken Fuß mit beiden Händen und riß sich mitten entzwei« (Grimm 1978, S. 510). Durch die Nennung des Namens wurde die todbringende Macht beherrscht und zerstört. Die nach außen gerichtete Spaltung hat sich gegen den Urheber des Unheils selbst gewandt. Dieser geht nun selbst an seiner inneren Zerrissenheit zugrunde. Insofern enthält die Benennung Satans im Exorzismus einen nachvollziehbaren Kern.

Im eigentlichen Exorzismusgebet wird der »unreine Geist, jede feindliche Macht, jedes Gespenst« im Namen Jesu aufgefordert: »Reiße dich los und weiche von diesem Geschöpf Gottes« (Siegmund 2005, S. 47). Die Benennung und Charakterisierung des Satans scheint dabei allerdings endlos: »Du Glaubensfeind, du Widersacher des Menschengeschlechtes, du Mörder und Räuber des Lebens, du Verächter der Gerechtigkeit, du Wurzel aller Übel, du Herd aller Laster, du Verführer der Menschen, du Verräter der Völker, du Aufwiegler zum Neid, du Ursprung des Geizes, du Ursache der Zwietracht, du Erreger von Leid und Leiden« (Siegmund 2005, S. 47 ff.). Diese Benennungen und die folgenden Gebete werden begleitet von über 30 Kreuzzeichen, die der Exorzist über den »Besessenen« macht.

Die Häufung der Teufelsattribute und die der Kreuzzeichen ist bezeichnend. Wie ein Zwangsneurotiker durch immer wieder neues Wiederholen einer Handlung oder eines Wortes der für ihn bedrohlichen Situation zu entfliehen sucht, so ist hier die Zwangshandlung an den Exorzisten delegiert. Damit zeigt sich gleichzeitig der wohl problematischste Aspekt eines solchen Exorzismus. Eine stellvertretende Zwangshandlung könnte dabei zwar unter Umständen durchaus sinnvoll erscheinen. Einer Frau zum Beispiel, die an der Wahnvorstellung leidet, in ihrer Wohnung lebe Satan, kann unter Umständen dadurch geholfen werden, dass ein kluger Seelsorger diese Wohnung durch das Sprengen mit geweihtem Wasser »reinigt« und der Frau dadurch Mut und Vertrauen zuspricht. Dies setzt aber voraus, dass der Seelsorger außerhalb des Deutungssystems der leidenden Frau steht. Gerade dadurch kann er die negativen Folgen der Krankheit gleichsam auf sich nehmen und ableiten.

Ähnlich der Fall eines Missionars in einer archaischen Kultur. Einem Mann, der in ihm einen Medizinmann erkennt und ihn öfters aufsucht, um sich von ihm die angeblich in seinem Leib befindlichen Steine herausnehmen zu lassen, wird er durch »bereden« der Steine helfen können. Lässt er dabei noch vom Patienten unbemerkt im Verlauf der Besprechung kleinere Steine zur Erde fallen, wird dem Heilungsprozess nichts mehr entgegenstehen.

Steht aber der Seelsorger im gleichen Deutungssystem wie Klient und Klientin, dann wird all sein Reden und Tun das Phänomen der »Besessenheit« nur noch verstärken. Das genannte tragische Beispiel der Anneliese Michel steht hier stellvertretend für viele andere. Hier verstärkte eine krankmachende Ritualhandlung eine bereits vorliegende schwere Krankheit, anstatt sie zu kurieren. Deshalb sollte ein Exorzist durchaus das im offiziellen Exorzismus benannte Gebot beachten: »Der Exorzist sei darum auf der Hut, um sich nicht selbst täuschen zu lassen« (Siegmund 2005, S. 27).

Die Realität des Bösen

Ohne Frage: Das Böse ist eine Realität, die den Menschen und seine Lebenswelt ganz elementar bestimmt. Das Wesen des Menschen sieht sich dem Bösen gegenüber; er würde Wesentliches verdrängen, würde er diese Dimension des Lebens negieren. Als Niederschlag solcher Erfahrungen finden wir das Böse unübersehbar dargestellt zum Beispiel in Texten und Bildern der Religions- und Kulturgeschichte. Kein Maler käme allerdings auf den Gedanken, der von ihm zum Beispiel in Bocksgestalt Gemalte existiere genauso auch außerhalb seines Bildes. Im Bild oder Text steht er allerdings für eine erfahrbare Wirklichkeit: für die Gebrochenheit und Zerrissenheit des Menschen und seiner Welt, für nicht zugelassene Wünsche und Erwartungen. Er steht für die Fremdbestimmung des Lebens und zeigt eine Hilflosigkeit an, aus der sich der Mensch nicht selbst befreien kann. Letzteres wird mancher nachempfinden können, der in seinem Alltag von der einen oder anderen Sucht »besessen« ist. Selbst beim »Putzteufel« gibt es keine Selbsterlösung.

Eine eigene Reflexion bedürfte das vielschichtige Phänomen des Satanismus oder auch die Vielfalt der »Gothic«-Bewegung. Gerade junge Menschen mit wenig Perspektiven in Bildung und Beruf sehen »schwarz« für ihre Zukunft. In Kleidung, Schmuck und Ritualen verbünden sie sich mit dem Negativen, das bereits ihre Lebenswelt bestimmt. Statt der Buntheit des Lebens findet sich Verherrlichung des Todes.

Die Ursachen einer konkreten »Besessenheit« kommen dabei oft von außen. Familien, Kleingruppen oder gar ganze Gesellschaften verobjektivieren ihre inneren Spannungen und unausgesprochenen Konflikte und delegieren sie an Einzelne innerhalb oder außerhalb des eigenen sozialen Systems. Jede Familie oder Schulklasse kennt den »Tollpatsch«. Wann immer etwas im Haushalt oder im Schulalltag zerstört wird, ist bei ihm die Ursache zu finden.

211

Ein Staat sucht seine innere Zerrissenheit dadurch zu überspielen, dass er auf die Gefährdung durch den äußeren oder inneren Staatsfeind oder auf eine »Achse des Bösen« hinweist. Einer Hexe werden die Symptome zugeschrieben, unter denen eine ganze Gesellschaft leidet. Ist mit ihrem qualvollen Tod das Problem offensichtlich nicht gelöst, sucht man neue Opfer. Dass gerade die Juden im Kontext christlicher Gesellschaften über Jahrhunderte mit ihrem Leben für eine solche Symptomverschreibung zahlen mussten, ist ein allzu lang vernachlässigtes Beispiel einer nicht wiedergutzumachenden Schuld.

Die von außen zugeschriebenen Symptome der Besessenheit können allerdings so verinnerlicht werden, dass sich der entsprechende Mensch gleichsam selbst oder Teile seiner selbst als vom Teufel beherrscht erfährt. Der große protestantische Theologe des 19. Jahrhunderts, Friedrich Schleiermacher, beschrieb bereits in seiner Glaubenslehre von 1821/22 dieses Phänomen sehr anschaulich: »Den stärksten Schutz aber findet diese Vorstellung in den mannigfaltigen Räthseln der Selbstbeobachtung, indem böse Erregungen oft auf so seltsame und abgerissene Weise ohne allen Zusammenhang mit unseren Hauptrichtungen in uns entstehen, und bis auf einen gewissen Punkt widerstandslos wachsen, daß wir sie nicht als eignes, sondern als fremdes glauben ansehen zu müssen, so doch daß wir keine äußere Veranlassung dazu nachzuweisen im Stande sind« (Schleiermacher, Bd. I, 1984, S. 159).

Eine Gesellschaft mit rigiden sexuellen Vorschriften wird Menschen hervorbringen, deren »Besessenheit« sich häufig auf den Unterleib konzentriert. Kann die Dynamik sexueller Regungen aufgrund der äußeren und verinnerlichten Rahmenbedingungen nicht verantwortungsvoll und kreativ ausgelebt werden, zeigen sich Ersatzhandlungen in Form von Zwangshandlungen, die dann wiederum als Versuchung Satans gedeutet werden (vgl. Fox/Pauly 1999). Die im Bild vom Teufel ausgesprochenen Lebenserfahrungen sind somit sehr ernst zu nehmen. Bereits der Alltag lässt so manchen denken: »Was ich hier erfahre, ist, als ob mich der Teufel reitet« (zum Sprachgebrauch des Wortes »Teufel« vgl. auch Leimgruber 2004).

Die mit dem Bild vom Teufel ausgesprochene Wirklichkeit ist allerdings auch zu wichtig, als dass man sie verobjektivieren und ihre Erfahrungsinhalte nach außen verdinglichen könnte. Der Teufel ist sowenig ein »Objekt«, wie es auch andere religiös gedeutete Dimensionen des menschlichen Lebens sind. Auch hier gilt: Religion ist kein Plädoyer für eine Hinterwelt, sondern das Öffnen der Tiefendimension des Lebens. Das jesuanische Beispiel verdeutlicht dies augenfällig. Bei gestörten Beziehungen zu anderen oder zu sich selbst ermöglichte er in Wort und Tat neue Begegnungen. Er spricht *mit* den Menschen, anstatt eine Formel *über* sie zu sprechen. Er vollzieht Ansprache statt Beschwörung. Eine einmalige Handauflegung schafft dabei mehr Heil und Heilung als die Wiederholung zahlloser Riten. Der größte Erfolg der Exorzisten könnte somit die Herstellung neuer Verhältnisse und die Ermöglichung neuer Begegnungen sein. Allerdings müssten sich Exorzisten und ihre Auftraggeber dabei zuerst über ihre eigenen Spaltungen und Abspaltungen Rechenschaft geben.

Das jüdische Bilderverbot sollte auch Christen anregen, sich vor Verdinglichung in Wort und Bild zu hüten. Die apokalyptische Vision des Neuen Testaments sieht in Gott die Kraft der Liebe, die alles und alle durchleuchtet (Offb. 21, 22). Durch diese schöpferische Liebe Gottes und durch eine ihr entsprechende neue Lebenspraxis kann die befreiende Erfahrung die Erlösung vom Bösen ermöglichen. Dies ist für die christliche Glaubensgemeinschaft zentral. An den Teufel zu glauben verlangt allerdings kein einziger Artikel des Glaubensbekenntnisses.

Wo immer aber diese Liebe mitten in der Zweideutigkeit menschlichen Lebens aufleuchtet, ist Satans Macht gebrochen. Oder nochmals mit den Worten von Friedrich Schleiermacher: »Das einzige demnach, was vom Teufel zu lehren wäre, könnte dieses sein, dass, wenn von ihm geredet werden soll, es nur unter der Voraussetzung geschehen darf, dass jeder Einfluss desselben im Reiche Gottes aufgehoben ist« (Schleiermacher, Bd. I, 1984, S. 165).

Literatur:

Benedikt XVI.: Ein Zeichen, das alle Völker zur Umkehr einlädt, in: Siegmund, G.:
Der Exorzismus der katholischen Kirche, Stein am Rhein, 3. Aufl. 2005, S. 5-8
Codex Juris Canonici. Codex des kanonischen Rechts, Kevelaer 1983
Fox, Helmut/Pauly, Wolfgang: Befreite Liebe – verantwortete Liebe, Trier 1999
Grimms Märchen, Bayreuth 1978
Haag, Herbert: Teufelsglaube, Tübingen 1974
Haag, Herbert: Abschied vom Teufel, Zürich 1969
Heraklit: Fragmente, hg. von Bruno Snell, München, 6. Aufl. 1976
Katechismus der Katholischen Kirche, München 1993
Leimgruber, Ute: Kein Abschied vom Teufel, Münster 2004
Niemann, Ulrich/Wagner, Marion: Exorzismus oder Therapie? Ansätze zur Befrei-
ung vom Bösen, Regensburg 2005
Paul VI.: Ansprache bei der Generalaudienz vom 15. November 1972, in: L'Osser-
vatore Romano, deutsche Ausgabe vom 24. November .1972, Nr. 47, S. 1 f.
Sartory, Thomas und Gertrude: In der Hölle brennt kein Feuer, München 1968
Schleiermacher, Friedrich: Der christliche Glaube, 2 Bde., (1821/22), Berlin 1984
Siegmund, Georg: Der Exorzismus der katholischen Kirche, Stein am Rhein,
3. Aufl. 2005
Sophokles: Die Tragödien, München 1977

Gebet

Gebet

»Es war leicht zu beten, als ich in der Einfalt meines Herzens noch nie-
derknien konnte und einen Herrn im Himmel wusste, der mich ansah.
Ich konnte meine Nöte und Freuden vor Gott ausbreiten und wusste
um seine Erhörung, auch wenn sie nicht immer erfahrbar war« (Hasenhüttl 2001, Bd. I, S. 719). Fast wehmütig beschreibt Gotthold Hasenhüttl
die Erinnerung an eine frühere Gebetspraxis. Ein »Herr im Himmel«
aber ist heute für viele fragwürdig geworden (vgl. Kapitel »Reich Gottes«), und die »Einfalt des Herzens« beschreibt oft eine kindliche Geborgenheit, zu der es kein Zurück mehr gibt.

Auf der anderen Seite strömen Menschen in Notsituationen und bei
Katastrophen in die Kirchen. Sie hören alte Gebetstexte und sprechen gemeinsam vielleicht noch aus Kindertagen her bekannte Formeln. Sogar bei zivilen Eheschließungen, bei der Jugendweihe im Os-
ten Deutschlands und auch bei außerkirchlichen Begräbnissen werden verstärkt Gebetstexte aus der Tradition verschiedenster Religionen gesprochen.

Kann man über Gebet überhaupt nachdenken?

Wie also könnte heute verantwortungsvoll gebetet werden? Kann es
überhaupt eine theoretisch-reflexive Betrachtung über so etwas Per-
sönliches wie das Gebet geben?

Bereits die Schriften des Neuen Testaments zeigen zwei sich ergän-
zende Ebenen. Auf der einen beschreiben sie Modelle dafür, wie der
Lebensvollzug des Menschen gelingen kann. Mythologisch gesprochen, wie er in den Himmel kommen kann. Auf der anderen fordert
die Schrift aber auch immer wieder auf, über die Erfahrung der Hoffnung und Erfüllung nachzudenken und kritisch Rechenschaft darü-

ber zu geben (vgl. 1 Petr. 3, 15). So findet sich bereits in der frühen Theologiegeschichte zusätzlich zum »Vaterunser«-Gebet Jesu nicht nur eine Fülle von weiteren Gebetstexten. Es häufen sich vielmehr schon ab dem 2. Jahrhundert auch die theoretischen Reflexionen der Kirchenväter über die Funktion des Gebetes, über die Anzahl der Gebete und die entsprechenden Körperhaltungen beim Beten.

»Wir sollen nicht glauben, uns mit einem Wortschwall dem nahen zu müssen, der, wie wir gewiß wissen, für die Seinigen im voraus sorgt«, schreibt Tertullian am Ende des 2. Jahrhunderts in seiner Reflexion über das Gebet (Tertullian 1912, S. 249). Nach einigen Ausführungen zum »Vaterunser« reflektiert er die in den einzelnen Gemeinden üblichen Gebetshaltungen. So wichtig auch äußere körperliche Riten und Gesten sein können, zentral ist für Tertullian die innere Haltung des Beters: »Hat es Sinn und Verstand, zwar mit gewaschenen Händen, aber mit einem unreinen Geist zum Gebete hinzutreten? Wenn schon die Hände einer Reinigung bedürfen, um so wichtiger ist die innere Reinigung von Fälschung, Mord, Grausamkeit, Giftmischerei, Götzendienerei und den sonstigen Makeln, die, im Geiste empfangen, durch das Werk der Hände vollbracht werden« (Tertullian 1912, S. 258). Eine solche innere Haltung hat für Tertullian auch praktische Konsequenzen. Zwar ist es für ihn wichtig, um den Frieden zu beten und dies im liturgischen Friedensgruß zum Ausdruck zu bringen. Aber das Friedensgebet sollte immer zugleich auch ein Appell sein, seinen eigenen praktischen Beitrag zum Frieden zu leisten: »Wann aber wäre denn mehr den Brüdern der Friede zu gewähren als dann, wenn das Gebet mit Taten verbunden kräftiger aufsteigt. Um auch an unserem Wirken Anteil zu erhalten, mögen sie von ihrem Frieden, dessen sie voll sind, auch auf den Bruder übertragen« (Tertullian 1912, S. 261).

Ähnlich äußert sich auch der Kirchenvater Origenes wenige Jahrzehnte später. In seiner Reflexion über das Gebet betont er ebenfalls die innere Haltung des Beters: »Welch größere Gabe könnte denn von dem Vernunftwesen zu Gott emporgesandt werden als ein Gebet voll

Wohlgeruch, dargebracht von einem Gewissen, das keinen üblen Geruch von Sünde in sich trägt?« (Origenes 1926, S. 11 f.). Auch die Verbindung von Gebet und praktischem Handeln beschreibt Origenes. Gerade in dieser Verbindung sieht er den Auftrag des Apostels Paulus erfüllt, ständig und ohne Unterlass zu beten:»Ohne Unterlaß aber betet, wer mit seinen notwendigen Werken das Gebet und mit dem Gebet die geziemenden Handlungen verbindet, da auch die Werke der Tugend oder die Ausführungen der göttlichen Gebote mit in den Bereich des Gebetes einbezogen werden. Denn nur so können wir das Gebot: Betet ohne Unterlaß als ausführbar verstehen, wenn wir das ganze Leben des Frommen ein einziges, großes, zusammenhängendes Gebet nennen würden« (Origenes 1926, S. 43).

Eine kritische Reflexion über das Gebet ist somit von der Sache her notwendig und bereits in der Schrift und bei den frühen Theologen als notwendig anerkannt. Nur so kann es vor Vereinseitigungen und Fehlformen bewahrt werden.

Gebet ohne magische Beschwörung

Wie aber steht es nun um die Praxis des Gebetes selbst? Ist diese ein Relikt längst vergangener Zeit oder Ausdruck tiefer menschlicher Erfahrung? Wie könnte ein Gebet aussehen, das dem Menschen der Moderne entspricht, ohne in eine magisch-mythische Vergangenheit zurückzufallen?

Liturgie, Kult und Gebet finden sich in allen Kulturformen der Menschheit. So verschieden diese sind, so unterschiedlich auch ihre Ausdrucksgestalten. Mit Recht schreibt Josef Sudbrack:»Kann man über Gebet sprechen, ohne dessen Niederschlag im Alltagsleben mit einzubeziehen, ohne dessen Bezug auf die (kirchliche oder andere) Gemeinschaft zu berücksichtigen; ohne die leibliche Komponente in Gebärden und Riten, aber auch in der konstitutiven Gebundenheit an den Leib in seiner Schwäche zu bedenken; ohne die wechselnden Bedingungen des Alters, des Ortes, der Zeit, der

Kultur, der eigenen Vergangenheit usw. stets neu zu reflektieren? – Grundsätzlich gesagt: Darf man über das Beten sprechen und dabei die je verschiedene Individualität der Beter übergehen?« (Sudbrack 1999, S. 319).

Ausgangspunkt jeder Reflexion über das Gebet muss somit das Nachdenken über den Beter sein. Die Grunderkenntnis der biblischen Schöpfungsgeschichten (vgl. Kapitel »Schöpfung«) sagt, dass der Mensch nicht schon dadurch vollendet ist, dass er allem äußeren Anschein nach vorhanden ist. Das reine Dasein zeigt eine tote, leere und leblose Hülle. Erst der Geist Gottes (vgl. Kapitel »Heiliger Geist«), macht ihn zu einem geistvollen Menschen, zu einem Menschen mit Esprit. Zudem sprechen die Schöpfungsmythen aller Religionen die Erfahrung aus, dass der Mensch sich nicht sich selbst verdankt, sondern dass er vielmehr sein Leben und das Gelingen des Lebensvollzugs als Gabe, als Geschenk erlebt.

Der Mensch aber ist ein konkretes geschichtliches Wesen. Wie er diese anthropologischen Grunderfahrungen der Schöpfungsgeschichten erfährt und deutet, ist abhängig von dem Weltbild, das ihm eine bestimmte Zeit zur Verfügung stellt. Umgekehrt wirkt jeder Mensch auf seine unverwechselbare Art und Weise an der Gestaltung des jeweiligen Weltbildes mit. Die gesamte Wirklichkeit des Menschen ist somit ein dialektisches Wechselspiel: ein Geben und Nehmen, ein Gestalten und ein Gestaltetwerden. Beide Aspekte verschränken sich dabei im konkreten Vollzug so sehr, dass sie kaum noch auseinanderzuhalten sind. Ältere Weltbilder sind dabei auch nach einem geschichtlichen Wandel nicht einfach verschwunden. Ihre Deutungs- und Erklärungsmuster treten in vielen Gewändern erneut auf.

Ein typisches Beispiel dafür ist das magisch-mythische Weltbild. Hier spricht der Mensch seine Nöte und Sorgen, aber auch seine Hoffnungen und Glücksmomente so aus, dass diese in ein großes Netz von Korrespondenzen eingewoben werden. Er verbindet damit die Ebenen der objektiven, subjektiven und der sozialen Welt. Katastrophen kündigen sich für ihn an in den Gegebenheiten der Natur. Das eigene oder ein fremdes Schicksal wird zum Beispiel an der Konstellation der Sterne abgelesen. Durch magische Beschwörung äußerer Faktoren sucht er Einfluss auf die Entwicklung auch innerer oder sozialer Vorgänge zu gewinnen. Die Götterwelt spiegelt dabei die Struktur des eigenen Sozialverbandes wie umgekehrt die sozialen Strukturen durch die Götterwelt legitimiert werden. Eine Gesellschaft mit eindeutiger Herrschaftstruktur findet so zum Beispiel ihr Fundament in einem »Herr Gott«. Werden soziale Beziehungen innerhalb eines solchen Systems gestört, hat das Sanktionen durch diesen Gott zur Folge.

Die praktische Seite des Mythos, die Magie, wurde gerade im 20. Jahrhundert vielfach bei den letzten noch ursprünglich archaischen Gesellschaften untersucht. So verdanken wir E. E. Evans-Pritchard interessante Beobachtungen aus der Kultur der Zande, einem Volk zwischen dem Kongo, Sudan und Äthiopien: »Hexerei, Orakel und Magie bilden ein gedanklich kohärentes System. Eine jede erklärt und beweist die anderen. Tod ist ein Beweis für Hexerei. Er wird mittels Magie gerächt. Die erfolgreiche Durchführung der Rachemagie wird vom Giftorakel bestätigt. Ob das Giftorakel recht hat, entscheidet das Orakel des Königs, das dann selbst über jeden Verdacht erhaben ist« (Evans-Pritchard 1978, S. 277). Durch eine konkrete Praxis sollen hier böse Mächte gebannt, gute Mächte zum weiteren Einstehen für den Gläubigen bewegt werden.

Unschwer lassen sich strukturelle Ähnlichkeiten zwischen diesem mythischen Weltbild und dem Verhalten von Menschen auch in der Gegenwart aufzeigen. Beispiele aus der Astrologie oder dem Horoskop machen dies überdeutlich. Der scheinbar so moderne Mensch zeigt sich hier sogar häufig noch viel mehr als bei archaischen Gesellschaften durch die Rahmenbedingungen seines Lebens gebunden und eingeschränkt. Er fühlt sich dem Gang der Gestirne so sehr ausgeliefert, dass er deren Wirkung auf sein Geschick noch nicht einmal wie der archaische Mensch durch magische Beschwörung beeinflussen kann. Dieser Befund sollte nachdenklich machen und nicht zur Überheblichkeit führen. Die hier angesprochenen Menschen sind in ihrem Alltag durch Beruf, Wirtschaft und gesellschaftliche Struktur oft so fremdbestimmt, dass sie zur kreativen Gestaltung ihres eigenen Lebens in Freiheit nicht mehr fähig sind – und deswegen »nach den Sternen greifen«.

Wie kaum ein anderer Theologe beschrieb Dietrich Bonhoeffer das dem mythischen Weltbild entgegengesetzte Weltbild der Moderne. Noch aus der Gefängniszelle und im Angesicht des Todes durch das Naziregime warb er um Anerkennung für die neuzeitlichen Erklärungs- und Deutungssysteme. Die im Mythos verbundenen Aspekte der subjektiven, objektiven und sozialen Welt haben sich nach Bonhoeffer in der Moderne emanzipiert. Sie verlangen jeweils nach eigenen Begründungs- und Plausibilitätsstrukturen. Psychologie, Naturwissenschaft, Politikwissenschaft und viele andere Wissenschaften erklären die jeweiligen Aspekte der menschlichen Wirklichkeit, ohne auf eine »Arbeitshypothese Gott« zurückgreifen zu müssen: »In wissenschaftlichen, künstlerischen, auch ethischen Fragen ist das eine Selbstverständlichkeit geworden, an der man kaum mehr zu rütteln wagt« (Bonhoeffer 1976, S. 159). Selbst zur Beantwortung existenzieller Fragen brauchen Menschen heute vielfach keinen Gott, solange dieser verstanden wird als »Lückenbüßer«: »Es ist heute so, daß es auch für diese Fragen menschliche Antworten gibt, die von Gott ganz absehen können. Menschen werden faktisch – und so war es zu allen Zeiten – auch ohne Gott mit diesen Fragen fertig, und es ist einfach nicht wahr, dass nur das Christentum eine Lösung für sie hätte« (Bonhoeffer 1976, S. 155). Um solches »Überfließen« des Glaubens (vgl. Kapitel »Glauben«) nicht durch die Kategorien des Machbaren und Berechenbaren zu verhindern, sollte nach Bonhoeffer nicht überall dort, wo die dafür zuständigen Wissenschaften noch keine Lösung gefunden haben, als Ersatzlösung die »Arbeitshypothese Gott« eingesetzt werden. Um Gottes willen erhebt er Einspruch gegen diesen »Hypothesen-Gott«.

Vom Beten des modernen Menschen gemäß dem Evangelium

Wie kann und soll nun der Mensch in der Moderne beten, damit sein Vollzug sich nicht in einer den Alltag nicht berührenden Sonderwelt vollzieht oder im Bereich der Ersatzlösungen für ungelöste Fragen verbleibt? Wie kann Glaube Ausdruck seiner ganzen menschlichen Existenz werden? Auch hier bietet das Neue Testament eine anschauliche Hilfe.

Das Johannesevangelium erzählt von der Begegnung Jesu mit einer Frau aus Samaria. Ethnisch wie religiös unterscheiden sich hier die Menschen von denjenigen in Juda mit ihrer Hauptstadt Jerusalem. Nicht selten schaute man sogar abschätzig von Juda auf Samaria herunter und diskutierte, ob dessen Bevölkerung überhaupt noch zum auserwählten Volk Jahwes gehörte. Jesus thematisierte diese Haltung und stellte in seinem Gleichnis gerade den barmherzigen Samariter den Priestern und Leviten aus Juda als gelungenes Beispiel praktizierter Gottes- und Nächstenliebe vor (vgl. Lk. 10, 25-37). Von einer solchen »Ausländerin« lässt sich Jesus bei seinem Weg durch Samaria am Jakobsbrunnen das Wasser reichen. In dem sich anschließenden Gespräch fragt die Frau nach sinnvollen Formen des Gebetes jenseits der ethnischen und religiösen Grenzen und deutet auf das Heiligtum Samarias, den Berg Garizim: »Unsere Väter haben auf diesem Berg Gott angebetet; ihr aber sagt, in Jerusalem sei die Stätte, wo man anbeten muss« (Joh. 4, 20). Jesus antwortet: »Glaube mir, Frau, die Stunde kommt, zu der ihr weder auf diesem Berg noch in Jerusalem den Vater anbeten werdet« (Joh. 4, 21). Und er fährt pointierend fort: »Aber die Stunde kommt, und sie ist schon da, zu der die wahren Beter den Vater anbeten werden im Geist und in der Wahrheit; denn so will der Vater angebetet werden. Gott ist Geist, und alle, die ihn anbeten, müssen im Geist und in der Wahrheit anbeten« (Joh. 4, 23 f.). Die Frage der Samariterin zielte nach speziellen Orten und damit verbunden nach bestimmten Zeiten und Riten des

Gebetes. Jesus aber relativierte die scheinbare Alternative zwischen dem Berg Garizim und dem Tempel in Jerusalem. In seiner Begegnung mit der Frau zeigt sich jetzt schon Unbegrenztes, Unfassbares und Endzeitliches. »Die Stunde ist jetzt schon da« – heute, in dieser Begegnung ist der Himmel bereits erfahrbar geworden. Das Kommen des in vielen jüdischen Gruppen erwarteten Messias ist für die Frau aktuell bereits geschehen: »Sagt die Frau zu ihm: Ich weiß, der Messias kommt, das ist: der Gesalbte. Wenn er kommt, wird er uns alles verkünden. Da spricht Jesus zu ihr: Ich bin es, ich, der mit dir spricht« (Joh. 4, 25 f.). Wie Jahwe bei der Begegnung mit Moses auf dessen Frage, wer er sei, antwortete: »Ich bin es, der ich bin« (Ex. 3, 14), so beschreibt das Johannesevangelium für die Frau aus Samaria in ihrer Begegnung mit Jesus die Nähe und Erfahrbarkeit Gottes mit diesem gleichen Satz: »Ich bin es.«

Himmlisch gute Begegnungen und Erfahrungen des Heils sind somit für Jesus nicht an fixe Zeiten und feste Orte des Gebetes oder der Liturgie gebunden. Allerdings ist dies auch nicht ein Plädoyer für Beliebigkeit und Relativismus. Kriterien echter Gotteserfahrung und damit für die Echtheit des Gebetes sind Geist und Wahrheit. Dort, wo der Mensch geistvoll und in Wahrheit lebt, wo er somit wahrhaftig gegenüber sich und den anderen ist, dort geschieht Letztgültiges.

Somit ist auch für den Menschen der Moderne ein erstes wichtiges Kennzeichen seines Gebetes benannt: ein Leben im Geist und in der Wahrheit. Seit etwa dem Jahr 200 n. Chr. beschreibt die christliche Theologie einen solch geistvollen Menschen (griechisch: »pneumatikos«) mit dem lateinischen Wort »spiritualis«. Der heute oft verwendete abstrakte Begriff der Spiritualität meint somit genau diese so beschriebene Geisteshaltung. Im Zusammenhang der lateinamerikanischen Befreiungstheologie formulierte Gustavo Gutierrez, einer der wichtigsten Vordenker dieser originellen und kreativen Form modernen Christentums: »Die christliche Spiritualität ist das offene Land der Freiheit des Christen, denn die Führung des Geistes macht uns frei, frei von jedem Zwang, der von außen kommt« (Gutierrez 1992, S. 642). Hier spricht sich keine Theorie des Gebetes oder des Glaubens aus, sondern gelebte Erfahrung. Wer konkrete Unterdrückung kennt, ist sensibilisiert für jede Form von Befreiung.

Aber nicht nur in extremen Situationen körperlicher und geistiger Entfremdung ist eine solche Spiritualität lebbar. Ein Leben in Freiheit erfordert vielmehr einen offenen Blick für alle vielfältigen Formen der Unterdrückung und der geistigen wie materiellen Bevormundung.

Voraussetzung für jede Form von Gebet ist somit Sensibilität und Achtsamkeit: »Eine bestimmte Kultur des Lebens ist die erste Voraussetzung für das Beten-Können: offen, teilnehmend, aufmerksam sein – für die Welt, für die Mitmenschen, für mich selbst. Der Grad der Intensität, mit der so das eigene und das fremde Leben wahrgenommen wird, entscheidet schon über die Möglichkeit des Betens« (Bitter 1986, S. 376). Ähnlich wie bereits die frühen Kirchenlehrer Tertullian und Origenes umschreibt auch Gotthold Hasenhüttl diese Basis jeden Gebetes, wenn er sagt: »Gebet ist also Grundvollzug der menschlichen Existenz als Antwort auf die Gotteserfahrung, die der Einzelne bzw. die Gemeinschaft gemacht hat und die sich als Akt der Bezeugung oder der freien Aussprache artikuliert« (Hasenhüttl 2001, Bd. 1, S. 719). Dieses Beten, das Paulus »Beten ohne Unterlass« nennt (vgl. 1 Thess. 5, 17), ist somit Gesamtvollzug des menschlichen Lebens. Es kann auch für den Menschen in der Moderne zum sinnvollen und notwendigen »Atmen der Seele« werden (vgl. Pauly 2001, S. 143 ff.).

Insofern können auch die verschiedensten Methoden und Techniken hilfreich sein, die eine solche Sensibilität und Achtsamkeit fördern. Nie allerdings sollten diese Methoden Selbstzweck sein oder als Norm für alle vorgeschrieben werden. Das Einüben in die bildlose Meditation des Zen-Buddhismus, die Technik des Mantra-Sprechens oder das Einstimmen in Litaneien und das Rosenkranzgebet: Sie alle können in ihrer vordergründigen Zwecklosigkeit auf ihre je eigene

Art einstimmen auf ein Leben in Geist und Wahrheit. Nicht zuletzt zeigt sich die Verbindung von Meditation und sozialpolitischem Engagement in der von Frère Roger Schutz gegründeten Gemeinschaft von Taizé. Gebet und engagierte Lebenspraxis sind die zwei Seiten der gleichen Medaille eines sinnvollen menschlichen Lebens.

Der Reichtum der Aussprache

In einer Zeit der Hektik und des vielfachen Geredes ist besonders die Stille eine zentrale Voraussetzung für die beschriebene Achtsamkeit. Andererseits ist der Mensch aber erst Mensch durch die Sprache. Sie ist ihm nicht nur zusätzlich gegeben wie seine blonden oder schwarzen Haare. Er ist vielmehr ein Sprachwesen. Deshalb gehören auch Sprache und Gebet zusammen. Gerade weil Gebet Äußerung elementarer Lebenserfahrung ist, gibt es keine Dimension, in der es nicht zur Sprache kommen könnte.

Ganz elementar geschieht dies bereits beim Ausruf, wenn dem Menschen Gutes oder Schlechtes widerfährt. Der Ausruf »Oh Gott« drückt eine spontane tiefe Reaktion bei guten oder schlechten Erfahrungen aus. Der früher oft gehörte Ruf »Jesus, Maria, Josef« drückte ebenso die existenzielle Betroffenheit durch eine Nachricht aus. Hilflosigkeit, Ratlosigkeit und Unsicherheit verbinden sich in diesem Ruf zugleich mit der Hoffnung, dass es doch Hilfe, Rettung und Halt geben möge. Auch der bereits frühchristlich bekannte Lobspruch »Ehre sei dem Vater und dem Sohn und dem Heiligen Geist« bezeichnet Bitte und Dank zugleich. Die Betroffenheit von Glück wie von Leid lässt den Menschen gleichsam überfließen. Er kann diese Erfahrungen nicht bei sich behalten. Die genannten Kurzformeln bieten ihm sprachliche Hilfe, das letztlich Unaussprechliche doch zu artikulieren. Oft sind sie somit letztmögliche Worte vor dem Verstummen.

Auch die sprachlich geäußerte Klage über fremdes oder selbst erfahrenes Leid macht den Menschen wahrhaft menschlich und sollte niemals aufgrund irgendwelcher scheinbar höhergeordneter Interessen zum Schweigen gebracht werden. In dem von vielen sehr geschätzten biblischen Buch »Hiob« liegt letztlich ein von ebenso vielen beklagtes Ärgernis vor. Die Schlussredaktion dieses in einer langen Tradition entstandenen Buches hat letztlich die im Buch beschriebene Tragödie korrumpiert. Das Einzige, was dem frommen und gottesfürchtigen Hiob nach dem Verlust all dessen, was sein Leben lebenswert machte, noch blieb, war sein Schrei und seine Klage, ja auch seine Anklage gegen Gott. Die Redakteure dieser ergreifenden Geschichte aber lassen Jahwe auftreten wie einen orientalischen Potentaten, der seine Macht bedenkenlos nach eigenem Belieben ausspielen kann. Er rühmt sich seiner Werke und macht sich groß, indem er den Menschen klein macht und abwertet: »Wo warst du, als ich die Erde gegründet? ... Wer setzte ihre Maße? Wer hat die Messschnur über sie gespannt?« (Hiob 38, 4 f.). »Bist du zu den Quellen des Meeres gekommen, hast du des Urgrundes Tiefe durchwandert? Haben sich dir die Tore des Todes geöffnet, hast du der Finsternis Tore geschaut?« (Hiob 38, 16 f.). Ein ungleicher und damit unfairer Vergleich. Hiob geht es nicht um die Letztbegründung von Welt und Menschheit. Er leidet konkret unter dem schmerzvollen Verlust von Frau und Kindern. Im Sinne der Autoren des Hiobbuches kann dieser aber bei so viel Gehabe und Prachtentfaltung seines Gottes nur noch im Staube versinken. Sein letztes Aufbäumen, sein letzter Protest und Widerspruch wird gebrochen. Am Ende kann er sich nur noch unterwürfig im Staube wälzen und stammeln: »So habe ich denn im Unverstand geredet über Dinge, die zu wunderbar für mich und unbegreiflich sind« (Hiob 42,3). Dies ist nicht das Bild eines Menschen, der in Gebet und Glaubenshaltung dem Menschen der Moderne zum Vorbild werden könnte. Nur zu häufig wurde in der kirchlichen Tradition gerade diese Unterwürfigkeit als Ideal gepriesen. Dies geschah oft, um die eigene Antwortlosigkeit zu kaschieren und den revolutionären Protest gegen Leid und Unrecht, das auch durch Strukturen der eigenen Glaubensgemeinschaft entstanden ist, zu verhindern.

Eine im Gebet ausgesprochene Bitte entspricht ebenso tiefer menschlicher Erfahrung. Wird sie nicht missverstanden im Sinne einer magisch-mythischen Beschwörung, dann kann sie die grundlegende Angewiesenheit des Menschen auf das ihm Geschenkte und die grundsätzliche Abhängigkeit von der Gnade aussprechen (vgl. Kapitel »Gnade«). Allerdings zeigten schon Origenes und Tertullian, dass eine im Gebet geäußerte Bitte nie ohne Konsequenzen für das praktische Verhalten des Bittenden bleiben darf. Bezüglich der Bitte nach dem Kommen des Gottesreiches bedeutet dies beispielsweise für Origenes: »Wenn das Reich Gottes nach dem Wort unseres Herrn und Heilandes nicht mit Aufsehen kommt und man nicht sagen wird: Siehe, hier ist es, oder siehe, dort, sondern wenn das Reich Gottes unter uns ist... so betet offenbar, wer um das Kommen des Reiches Gottes betet, vernünftigerweise darum, daß das in ihm befindliche Reich Gottes emporwachse und Frucht bringen und vollendet werden möge« (Origenes 1926, S. 86). Frucht bringt das Reich Gottes erst im Kampf für die Gerechtigkeit und gegen die Ungerechtigkeit, im Kampf gegen die Sünde und im Engagement für die »Früchte des Geistes« (vgl. Origenes 1926, S. 89). Da das Reich Gottes aber immer eine soziale und kommunikative Größe ist, erweitert sich das Bittgebet zum Fürbittgebet. Im Beten für andere zeigt sich so eine elementare gegenseitige Verbundenheit und eine grundsätzliche Solidarität aller Menschen.

Zahlreiche Psalmen des sogenannten »Alten Testaments« sind ein Zeugnis der Dankbarkeit. Der Anlass zur Dankbarkeit wird dabei oft zunächst durch die bisherige Not und scheinbare Auswegslosigkeit beschrieben: »Raff mich nicht weg mit den Übeltätern und Frevlern, die ihren Nächsten freundlich grüßen, doch Böses hegen in ihrem Herzen« (Ps. 28, 3). Je größer die Not, desto größer die Freude und der Dank bei der Rettung: »Der Herr sei gepriesen! Denn er hat mein lautes Flehen erhört. Der Herr ist meine Kraft und mein Schild, mein Herz vertraut ihm. Mir wurde geholfen. Da jubelt mein Herz, ich will

ihm danken mit meinem Lied« (Ps. 28, 6 f.). Auch hier verlangt der
Überfluss an Freude einen sprachlichen Ausdruck. Man kann sie
nicht bei sich halten. Erst im Aussprechen entfaltet sich die Freude zu
ihrer wahren Größe.

Da sowohl Freude wie Leid nicht nur individuellen Charakter haben, sondern oft ganze Gemeinschaften davon betroffen sind, findet
sich im Gebetbuch der Bibel, im Buch der Psalmen, beides: Lob- und
Klagelieder des Einzelnen wie auch die einer ganzen Gemeinschaft.
Nicht zuletzt das Beten dieser Psalmen im Stundengebet der Mönche oder in den gesamtkirchlichen liturgischen Formen der Vesper
oder Komplet zeigt, dass diese zwar in der Sprache und Vorstel-
lungswelt ihrer Zeit formuliert sind, trotzdem aber die Grunderfahrungen von Menschen verschiedenster Zeiten und Kulturen ausdrücken.

Die bereits von den Kirchenvätern betonte leibliche Komponente
des Gebetes könnte die häufig anzutreffenden langweilig und steril
wirkenden Gottesdienste im wahren Sinne des Wortes »beleben«.
Tanz, Gebärden und Riten können – wenn sie nicht zum Selbstzweck
verkommen – als Sprache des Körpers ein wichtiges Ausdruckmittel
menschlicher Erfahrung sein. Gerade die Liturgie der katholischen
und der orthodoxen Kirche mit all ihren vielfältigen Ausdrucksgestalten sprechen bei den Mitfeiernden alle Sinnesorgane an. Liturgie, das »heilige Spiel«, ist eben keine kognitiv-rationale Angele-
genheit. Wenn der Ausdruck von der »Ganzheitlichkeit« einen Sinn
hat, dann gerade hier bei der Beschreibung des Gebetes und der Liturgie. Sie spricht den ganzen Menschen als Einheit von Körper und
Geist deswegen an, weil die ihr zugrunde liegende und sich in ihr
ausdrückende Erfahrung eben auch den ganzen und leibhaftigen
Menschen betrifft.

Gebet als Ausdruck menschlicher Grunderfahrung ist dabei die eine Seite. Im sprachlichen Ausdruck dieser Erfahrung eines Einzelnen
oder einer Gemeinschaft wird dabei aber auch gleichzeitig die Mög-

lichkeit neuer Erfahrung eröffnet. Wie das Erzählen von Gleichnissen gleichzeitig das im Gleichnis Erzählte bewirken soll (vgl. Kapitel »Reich Gottes«), so vollzieht sich im Gebet und in der Liturgie eben auch das von ihr Ausgesprochene. Die Rede von Heil und Rettung, von Dank und Geborgenheit spricht dann nicht nur bereits früher gemachte Erfahrungen aus, sondern lässt genau diese Erfahrung wieder neu entstehen.

Gebet: Selbstgespräch oder Gottesdienst?

Ein prinzipieller und damit ernst zu nehmender Vorwurf gegenüber Gebet und Liturgie sagt, dass sich der Einzelne wie die Gemeinschaft dabei eindimensional nur mit sich selbst beschäftigen. Gebet wäre dann nicht mehr Zwiesprache, sondern Monolog. Gerade der Hinweis auf die dem Gebet zugrunde liegende Erfahrung könnte diesen Vorwurf ausräumen. Erfahrung mache ich immer mit etwas – und sei es auch mit mir selbst. Sie ist immer dialektisch: Es kommt etwas auf mich oder auf uns zu, und wir reagieren darauf. Wir sind nach der Erfahrung nicht mehr die Gleichen wie vorher. Auch wenn ich eine Erfahrung mit mir selbst gemacht habe, habe ich mich dadurch verändert und habe mich somit besser kennengelernt. Erst wenn neue Erfahrungen abgeblockt werden oder der Blick nur noch eindimensional nach innen gerichtet wird, wenn somit nichts Neues entstehen darf, dann stirbt der lebendige Mensch schon zu Lebzeiten ab. Dann kann auch das Gebet als Ausdruck der Erfahrung nicht mehr kreativ sein. Es dreht sich als Monolog im Kreise und wird steril oder führt in die Leere. Es verstärkt sich die Erkenntnis, dass erst Achtsamkeit und Sensibilität für die Außenwelt und insbesondere für den Mitmenschen neue Erfahrungen ermöglichen und dass dann diese in Gebet und Liturgie ihren Ausdruck finden können. Das Lebensmodell Jesu von Nazareth eröffnet auch heutigen Menschen solche neuen Möglichkeiten von Lebenserfahrungen, die dann ihrerseits wieder im Gebet ihren Ausdruck finden können.

Das Beispiel der Mutter Teresa

Ein anschauliches und zugleich erschütterndes Beispiel, wie Gebet und Spiritualität den Menschen befreien und heil machen, aber wie eine bestimmte Form derselben auch in seelische Krisen führen kann, zeigen die aus dem Nachlass herausgegebenen Briefe und Aufzeichnungen der Mutter Teresa von Kalkutta. Diese »Ikone der Frömmigkeit«, deren Seligsprechungsprozess bereits kurz nach ihrem Tod eingeleitet wurde, überraschte mit dem durch diese Texte möglichen Blick auf ihre seelische Verfassung. »Der Platz Gottes in meiner Seele ist leer« (Mutter Teresa 2007, S. 13); »In mir ist eine solche Dunkelheit, als ob ich tot wäre« (S. 179); »Diese furchtbare Leere, dieses Gefühl der Abwesenheit Gottes« (S. 195) und schließlich: »In meiner Seele herrscht ein so großer Widerspruch. Ein so tiefes Verlangen nach Gott – so tief, dass es wehtut – ein fortwährendes Leiden – und trotzdem nicht gewollt von Gott – abgewiesen – leer – kein Glaube – keine Liebe – kein Eifer« (S. 201). Einsamkeit und innere Leere münden schließlich in einem grundsätzlichen Zweifel an ihrem bisherigen Gottesbild: »In meiner Seele fühle ich ebendiesen furchtbaren Schmerz des Verlustes – dass Gott nicht Gott ist – dass Gott nicht wirklich existiert« (S. 227) und: »Der Platz Gottes in meiner Seele ist leer – in mir ist kein Gott« (S. 247). In dieser Situation ist für Mutter Teresa kein Gebet möglich. Der inneren Leere entspricht die Unmöglichkeit einer Anrede Gottes im Gebet.

Der geistliche Begleiter Teresas, Erzbischof Périer, versucht sie zu trösten mit dem Hinweis, dass diese Erfahrung der Gottverlassenheit von vielen großen Heiligen und Mystikern berichtet wird. Der Vergleich mit anderen aber tröstet nicht. Lässt sich der Widerspruch zwischen dem äußeren Erscheinungsbild der frommen und tatkräftigen Ordensschwester und ihrem inneren Zustand vielleicht ansatzweise erklären? Könnte eine der möglichen Ursachen in der Nichtbeachtung der oben beschriebenen dialektischen Struktur der menschlichen Erfahrung und darauf aufbauend der des Gebetes liegen?

Schauen wir auf die Stellen ihrer Aufzeichnungen, in denen von Glück, Heil und Gelingen die Rede ist. So berichtet Teresa von ihrer Erfahrung bei der praktischen Arbeit mit den Armen und Ausgeschlossenen in den Straßen Kalkuttas: »Wenn ich draußen bin – bei der Arbeit – oder wenn ich mich mit Leuten treffe – dort ist eine Gegenwart – von jemand Lebendigem ganz nahe – in mir« (S. 248). Ihr Werk der praktischen Nächstenliebe, in dem sie letztlich Gottes Auftrag an sie erkennt, sieht sie mitten in den Erfahrungen der Leere als »das Einzige, was noch bleibt« (S. 291). Sie selbst gibt einer Besuchergruppe, die gegenüber dem Elend der Straße hilflos erscheint, den ganz praktischen Rat einer ersten Hilfestellung: »Lächeln Sie sich gegenseitig an« (S. 326). Und sie berichtet von einem wohlhabenden Ehepaar, das zwar viel besaß, aber: »Trotzdem starben sie fast vor Einsamkeit und vor dem Verlangen, eine liebenswürdige Stimme zu hören« (S. 343). Durch diesen »liebenswerten Klang einer menschlichen Stimme« geschieht die Erfüllung, die Teresa selbst in ihrem häufig nur nach innen gerichteten Gebet so schmerzhaft vermisst.

Es bestätigt sich die Erfahrung des alten Mönchtums: Aktion und Kontemplation, Erfahrung in und mit der Welt und ein darauf aufbauendes Gebet sind zwei Aspekte des gleichen dialektischen Lebensvollzuges. Eine direkte Ansprache Gottes ohne diese Vermittlung gerät nur zu schnell zu einem Monolog und führt Teresa in die buchstäbliche Leere. Dies umso mehr, wenn sie ihren Zustand zunächst noch als »die Seligkeit der Unterwerfung« beschrieben und gedeutet hat (S. 48). Wenn ein direkter Weg zu Gott nicht möglich und vielleicht auch gar nicht sinnvoll erscheint, dann zeigt die Spur Gottes im Nächsten einen Weg des Gebetes, der auch für den Menschen in der Moderne gangbar erscheint. Die Kommunikation gerade mit den sonst vom Dialog Ausgeschlossenen ermöglich ihr das, was sie an anderer Stelle so schmerzlich vermisst: »Die Heilige Kommunion – die Heilige Messe – all die Dinge des geistlichen Lebens – des Lebens Christi in mir – sind alle so leer – so kalt – so ungewollt« (S. 272).

Eine dialektische Vermittlung zwischen Gebet und Arbeit, von Innen und Außen beschreibt sie selbst in einer Art »Visitenkarte«, die
sie den Besuchern ihrer Arbeit überreichte:

Die Frucht des Schweigens ist Gebet,
die Frucht des Gebetes ist Glaube,
die Frucht des Glaubens ist Liebe,
die Frucht der Liebe ist Dienst,
die Frucht des Dienstes ist Friede.
(Mutter Teresa 2007, S. 365)

Gebet

Die 2003 verstorbene evangelische Theologin und Lyrikerin Dorothee
Sölle hat zahlreiche Gebetstexte hinterlassen. Leben und Glauben,
Kopf und Herz, eigene Biografie und gesellschaftliche Prozesse, Innen und Außen – all dies hat in diesen Texten seinen auch sprachlich
schönen Ausdruck gefunden.

Gib mir die gabe der tränen gott
gib mir die gabe der sprache
Führ mich aus dem lügenhaus
wasch meine erziehung ab
befreie mich von meiner mutter tochter
nimm meinen schutzwall ein
schleif meine intelligente burg
Gib mir die gabe der tränen gott
gib mir die gabe der sprache
Reinige mich vom verschweigen
gib mir die wörter den neben mir zu erreichen
erinnere mich an die tränen der kleinen studentin in göttingen
wie kann ich reden wenn ich vergessen habe wie man weint
mach mich nass

versteck mich nicht mehr
Gib mir die gabe der tränen gott
gib mir die gabe der sprache
Zerschlage den hochmut mach mich einfach
lass mich wasser sein das man trinken kann
wie kann ich reden wenn meine tränen nur für mich sind
nimm mir das private eigentum und den wunsch danach
gib und lerne geben
Gib mir die gabe der tränen gott
gib mir die gabe der sprache
gib mir das wasser des lebens.
(Sölle 1980, S. 35)

Literatur:

Bitter, Gottfried: Art. »beten/lobpreisen«, in: Gottfried Bitter/Gabriele Miller (Hg.): Handbuch religionspädagogischer Grundbegriffe, München 1986, Bd. 1, S. 376–383

Bonhoeffer, Dietrich: Widerstand und Ergebung, Gütersloh, 9. Aufl. 1976

Evans-Pritchard, Edward E.: Orakel und Magie bei den Zande, Frankfurt am Main 1978

Gutierrez, Gustavo: An der Quelle trinken, in: Concilium, Jg. 18, 1992, S. 640-648

Hasenhüttl, Gotthold: Glaube ohne Mythos, 2 Bde., Mainz 2001

Mutter Teresa: Komm, sei mein Licht, herausgegeben und kommentiert von Brian Kolodiejchuk, München 2007

Origenes: Schriften vom Gebet und Ermahnung zum Martyrium, München 1926

Pauly, Wolfgang: Gelebter Glaube – verantworteter Glaube, Landau, 2. Aufl. 2001

Sölle, Dorothee: fliegen lernen. Gedichte, Berlin, 3. Aufl. 1980

Sudbrack, Josef: Gottes Geist ist konkret. Spiritualität im christlichen Kontext, Würzburg 1999

Tertullian: Über das Gebet, in: Tertullian: Private und katechetische Schriften, München 1912, S. 247-273

Reich Gottes

Reich Gottes

»Reich«, »König« oder »Herrschaft« sind Begriffe, die weitgehend aus unserem Sprachschatz verschwunden sind. Zu sehr sind sie belastet. In Deutschland kann man den Begriff »Reich« nicht mehr verwenden, ohne an den Missbrauch dieses Wortes durch die Nationalsozialisten und deren Rede vom sogenannten »Dritten Reich« zu erinnern. Von einem König zu reden ist in modernen Gesellschaften verbunden mit oft sentimentalen Erinnerungen an vordemokratische Zeiten. Selbst in Ländern mit einer konstitutionellen Monarchie schwankt das Ansehen des jeweiligen Königshauses oft zwischen der Anerkennung konkreter Persönlichkeiten, die sich große Verdienste um das Gemeinwohl erworben haben, und dem Interesse einer gewissen »Yellow Press« an Details aus dem Privatleben der jeweiligen »Royals«.

Ebenso ist der Begriff der »Herrschaft« in Misskredit geraten. Wo Menschen über Menschen herrschen, herrscht eben eine Unter- und Überordnung zwischen den Menschen. Eine Gesellschaftsordnung von Menschen mit gleichen Rechten und Pflichten, eine Gemeinschaft ohne Standesunterschiede mit herrschaftsfreien Beziehungen der Menschen untereinander wäre wohl eine lebenswerte Alternative.

Und auch die Rede vom »Königtum Gottes« oder von einem »Reich Gottes« wurde nur zu oft triumphalistisch missbraucht, um durch den Hinweis auf das Reich Gottes ein menschlich geschaffenes Reich zu legitimieren. Der ägyptische Pharao konnte als Gott-König die Arbeitskraft seiner Untertanen beim Bau der Pyramiden und anderer Prunkbauten beanspruchen. Im Namen eines göttlichen Königs eroberten die Abgesandten vieler irdischer Könige die Länder Afrikas sowie Mittel- und Südamerikas.

Kann ein so häufig missbrauchter Begriff je wieder zu einem der Grundwörter des Glaubens werden? Auch hier ermöglicht der Blick zurück eine Blickerweiterung nach vorne.

»Reich Gottes« zwischen Realpolitik und Hoffnungsvision

In der Berufungsgeschichte des Propheten Jesaja im »Alten Testament« wird von einer Vision berichtet, in der Jesaja »den König, den Herrn der Heere« schaute (vgl. Jes. 6, 5). Diese Erfahrung ist für den Seher alles andere als erhebend. Er, »ein Mann mit unreinen Lippen in einem Volk mit unreinen Lippen«, sträubt sich gegen seine Berufung. Seine Gottesschau privilegiert ihn nicht dazu, sich dieses besonderen Gottesverhältnisses zu rühmen oder sich gegenüber seinen Glaubensgenossen hervorzutun. Gotteserfahrung bedeutet für Jesaja wie für so viele eher die Erfahrung von Schicksal, Entscheidung und auch Leid.

Die Autoren dieses Textes greifen bei der Darstellung der Berufungsgeschichte auf ältere in Israel bekannte Ausdruckmittel zurück. Der Psalm 24 beschreibt die Erfahrung der Rettung Israels als wirkmächtiges Eingreifen Jahwes, der dadurch sein wahres Königtum zu erkennen gibt. Wo nach menschlicher Berechnung kein Heil möglich war, dort wurde dennoch vom Auszug der Gruppe um Moses über den Durchzug durch das Schilfmeer und die Wüste Sinai bis hin zum Einzug in Palästina konkrete Rettung erfahren und als Eingriff Jahwes in die Geschichte gedeutet. Jahwe erwies sich so für die Israeliten als der mächtigste aller bekannten Könige: »Ihr Tore, hebt euch nach oben, hebt euch, ihr uralten Pforten, denn es kommt der König der Herrlichkeit. Wer ist der König der Herrlichkeit? Der Herr, stark und gewaltig, der Herr, mächtig im Kampf. Ihr Tore, hebt euch nach oben, hebt euch, ihr uralten Pforten, denn es kommt der König der Herrlichkeit. Wer ist der König der Herrlichkeit? Der Herr der Heerscharen, er ist der König der Herrlichkeit« (Ps. 24, 7-10). Die Frage- und

Antwortform dieses Psalms und die refrainartigen Wiederholungen deuten darauf hin, dass dieses Lied in der Tempelliturgie verwendet wurde. Wie auch in anderen Liedern sollte damit sowohl die Erinnerung an Jahwes Handeln als auch die Hoffnung auf sein zukünftiges Handeln wachgehalten werden. Räumlich wie zeitlich wird er als ein den anderen Göttern überlegener Gott und König beschrieben: »Denn Gott ist König der ganzen Erde« (Ps. 47, 8) und »Der Herr thront als König in Ewigkeit« (Ps. 29, 10).

Wie fast alle biblischen Texte verdanken sich auch die Texte aus dem Buch Jesaja, die vom Reich des Gott-Königs Jahwe sprechen, einer konkreten gesellschaftspolitischen Situation. Etwa um das Jahr 736 v. Chr. will das Nordreich Israel zusammen mit Syrien die immer bedrohlichere Macht des Königreich Assur mit seiner Hauptstadt Ninive abschütteln. Dazu braucht es die Hilfe des Südreiches Juda, und bittet deshalb, dass dieses Reich einer gemeinsamen Koalition gegen den Feind beitritt. Jesaja, ein auch in politischen Fragen äußert wacher Zeitgenosse, erkennt die Chancenlosigkeit dieses Unternehmens. Weder offener Kampf gegen den Assyrerkönig noch ängstliche Unterwerfung unter ihn können für Jesaja die Handlungsalternativen sein. Er sieht bereits jetzt die Brüchigkeit des assyrischen Systems, das in seinen Augen letztlich keinen Bestand haben wird. In einer apokalyptischen Vision beschreibt er dessen bevorstehenden Untergang: »An jenem Tag wird der Herr im Himmel das himmlische Heer zur Verantwortung ziehen und auf der Erde die Könige der Erde. Sie werden zusammengetrieben und in eine Grube gesperrt, sie werden ins Gefängnis geworfen, und nach einer langen Zeit wird er sie strafen … Denn der Herr der Heere ist König auf dem Berg Zion und in Jerusalem und offenbart seinen Ältesten seine strahlende Pracht« (Jes. 24, 21-23).

Der wahrhaft kosmischen Krise steht die Hoffnung auf universales Heil gegenüber: »Der Herr der Heere wird auf dem Berg Zion für alle Völker ein Festmahl geben mit den feinsten Speisen, ein Gelage mit erlesenen Weinen … Er zerreißt auf diesem Berg die Hülle, die alle

239

Nationen in Dunkel hüllt, und die Decke, die alle Völker bedeckt. Er beseitigt den Tod für immer. Gott, der Herr, wischt die Tränen ab von jedem Gesicht« (Jes. 25, 6-8).

Die Erfahrung der Befreiung, die Israel als Eingriff Jahwes in seine Geschichte gedeutet hatte, wird hier universalisiert. Eigenes Heil und eigene Rettung ist letztlich nur dann vollkommen, wenn alle Anteil an ihr haben. Die dem »Reich Gottes« zugeschriebenen Qualitäten der Befreiung und des Trostes kommen in einem universalen Königreich Gottes allen zugute. Die Erfahrbarkeit des Gottesreiches in der Vergangenheit und die Hoffnung auf zukünftige Rettung verbinden sich somit bei Jesaja mit der erhofften Ausweitung dieses Reiches auf Menschen aller Völker und Nationen.

Jesu Rede vom »Reich Gottes«

Wollte man die gesamte Botschaft des Jesus von Nazareth im »Neuen Testament« in einem einzigen Begriff zusammenfassen, könnte man dies mit dem Wort vom »Reich Gottes« tun. In den synoptischen Evangelien des Matthäus, Markus und Lukas findet es sich allein über 90 Mal. Das Matthäusevangelium wählt dabei allerdings den Alternativausdruck »Himmelreich«. Vielleicht hat in diesem besonders für Judenchristen geschriebenen Text die Sorge vor einem Missbrauch des Namens Gottes zu dieser Zurückhaltung gegenüber dem Ausdruck vom »Reich Gottes« geführt. Vielleicht sollte aber auch gerade mit dem Hinweis auf den Himmel der universale Anspruch der jesuanischen Botschaft betont werden. Inhaltlich ergeben sich zwischen der Rede vom »Reich Gottes« und der vom »Himmelreich« keine Unterschiede. Sie sind beide fundamentale Schlüsselbegriffe (vgl. Eigenmann 1998, S. 7 ff.).

Programmatisch setzt der Autor des Markusevangeliums die Rede vom »Reich Gottes« bereits an den Anfang seiner Schrift: »Die Zeit ist erfüllt, das Reich Gottes ist nahe. Kehrt um und glaubt an das Evangelium« (Mk. 1, 15). Jetzt schon erfüllte Zeit und gleichzeitig das zwar noch nicht in Gänze vorhandene, aber bereits in der Gegenwart nahe-gekommene »Reich Gottes« stellen den Menschen vor eine Entschei-dung: Umkehr und Glaube. Dabei hängen beide mit der Person Jesu und seiner Botschaft eng zusammen.

Diese Spannung von bereits erfüllter Zeit und noch ausstehender Erfüllung beschrieb der jüdische Gelehrte David Flusser in seiner Je-sus-Biografie: »Jesus ist der einzige uns bekannte antike Jude, der nicht nur verkündet hat, daß man am Rande der Endzeit steht, son-dern gleichzeitig, dass die neue Zeit des Heils schon begonnen hat« (Flusser 1968, S. 87).

Von Jesus sind allerdings keine theoretischen Erklärungen oder abstrakt-theologische Füllungen der Rede vom »Reich Gottes« über-liefert. Als Sohn einfacher Leute aus dem Lande Galiläa erzählt er vielmehr Geschichten, um seine Botschaft zu verkünden. Er steht da-bei in seiner Heimat im Norden Israels vor ähnlichen Problemen, mit denen sich auch heute viele derjenigen, die seine Botschaft verkündi-gen möchten, konfrontiert sehen: eine gemischte Zuhörerschaft (hier Juden und Griechen) mit ganz unterschiedlichen religiösen Vorstel-lungen und Gottesbildern. Für ihn und seine Geschwister im Glauben war es schwierig, in dieser multikulturellen Gesellschaft rein (»ko-scher«) zu leben und die Ritualgesetze einzuhalten. Umgekehrt hat-ten die strenggläubigen Juden Jerusalems Vorbehalte gegenüber ih-ren Glaubensgenossen in Galiläa. Kann denn aus Nazareth etwas Gu-tes kommen? Der erwartete Messias wird auf keinen Fall aus Galiläa erwartet (vgl. Apg. 24, 5).

In dieser Situation der Verwirrung und Verunsicherung kann Jesus bei seinen Zuhörern nicht ein allen gemeinsames Gottesbild vo-raussetzen. Er redet deshalb nicht abstrakt von »Gott«, sondern vom dynamischen »Reich Gottes«. Was er darunter versteht, erklärt er mit Geschichten aus dem Alltag, die er aus dem dörflichen Leben seiner engeren Heimat aufgreift. So beginnen fast alle seine Erzäh-lungen mit der gleichen Einleitung »Mit dem Reich Gottes verhält es sich wie ...«.

Die Autoren des »Neuen Testaments« kleiden diese Geschichten – wie mit großer Sicherheit bereits Jesus selbst – in die sprachliche Form der Gleichnisse. Um die Botschaft dieser Gleichnisse zu verstehen, ist es notwendig, die Struktur und Aussageabsicht dieser Sprach- und Textgattung zu erkennen. Wenn Gleichnisse Alltagserfahrungen oder Begebenheiten aus der Natur aufgreifen, um das, was »Reich Gottes« meint, zu verdeutlichen, dann steht das ganze Gleichnis für eine einzige Aussageabsicht. Nicht jedes einzelne Element innerhalb des Gleichnisses soll mit je einzelnen Elementen außerhalb des Gleichnisses verglichen werden. Dies wäre die literarische Form der Allegorie.

Durch die gleichnishafte Rede vom »Reich Gottes« kommt dieses selbst den Menschen näher. Es ist nicht nur einfach eine Rede über etwas, sondern in der Rede ereignet sich das, wovon die Rede ist, selbst. Dies ist vergleichbar mit einem Schwur. Sagt man »Ich schwöre«, dann beschreibt man nicht einfach etwas, was auch außerhalb des Sprechens besteht. Durch das Sprechen vollzieht sich vielmehr der Schwur. Die katholische Theologie kennt dieses Phänomen schon lange. Auch alle Sakramente vollziehen das, was sie sagen, in dem gleichen Vollzug, mit dem sie es sagen. Sagt der Priester beispielsweise »Ich taufe dich«, so tauft er mit diesen Worten. Sagt er »Ich befreie dich von deinen Sünden«, so geschieht dies im Moment des Sprechens und durch das Sprechen selbst.

Das Gleichnis vom Vater und seinen zwei Söhnen

Ein besonders markantes Beispiel eines Gleichnisses, in dem das, was »Reich Gottes« meint, anschaulich erzählt wird, ist das Gleichnis, das man oft das vom »verlorenen Sohn« nannte (vgl. Lk. 15, 11-32). Bereits die Überschrift ist dabei mehr als problematisch. Im Gleichnis selbst ist von zwei Söhnen die Rede. Welcher der beiden aber ist der verlorene? Wenn der Leser zunächst im jüngeren Sohn den verlorenen sieht und wenn sich im Verlauf seiner weiteren Lektüre dieses

Gleichnisses sein Urteil ändert, dann ist das gleichzeitig ein anschauliches Beispiel dafür, wie durch das Erzählen eines Gleichnisses nicht nur dessen Inhalt vermittelt wird, sondern gleichzeitig dessen Gehalt aktualisiert wird.

Allerdings wird durch manche traditionelle Übersetzung dieses Gleichnisses dessen Aussageabsicht gegenüber dem griechischen Originaltext abgeschwächt. Dies beginnt schon damit, dass am Anfang viele Übersetzungen sagen, der jüngere Sohn bitte um die Auszahlung seines Erbteils. Die Sprache des Lukasevangeliums geht tiefer. Nicht das materielle Erbe verlangt der Sohn, sondern den ihm zustehenden Teil der »ousia«. Dieses griechische Wort könnte man hier übersetzen: »Gibt mir den mir zustehenden Teil der Lebenschancen.« Hier möchte also nicht jemand einen bestimmten finanziellen Betrag, sondern er möchte die Chance, sein Leben, sein Wesen verwirklichen zu können. Der Vater kommt dem Wunsch entgegen. Er teilt, aber gerade nicht ein materielles Erbe, sondern er teilt sein Leben (»ton bion«) mit diesem Sohn.

Letzterer geht in die Fremde und durchlebt die Vielfältigkeit des Lebens mit all ihren Höhe- und Tiefpunkten. Dabei gerät er in eine Not, die so groß ist, dass er fast hysterisch wird (»hystereisthai«). So hängt er sich förmlich an einen Bewohner dieses für ihn fremden Landes und erklärt, jeden Job annehmen zu wollen, den man ihm gibt. Der Wunsch wird allerdings auf eine Art und Weise erfüllt, die für einen Juden unerträglich ist. Als Jude, der auf koscheres Essen und reinen Umgang verpflichtet ist, muss er seinen Lebensunterhalt mit dem Hüten der Schweine verdienen. Tiefer kann der junge Mann eigentlich nicht mehr fallen. Aber der geniale Autor des Lukasevangeliums beschreibt einen weiteren stufenartigen Abstieg. Nicht nur soll er die Schweine hüten, er soll auch selbst deren »Schweinefraß« essen. Und für alle, die glauben, jetzt sei er aber wirklich am Tiefpunkt seines Lebens angekommen, bietet der Text in einem kleinen Nachsatz eine wohl nie vermutete Verschärfung: »Aber niemand gab ihm den Schweinefraß« (Lk. 15, 16).

Durch diese Not kommt der weit gereiste junge Mann auf seinem Lebensweg an ein wichtiges Etappenziel: Er kommt zu sich selbst, wie uns der Text wortwörtlich sagt (Lk. 15, 17). Dabei erinnert er sich an die Situation im Hause seines Vaters und sagt: »Aufstehen will ich und zu meinem Vater gehen und ihm sagen: Vater, ich habe gegenüber dem Himmel und gegenüber dir gesündigt. Ich bin nicht mehr wert, dein Sohn genannt zu werden« (Lk. 15, 18). Mit großer Absicht wählt Lukas beim Wort »aufstehen« die gleiche Vokabel, die er später für den Vorgang der Auferstehung Jesu Christi gebrauchen wird. Um die Bedeutung dieses Auferstehungsprozesses zu unterstreichen, wiederholt der Text nach dem inneren Monolog des Sohnes nochmals das Wort: »Und er stand auf« (Lk. 15, 20). Es beginnt somit für ihn ein langer Prozess wahrer Auferstehung.

Bei der Heimkehr sieht der Vater schon von Weitem seinen sowohl herumgekommenen als auch heruntergekommenen Sohn. Und er macht etwas, was für einen orientalischen Patriarchen äußert ungewöhnlich ist: Er läuft ihm entgegen. Dieses Entgegenkommen des Vaters verzichtet auf Vorhaltungen und moralische Vorbehalte. Der Vater handelt vielmehr bedingungslos. Er umarmt ihn, lässt ihn neu einkleiden und beschließt, der Freude über den auferstandenen Sohn mit einem Festmahl Ausdruck zu verleihen. Die einzige Begründung seines Handelns lautet: »Dieser mein Sohn war tot, und er ist wieder auferstanden« (Lk. 15, 24).

Der älteste Sohn scheint so unauffällig zu sein, dass von ihm erst im letzten Drittel des Gleichnisses die Rede ist. Als dieser von der alltäglichen Feldarbeit kommt und die Umtriebigkeit der Knechte sieht, fragt er nach der Ursache. Empört über die scheinbar ungerechte väterliche Handlungsweise, weigert er sich, das Vaterhaus zu betreten. Der Vater kommt auch ihm aus dem Haus entgegen – auch dies ein in patriarchalischen Gesellschaftsstrukturen ungewöhnliches Handeln. Während der ältere Sohn im Gespräch mit seinem Vater nur distanziert über den Zurückgekehrten spricht, versucht der Vater bereits durch seine Sprache eine neue freundliche Beziehung zu stiften. Er nennt den Heimgekommenen »deinen Bruder«. Der ältere Sohn aber kritisiert den Vater dafür, dass dieser seinem Sohn entgegenkommt, ihn anspricht und ihm gegenüber menschliche Wärme zeigt. Von einer Kritik des bislang verlorenen Sohnes an seinem Vater ist im ganzen Text nicht die Rede. Dem Vorwurf des materiellen Verlustes, der durch den Lebenswandel des jüngeren Bruders entstanden ist, stellt der Vater wiederum die Aussage entgegen: »Dieser dein Bruder war tot und ist auferstanden« (Lk. 15, 32). Dies ist dem Vater Grund genug, das Mastkalb zu schlachten und bei Musik und Tanz fröhlich zu sein.

Neue Maßstäbe für das Leben

Der Stoff dieses Gleichnisses ist archetypisch. Immer neu wurde er auf unterschiedliche Weise bearbeitet oder seine Einzelaspekte ausgeleuchtet. Friedrich Schillers »Räuber« behandeln diesen Brüderkonflikt ebenso wie die Vertonung von Giuseppe Verdis »Il Masnadieri«.

Einer ersten Betrachtung fällt der Unterschied der beiden Söhne auf. Der ältere ist der solide, er ist arbeitsam und pflichtbewusst, wenn auch vielleicht etwas eintönig und langweilig. Mancher erwachsene Leser wird für ihn Sympathie empfinden. Der jüngere Sohn ist mit der Routine des Alltags nicht zufrieden und wagt den Aufbruch. Er ist neugierig, welche Abenteuer ihm sein Lebensweg zu bieten hat. Viele Kinder und Jugendliche können sich mit ihm identifizieren. Der Aufbruch aus dem Rahmen tradierter Sicherheit bringt Risiken mit sich. Die Möglichkeit des Scheiterns beschreibt das Lukasevangelium als bald eintretende Wirklichkeit. Er balgt sich als Jude mit den Schweinen um deren Fraß. Aber dem ersten Aufbruch folgt ein zweiter. Der tief gesunkene Sohn ist bei allem Elend auch der erfahrene Sohn. Er hat bei seiner turbulenten Lebensfahrt wirklich etwas erfahren. Auch im Scheitern ist er zur Veränderung, zur Revision bereit.

Der ältere Sohn kennt keine Veränderung. Er belässt alles beim Alten. Beim Bruder kritisiert er dessen Aufbruch vom Vaterhaus ebenso wie dessen Rückkehr. Auch kritisiert er sowohl das Handeln des Vaters bei der Verabschiedung des Bruders wie das Verhalten des Vaters bei der Heimkehr des Bruders – von einer Kritik des jüngeren Sohnes am Vater ist dabei nie die Rede. Der ältere sucht das Glück seines Lebens durch normkonformes Handeln zu verwirklichen. Wenn allerdings die Schlachtung des Mastkalbes und das Fest zur Wiederkehr des Bruders als Messlatte dafür gelten, was letztlich zählt, dann hat der aufbrechende und zurückkehrende Sohn sein Lebensziel erreicht und gerade durch seine Aufbruchsbereitschaft und Lebendigkeit auch die Sympathie des Lesers gewonnen. Der ältere Sohn aber zeigt sich als derjenige, der dort, wo es um Letztes geht, verloren ist. Selbst von der Freude über die Heimkehr des Bruders schließt er sich selbst aus. Er ist somit der eigentlich verlorene Sohn.

Im Handeln des Vaters erkennt der Leser eine bedingungslose Liebe und eine grundlose Güte. Er pocht nicht auf ein Schuldbekenntnis und erwartet keine guten Vorsätze. Er lebt im Jetzt und läuft dem Sohn entgegen. Der Vater steht damit für eine völlig neue Ordnung, er setzt in Wort und Tat neue Maßstäbe.

Und gerade darin besteht die Aussageabsicht des Gleichnisses. Das Gesamtgeschehen wird verglichen mit dem »Reich Gottes«. Das aber heißt: Wo übergroße menschliche Nähe gelebt wird, wo letztlich unverdiente Liebe grundlos geschenkt wird, da geschieht himmlisch Gutes, da ist das »Reich Gottes« hier und jetzt erfahrbar. Liebe überbietet auch die Gerechtigkeit. Letztere ist ein hohes Gut, und jeder sollte alles nach seinen Kräften Mögliche tun, um die Gerechtigkeit zu vermehren. Aber Liebe ist mehr. Sie überbietet die Gerechtigkeit gerade dadurch, dass sie nicht wie jene aufrechnet und nach Gründen sucht. Gerechtigkeit kann eingefordert oder sogar eingeklagt werden, Liebe nicht. Sie ist wie wahrer Glaube (vgl. Kapitel. »Glaube«) überflüssig. Sie »fließt« über Verrechenbarkeit und Leistung hinaus. Insofern verbindet sich die Aussageabsicht dieses Gleichnisses mit derjenigen vieler anderer. Das Gleichnis von den Arbeitern im Weinberg (vgl. Mt. 20, 1-16), in dem jeder Arbeiter den gleichen Lohn erhält, egal, wann er mit seiner Tagesarbeit begonnen hat, sagt Ähnliches. Es geht hier nicht um ein Modell für gerechte Tarifverträge, sondern darum, dass jeder letztlich mehr erhält, als er sich durch Leistung erworben hat. Dies ist himmlisch gut, es ist eine Gnade (vgl. Kapitel. »Gnade«).

Ein nicht unwichtiger Aspekt ist bei unserem Gleichnis das Verhältnis von bereits gegenwärtig erfahrbarem »Reich Gottes« und der Hoffnung auf dessen endgültige Vollendung. Für den heimgekehrten Sohn ist die Aufnahme durch seinen Vater gegenwärtig erfahrbarer Himmel. Das Mastkalb dient in diesem Sinne einem himmlisch guten Festmahl. Hier wird nicht etwas abstrakt postuliert oder dogmatisch doziert. Das Bild vom »Reich Gottes« ist hier vielmehr Interpretation einer ganz konkreten heilsamen Erfahrung.

So, wie aber bereits Jesaja an rettende Erfahrungen in der Vergangenheit erinnern konnte, um dadurch eine Hoffnungsperspektive für noch ausstehendes Heil zu eröffnen, so geht es auch dem Leser des Gleichnisses. Es sensibilisiert ihn einerseits, nach himmlisch guten Erfahrungen in seinem bisherigen Leben zu fragen. Andererseits motivieren diese Erfahrungen, das Leben so zu gestalten, dass neue heilsame Erfahrungen möglich werden. Dabei vermittelt das Gleichnis seinem Leser die Einsicht, dass gerade diese Erfahrungen ungeschuldete Geschenke waren. Sie sind dabei immer kommunikativer Art, einer allein kann sich wohl kein Festmahl geben. Das heißt: In einer gelungenen Kommunikation »werden die ›Dämonen‹ stereotypen, zweckrationalen und eindimensionalen Lebens ausgetrieben und Freiräume geschaffen für Kreativität, Spontaneität und Phantasie – das Reich Gottes ist so präsentisch erfahrbar« (Fox/Pauly 1994, S. 102). Dies beschreibt schon das Lukasevangelium: »Das Reich Gottes ist mitten unter euch« (Lk. 17, 21).

Gerade aber die Sensibilisierung für bereits erfahrene Geschehnisse, die die Auszeichnung als »Reich Gottes« verdienen, zeigt, dass der

Mensch als geschichtliches Wesen diese Erfahrungen nicht verdinglichen und damit festhalten kann. Die Rückschau eröffnet vielmehr die Perspektive nach vorne. Im eigenen Leben wie im Leben des Nächsten und Fernsten gibt es noch so viel Böses (vgl. Kapitel. »Teufel«). Der Blick auf böse Erfahrungen kann sowohl die falsche Glorifizierung konkreter Gegenwart verhindern als auch die Blindheit gegenüber der Welt und den Menschen heilen. Der Mensch zeigt sich auch hier in seiner Gebrochenheit eingespannt zwischen dem bereits jetzt Erfahrbaren und dem, was ihm zukünftig zukommt.

Für Christen erweisen sich Wort, Werk und Leben Jesu Christi als ein Lebensentwurf, dem gegenüber sich diese Spannung offenbart. Gleichzeitig zeigt dieser Lebensentwurf, wie der Mensch innerhalb dieser Gebrochenheit so leben kann, dass sein Leben gelingen und das Leben für den Menschen selbst sowie für seine Mitmenschen heilsam werden kann.

Christsein bedeutet Perspektivenwechsel

»Reich Gottes« beschreibt somit einen grundsätzlichen Perspektivenwechsel. Was aber ist damit gemeint? Wie der Mensch die Fülle der Sterne am nächtlichen Himmel dadurch ordnet und dadurch ein Wiedererkennen ermöglicht, dass er diese zu Sternbildern wie Waage, Skorpion oder Kleiner und Großer Wagen zusammenfügt, so legt er auch seinem Alltag Erkennungs- und Deutungsmodelle zugrunde. Diese Modelle sind sein Werk, es sind seine gedachten Linien.

Jeder neue Eindruck und jede neue Wahrnehmung wird nun in das von Menschen geschaffene Strukturgitter eingeschrieben. Dadurch kann auch zunächst Unbekanntes verstanden, gedeutet und mit anderen Menschen besprochen werden. Es werden aber nicht nur immer neue Wahrnehmungsdaten in bereits vorhandene Deutungsstrukturen eingetragen. Auch das Strukturgitter selbst kann dann verändert werden, wenn neue Daten mit dem alten System nicht mehr vereinbar sind. Die Sonne steht am Mittag im Süden. Durch diese Er-

kenntnis kann sich der Mensch, der die Nordhalbkugel der Erde be-
wohnt, orientieren. Jede einzelne Wegkreuzung kann bei einer Wanderung gemäß den durch die Sonne angezeigten Himmelsrichtungen
beurteilt und in praktisches Handeln umgesetzt werden. Reist allerdings ein Mensch auf die Südhalbkugel unseres Globusses, wird er
mit seinem traditionellen Deutungsschema große Schwierigkeiten
haben: Die Sonne steht am Mittag im Norden. Es wäre töricht, weiterhin zu sagen: Nur weil die Sonne nach meinem bisherigen Verständnis am Mittag im Süden steht, verhalte ich mich auch hier bei meiner
Reiseplanung nach diesem vorgegebenen Schema. Deutungen sind
somit abhängig vom Standort des Deutenden.

Wenn ein Wechsel innerhalb eines Deutungsschemas bereits auf
der Ebene einer Sachentscheidungen notwendig sein kann, um wie
viel wichtiger ist ein Wechsel eines ganzen Interpretationsrahmens
erst bei den wirklich wichtigen Entscheidungen des Lebens. Die Geschichte der ganzen Menschheit, aber auch manche individuelle Lebensgeschichte sind Geschichten gelungener oder misslungener
Deutungen und Einordnungen.

Berechnende Gerechtigkeit ist beispielsweise ein wichtiges Er-
kenntnis- und Entscheidungsmodell. Seine Anwendung ist im Rahmen der ihm angemessenen Phänomene sinnvoll und notwendig. Die
jesuanischen Gleichnisse allerdings fordern einen grundsätzlichen
Perspektivenwechsel. Dort, wo es um Angelegenheiten geht, die den
Menschen im Letzten angehen, bleibt Gerechtigkeit im Bereich des
Vorletzten. Sie wird überboten durch Verzeihung und Liebe (vgl. Kapitel »Kreuz«). Alle Fakten bleiben dabei dieselben, wie auch die Sterne unabhängig vom interpretierenden Sternbild an ihrer Stelle bleiben. Aber die Zuordnung der Fakten und damit ihre Deutung erfährt
eine wesentliche Veränderung. Nicht dass der aufbrechende Sohn alle Warnungen vor den Gefahren in der Fremde in den Wind geschlagen hat, zählt bei seiner Heimkehr. Es zählt jetzt einzig der konkret
vor dem Vater stehende verarmte, aber gleichzeitig um so viele Erfahrungen reicher gewordene Sohn.

Ein solcher Perspektivenwechsel ist nicht immer einfach. Oft ist es viel einfacher, sich an gewohnte und dadurch auch bequem gewordene Deutungen zu halten. Die biblische Aufforderung der Umkehr aber meint einen solchen Wechsel. »Meta-noeite«, der Ruf zur Umkehr bezeichnet dabei nicht die Veränderung des einen oder anderen Aspektes. Er meint vielmehr eine grundsätzliche Veränderung des ganzen Zuordnungs- und Interpretationssystems.

Welche Erfahrungen machen mich wirklich glücklich und bereichern mein Leben? Welcher Mensch ist mir wirklich wichtig? Derjenige, der viel zu bieten hat an Einfluss und Macht, oder derjenige, der um seiner selbst willen Ausstrahlung, Charisma erfahren lässt? Welche Kultur ist die am weitesten entwickelte: diejenige, die die höchsten Häuser und Brücken bauen kann, oder diejenige, die ihren Mitgliedern Hilfestellung bei der Humanisierung zwischenmenschlicher Beziehungen anbietet? Die jesuanischen Gleichnisse zeigen eine eindeutige Priorität: »Euch muss es um das Reich Gottes gehen, dann wird euch das andere dazugegeben« (Lk. 12, 31).

Der Perspektivenwechsel kann dabei nicht auf der rein zwischenmenschlichen Ebene stehen bleiben. Bereits für Jesaja hatte ja die Rede vom Königreich Gottes direkte politische Konsequenzen. Insofern wäre auch gegenwärtig im Sinne einer Universalisierung des stets erfahrbaren und doch gleichzeitig erst noch zukommenden Gottesreiches zu fragen, wo durch die Lebens- und Wirtschaftsordnungen einiger Länder die Lebensqualität, ja sogar die grundsätzliche Lebensmöglichkeit für die Menschen anderer Länder eingeschränkt oder vernichtet werden. Die Vision vom Abwischen der Tränen (vgl. Jes. 25, 8) darf nicht zu einer reinen Vertröstung abgleiten. Die zentrale Bitte im Gebet Jesu, »dein Reich komme« (Lk. 11, 2), ist vielmehr Hoffnung und Aufforderung zum eigenen Perspektivenwechsel. Auch im Bewusstsein, dass Heil und Rettung nicht instrumentell-technisch herzustellen sind, schließt die »Vaterunser«-Bitte die Aufforderung ein, bei der Gestaltung menschenwürdiger Lebensverhältnisse auf unserer gemeinsamen Erde mitzuhelfen. Das »Reich Gottes« enthält damit Erfahrungsqualität und ist gleichzeitig Handlungsauftrag.

Insofern enthält die Rede Jesu vom »Reich Gottes« die Summe seiner gesamten Botschaft. Die Menschen in seiner Nähe haben erfahren, dass es dabei nicht um eine theoretische Erörterung ging. Sein ganzes Leben wie auch sein Sterben waren für sie vielmehr ein anschauliches Beispiel, wie mitten im menschlichen Leben »Reich Gottes« konkret werden kann. Für die Christen bedeutet der Aufruf zur Nachfolge die tägliche Arbeit an diesem Perspektivenwechsel, an der ständigen Veränderung und Humanisierung der Beurteilungs- und Bewertungsmaßstäbe des Lebens eines Einzelnen wie auch der Gesellschaft.

Literatur:

Eigenmann, Urs: Reich Gottes und seine Gerechtigkeit für die Erde. Die andere Vision vom Leben, Luzern 1998

Flusser, David: Jesus, Reinbek 1968

Fox, Helmut/Pauly, Wolfgang: Glauben lernen heute, München 1994

Abkürzungsverzeichnis der zitierten biblischen Bücher

Altes Testament

Gen.	Das Buch Genesis
Ex.	Das Buch Exodus
Dtn.	Das Buch Deuteronomium
1 Sam.	Das erste Buch Samuel
2 Sam.	Das zweite Buch Samuel
1 Kön.	Das erste Buch der Könige
2 Kön.	Das zweite Buch der Könige
2 Makk.	Das zweite Buch der Makkabäer
Jes.	Das Buch Jesaja
Ez.	Das Buch Ezechiel
Hiob	Das Buch Hiob
Ps.	Das Buch der Psalmen
Weish.	Das Buch der Weisheit

Neues Testament

Mt.	Das Evangelium nach Matthäus
Mk.	Das Evangelium nach Markus
Lk.	Das Evangelium nach Lukas
Joh.	Das Evangelium nach Johannes
Apg.	Die Apostelgeschichte
Röm.	Der Brief an die Römer
1 Kor.	Der erste Brief an die Korinther

2 Kor.	Der zweite Brief an die Korinther
Gal.	Der Brief an die Galater
Eph.	Der Brief an die Epheser
1 Tim.	Der erste Brief an Timotheus
2 Tim.	Der zweite Brief an Timotheus
1 Petr.	Der erste Petrusbrief
1 Joh.	Der erste Johannesbrief
Offb.	Das Buch der Offenbarung
Phil.	Der Brief an die Philipper
1 Thess.	Der erste Brief an die Thessalonicher

Es wird Zeit...

Zeitung kritischer Christen

... **für einen kritischen Blick auf unsere Gesellschaft.**
Publik-Forum stärkt jene Kräfte, die ihre Augen nicht vor
den brennenden Fragen unserer Zeit verschließen
und sich für die Lösung der aktuellen Probleme
engagieren. Notwendig sind neue Brücken
zwischen Politik, Wirtschaft und Gesellschaft, zwischen den Konfessionen und
Religionen. Im Zwei-Wochen-Takt bringt
Publik-Forum Information und Orientierung, Überblick und Durchblick.
Sie sind herzlich eingeladen, sich davon
zu überzeugen.
Probelesen kostet nichts ...

Kostenloses Probelesen? Ja!

Senden Sie mir drei aktuelle Ausgaben **Publik-Forum** kos-
tenlos zum Probelesen. Bestelle ich nicht innerhalb einer
Woche nach Erhalt des dritten Heftes ab, wünsche ich Weiter-
lieferung im Abonnement. Der Abonnementpreis* beträgt im
Halbjahr 43,80 € (80 CHF inkl. Aufbruch). Das Studenten-/
Vorzugsabo gibt es gegen Nachweis zum Preis von 30,70 €
(58 CHF inkl. Aufbruch). Den Bezug kann ich jederzeit
kündigen.   *Stand: 01.01.2008

Bitte den Bestellcoupon abtrennen/
kopieren und ausgefüllt und unter-
schrieben senden oder faxen an:
Publik-Forum
Verlagsgesellschaft mbH,
Postfach 2010, D-61410 Oberursel,
Telefon: 0 61 71 70 03 – 14,
Telefax: 0 61 71 70 03 – 46,
www.publik-forum.de/probelesen

Name, Vorname

Straße, Hausnummer

Postleitzahl, Ort

Telefonnummer   Geburtsdatum

E-Mail

20088020

Datum, Unterschrift